PHILOSOPHY

# 哲学 思向何方

杨国荣 / 著

中国社会科学出版社

**图书在版编目(CIP)数据**

哲学：思向何方/杨国荣著．—北京：中国社会科学出版社，
2019.12

ISBN 978-7-5203-5660-2

Ⅰ.①哲… Ⅱ.①杨… Ⅲ.①哲学—文集 Ⅳ.①B-53

中国版本图书馆 CIP 数据核字(2019)第 259054 号

| | | |
|---|---|---|
| 出 版 人 | 赵剑英 |
| 责任编辑 | 韩国茹 |
| 责任校对 | 张爱华 |
| 责任印制 | 张雪娇 |

| | | |
|---|---|---|
| 出　　版 | 中国社会科学出版社 |
| 社　　址 | 北京鼓楼西大街甲 158 号 |
| 邮　　编 | 100720 |
| 网　　址 | http://www.csspw.cn |
| 发 行 部 | 010-84083685 |
| 门 市 部 | 010-84029450 |
| 经　　销 | 新华书店及其他书店 |

| | | |
|---|---|---|
| 印　　刷 | 北京君升印刷有限公司 |
| 装　　订 | 廊坊市广阳区广增装订厂 |
| 版　　次 | 2019 年 12 月第 1 版 |
| 印　　次 | 2019 年 12 月第 1 次印刷 |

| | | |
|---|---|---|
| 开　　本 | 660×960 1/16 |
| 印　　张 | 24 |
| 插　　页 | 2 |
| 字　　数 | 270 千字 |
| 定　　价 | 138.00 元 |

# 目　录

# 引　言

　　本书系我近年论文的结集，其中所涉问题，大致可区分为如下几个方面，即：对哲学的本源性追问，相关伦理问题的考察，中国哲学以及中西哲学关系的反思，儒学的再思考。这些问题既相互关联，又具有相对独立的意义。

　　对哲学的本源性追问，以把握哲学不同于其他学科的根本规定为前提，与之相涉的问题既关乎"何为哲学"，也涉及"哲学何为"，这种关切在更为本源的层面又基于成己（认识人自身和成就人自身）与成物（认识世界与成就世界）这一人的基本存在处境。哲学不仅在实然的层面关注世界"是什么"，而且也在当然之维关切世界"意味着什么"以及世界"应当成为什么"，由此，哲学也从不同的角度为人的价值选择提供某种引导。人总是具有终极性的关切，从何物存在、如何存在，到何为理想的存在、人自身为何而在，等等，都属于人需要关切的根本性问题，通过为人的这种关切提供广阔的理论视野，哲学在不同层面展示了其内在意义。

　　哲学对自身的追问不仅围绕何为哲学、哲学何为等问题展开，而且体现于对哲学自身走向的思考。就其内在意蕴而言，哲学的走向关联着哲学关切的方向。历史地看，哲学曾以思辨或超验的存在为对象，20 世纪以来，哲学则每每指向语言、意识以及特定的社会领域，由此形成了不同的理论限度。对以上进路的扬弃，既涉及对"哲学向何处去"这一类问题的反思，又以面向现实的世界为实质的内容，后者同时意味着关注作为现实世界生成前提与人自身存在方式的"事"。

具体而言，从哲学的层面看，人与世界的关系涉及三重方面：说明世界、感受世界、规范世界。以上关系分别关联世界"是什么""意味着什么""应当成为什么"。说明世界以世界的真实形态为指向。对世界的感受则具有中介的意味：一方面，感受世界以对世界的理解、说明为前提，在此意义上，"意味着什么"基于"是什么"的追问；另一方面，对世界的感受又总是引发人们规范、改变世界的意向。对世界的规范，则进一步将说明世界所涉及的"是什么"与感受世界所蕴含的"意味着什么"具体化为"应当成为什么"的关切。在人与世界以上三重关系中，对世界的感受需要给予充分的关注。感受具有综合性，其内容呈现体验、体悟、体会的交错，感知、情感、思维的互融。以意向性与返身性为二重品格，感受既表现为自发层面的体验，也呈现为内含评价的自觉形态。作为综合性的意识现象，感受不仅使人对世界的把握更为丰富，并使世界对人具有相关性、切近性，而且赋予人的精神世界以多样的内涵。感受的多样性、丰富性、个体性，可以视为人与世界互动过程之具体性的体现。

人与世界的互动不仅涉及人与对象的关联，而且关乎人与人之间的交往，后者在伦理的层面与伦理共识相关。所谓伦理共识，可以理解为一定社会共同体中的不同成员对某些价值原则、道德规范的肯定、认同和接受，这一视域中的共识既涉及对相关原则正面意义的承认，也意味着以此作为引导实际行动的一般准则。伦理共识以人的存在为本体论的前提，人的存在内含的普遍性规定，则为价值层面形成某种普遍的趋向提供了内在可能。伦理共识不仅关乎如何可能，而且涉及何以必要。从观念层面看，达到伦理共识或价值共识，首先与避免道德相对主义和虚无主义相联系；就实践层面而言，伦理共识则从一个方面为社会秩序的建立提供了担保。达到上述意义的伦理共识，既以认识人自身为形上前提，也关乎价值态度、理性沟通以及现实的社会条件。

随着社会的变迁，人与人之间的交往形式也发生了多重变化。一方面，从经济活动到日常往来，主体之间的彼此诚信都构成了其重要前提；另一方面，现实生活中诚信缺失、互信阙如等现象又时有所见。从理论的层面看，这里所涉及的，乃是信任的问题。宽泛而言，信任是主体在社会交往过程中的一种观念取向，它既形成于主体间的彼此互动，又对主体间的这种互动过程产生多方面的影响。作为人与人之间的关联形式，信任同时呈现伦理的意义，并制约着社会运行的过程。信任关系本身的建立，则不仅涉及个体的德性和人格，而且也关乎普遍的社会规范和制度。

由哲学理论和伦理问题转向哲学的历史，便涉及如何理解中国哲学的问题。宽泛而言，理解中国哲学与理解广义的哲学无法分离，"何为中国哲学"与"何为哲学"也构成了在逻辑上彼此相关的两个方面。在面向智慧的多样探索中，哲学同时又呈现不同的形态，中国哲学作为哲学的特定形态，也内含自身的特点。与之相联系的是认同与承认的互动。认同以肯定中国哲学的普遍性品格为指向，承认则侧重于把握中国哲学的独特形态。从具体的进路看，对中国哲学的理解，同时涉及史与思以及中西古今的关系，后者也是中国哲学在今天延续和发展过程中所无法回避的问题。

就中西哲学之间的互动而言，其过程经历了漫长的历史变迁。明清之际，以传教士的东来为中介，中西文化和哲学开始相遇和接触。这一时期中国哲学与西方哲学之间存在某种不平衡或不对称的关系，后者表现在：当传教士把中国的典籍以及其中包含的文化、思想观念介绍和引入欧洲之时，欧洲主流的思想界及其代表性人物给予其以相当的关注，然而，中国的哲学家除了对西方的科学和器技表现出某种兴趣外，却没有给予西方主流的文化和思想以实质性的关注。步入近代以后，情况发生了变化：与明清之际不同的另一种不平衡或不对称开始出现。自 19 世纪后期以来，中国思想家热忱地了解西方思想，并将其作为普遍的思想资源加以运用，而西方主流的思想家和哲学家却不再把中国哲学作为真正的哲学来看待：他们既未能深切地理解中国哲学，更未能以之为建构自身体系的思想资源。中国哲学在未来真正进入世界，以揭示中国哲学所具有的普遍性意义为前提，这既包括彰显中国哲学在解决哲学问题方面所内含的独特思想价值，也包括通过建构现代形态的中国哲学以从理论生成的层面展示中国哲学的创造性和理论意义。唯有基于彼此承认，各美其美，中西哲学之间的关系才能超越历史上两度出现的不对称，真正走向合理的互动。

　　从广义的中国哲学与中西哲学的互动进一步考察中国哲学本身的演进，儒学显然是无法回避的对象。何为儒学？这一问题固然已有过不同的考察，但今天依然需要加以具体的分疏。儒学以"仁"和"礼"为内在核心：作为儒学的思想内核，"仁"和"礼"构成了儒学之为儒学的根本之点，并使儒学区别于历史上的其他学派。在儒学之中，"仁"和"礼"的统一既体现于儒家自身的整个思想系统，又展现于人的存在的各个领域，后者包括精神世界、社会领域以及天人之际。在哲学的层面上，儒学所由展开的社会领域关乎政治、伦理以及日常的生活世界。就人的存在而言，精神世界主要涉及人和自我的关系，社会领域则指向人与人之间的关系，从更广的视域看，人的存在同时关乎天人之际，儒家对天人关系的理解，同样基于"仁"和"礼"的观念。要而言之，"仁"和"礼"的统一作为儒学的核心观念渗入儒学的各个方面，儒学本身则由此展开为综合性的文化观念系统，儒学的具体性、真实性，也体现于此。时下所谓心性儒学、政治儒学、制度儒学、生活儒学往往将儒学在某一方面的体现视为儒学的全部，由此难以避免对儒学的片面理解。

　　在更内在的层面，儒学包含精神性向度。儒学的这种精神性不能简单等同于宗教性：按其实质，儒学的精神性之维以意义追求为其具体内涵。以人禽之辩为前提，儒学确认了人之为人的根本规定，由此为意义的追求提供了价值论的前提；基于仁道原则，儒学肯定忠与恕的统一，以此避免意义的消解和意义的强加；以自我的提升为指向，儒学注重人的成长，以此区别于可能导向自我否定的"超越"；在"为天地立心，为生民立道，为去圣继绝学，为万世开太平"的精神之境中，理想意识和使命意识在儒学中获得了内在的统一。相对于"超越"的宗教进路，儒学的意义追求更多地展现了基于"此岸"的现实性品格。然而，近代以来的某些发展趋向在从不同层面消解人的存在价值的同时，也往往使精神之维的意义追求失去了前提和依托。以此为背景，便可注意到儒学的精神性之维在今天所具有的意义。

儒学既关切人的精神追求，也注重人的社会生活，后者在荀子那里得到了具体的展现。荀子将"群"视为人区别于其他存在的根本之点。作为人存在方式的"群"不同于单纯的"共在"，而是以有序化的生存为其形式，这种有序化的存在形式以"分"为条件，后者同时构成了社会稳定的前提。以"举贤能"为进路，荀子将为政过程中实践主体的作用提到重要地位，但同时，荀子又肯定礼法的普遍规范意义，由此确认了贤能的政治理念与礼法的相互关联。就礼法的作用而言，荀子反对"法法而不议"，注重普遍原则和规范与具体情境的沟通。合群同时涉及天人关系，对荀子而言，真正意义上的"群道"不仅旨在将社会有序地组织起来，而且意味着从更广的角度去理解和处理人和自然的关系，由此达到天人合宜、人际合序。

作为社会生活的主体，人本身面临自身的成长问题。荀子以情与欲等自然之性为人的本然规定，但同时又肯定人具有表现为"虑"的理性思维能力，后者使人超越了单纯的感性欲求，趋向于更为合理的取舍。进而言之，在后天的发展中，人究竟成为何种人，并不取决于人的本然规定，而是关乎"注错习俗之所积"，从本然形态的"人之情"向圣人之境的转换，以个体努力与社会影响的互动为前提。在社会的层面，问题不仅仅关乎礼义的引导，而且与"礼义之分"相联系，后者进一步规定了人格的社会之维。人之情与人之虑、社会的制约与个体的习行、外在的塑造和个体的选择相互作用，规定了多样的人格形态。

以比较哲学为视域，可以进一步考察儒学与实用主义的关系。人如何存在、如何生存，是儒学与实用主义共同关注的问题。儒学要求将天道落实于人的存在过程，实用主义则主张从形而上的超验世界，转向人的生存过程。在关注人之"在"的同时，儒学与实用主义又表现出不同的特点。由理性、精神层面的关注，儒学同时追求以人格提升为指向的完美的生活；由感性、经验的注重，实用主义则更为关切与生物有机体生存相关的有效的生活。人的存在具体展开于多样的情境，但儒学由精神的关切而同时承诺本体及广义之知，实用主义则由本于经验而注目于情境中的特定问题本身，并在将概念工具化的同时趋向于融知于行。生活的完美性和生活的有效性都包含价值内涵，儒学与实用主义由此关注认识的评价之维，但儒学以是非之辩接纳了认知，实用主义则趋向于以评价消解认知。要而言之，儒学与实用主义既展示了相近的哲学旨趣，又表现出不同的思想进路。

儒学在其演进过程中，本身往往取得新的形态，宋明时期的理学，便可视为儒学新的发展形态。历史地看，"新儒学"（Neo - Confucianism）、"道学""理学"构成了理学的不同之名。以"新儒学"指称理学，体现了理学与传统儒学之间的历史的传承关系；用"道学"概括理学，表明了理学以"性与天道"为对象；"理学"之名，则折射了理学从普遍之理和殊理的统一中来把握世界和人自身的趋向。以

"理"与"气"、"理"与"心性"、"道心"与"人心"、"气质之性"与"天地之性"、"心"与"物"、"知"与"行"等为概念系统，理学既在天道观的层面辨析"何物存在""如何存在"等形而上问题，又通过追问"何为人""如何成就理想之人"而展现了人道之域的关切。在更一般的层面上，理学突出"理之当然"，以此拒斥佛老，上承儒家的价值立场。"理之当然"与实然、必然、自然相联系，既展现了当然的不同维度，也蕴含了天道与人道的交融以及本体论、价值论、伦理学之间的理论关联。

理学的衍化在王阳明那里取得了心学的形态，以心为体所隐含的意义关切与良知所内含的责任意识相结合，在心学中同时引向天下的情怀，后者具体表现为"万物一体"的观念。"万物一体"包含着"无人己""无物我"，"无人己"涉及人与人之间的交融，"无物我"则关乎人与对象世界的合一，与之相关的看法蕴含着心学的价值取向。从更广意义上的儒学衍化看，在步入近现代以后，以现代与传统之间的互动为背景，儒学依然在实质的层面制约着近现代的思想，五四时期的思想变迁，从一个方面折射了这一历史现象。

# 哲学的意义①

理解哲学的意义，以把握哲学不同于其他学科的根本规定为前提。这里既关乎"何为哲学"，也与"哲学何为"相涉，二者在更为本源的层面又基于成己与成物的基本存在处境。

一

哲学的意义与人的存在无法相分。在其现实性上，人的存在主要展开为成己与成物的过程。成己即认识人自己、成就人自己，成物则表现为认识世界和成就世界，二者构成了人的基本存在处境，理解哲学的意义，难以离开人的以上存在处境。

作为人的存在方式，认识世界和成就世界包含不同的视域。大致而言，这里可以区分知识的进路和哲学的进路。在知识这一层面上，人对于世界的理解和说明主要侧重于世界的某一领域，某一方面，或某一对象，其特点在于以分门别类的方式把握这个世界。相对于知识的进路，哲学对世界的说明和把握首先以跨越知识界限的方式展开。以特定的领域、对象为指向，所达到的往往是彼此分离的存在形态。然而，世界在被知识分解之前，并非以这种相分的形式存在。真实地把握世界，相应地不能仅仅停留在分解、分化的层面，而是需要跨越知识的界限。在这里，哲学提供了一种不同于知识的视域。

人与世界的关系既涉及"是什么"，也关乎"应当成就什么"，对世界的理解和说明主要与前一问题相联系，对世界的成就则进一步指向后一问题。在成就世界这一层面，"应当成就什么"所关切的，主要是世界变革的价值方向，即成就何种形态的世界。从总体上看，知识性的进路更多地体现于在事实层面追问"是什么"的问题，价值层面的"应当成就什么"则并不构成其题中之意。尽管知识也与特定对象的变革相联系，但它主要在技术的层面、经验的环节方面牵涉相关问题。比较而言，哲学则不仅关注世界"是什么"或"何物存在"，而且也从价值之维关切世界"意味着什么"以及世界"应当成为什么"。在"应当成为什么"这一层面，涉及的问题首先是成就世界的价值方向。哲学既关注人的理想和需要，也关切变革世界的价值方向，由此，哲学也从不同的角度为人的价值选择提供了某种引导。

与"成就什么"相关的是"如何成就世界"。知识固然也涉及"如何做"的问题，但它主要通过对特定领域和对象的把握，从经验或技术的层面为实践方式和途径（"如何做"）的确定提供依据。在这一方面，哲学同样不同于知识性的关切而涉及更一般意义上的价值论或方法论。孟子曾提及"得天下有道"（《孟子·离娄上》），这一意义上的"道"，便关乎实践的方式。事实上，中国哲学中的"道"既表现为存在的原理，也与存在的方式（如何存在）相关，后者在人的存在过程（实践过程）中进一步引向如何做，"得天下有道"中的"道"所涉及的即以上论域中的"如何做"："得天下"关乎政治领域的实践目标，其中之"道"，则体现了政治实践的方式。从哲学的层面考察实践过程，首先涉及目的和手段的关系，具体而言，在实现某种价值目的或理想之时，不能不择手段，或者说，不应以目的的正当性为手段的不正当性辩护。在实践过程中，如何避免手段的不正当性，同样是一个值得关注的问题。另一方面，成就世界的过程以一般的价值理想化为具体的实践蓝图为前提。从宽泛的意义上说，价值理想以及与之相关的实践蓝图在化为现实以前，属"当然"，"当然"本身则需要基于实然（现实存在）和必然（存在法则），作为当然的实践蓝图与实然（现实存在）以及必然（存在法则）如上关联，是考察"如何成就世界"这一问题时所无法回避的。进一步看，价值理想的实现过程，同时关乎一般的原则或一般原理与具体情境的结合，两者的这种关联既使实践过程具有"合理"的性质，也赋予这一过程以"合宜"性。传统哲学所谓"理一"与"分殊"的交融，便涉及以上关系，其中渗入了实践的智慧，后者同样与广义的"如何"相关。

广而言之，在思考人与世界的关系上，哲学本身又内含不同的进路。首先是"以物观之"。这一进路的特点在于从"物"的角度来理解世界，它所指向的，主要是对象和世界的本来形态。相应于此，"以物观之"主要以世界实际是什么为关注之点，其侧重之点在于对世界的观照，而不是对世界的变革。与"以物观之"相对的是"以心观之"。在理解世界这一方面，"以心观之"趋向于对象向"心"的还原。这里的"心"可以取得不同形态，包括感觉、理性、直觉、意志、情感，等等。从"心"出发理解世界，固然涉及对世界的作用，但这种作用更多地着眼于观念层面的构造，而不是对世界的现实变革，所谓"以心法起灭天地"①，便从一个方面体现了这一点。事实上，在"以心观之"中，对象向心的还原与世界的思辨构造，往往相互交错。20世纪初以后，哲学又经历了所谓语言学的转向，与之相联系的是"以言观之"。"以言观之"注重的是语言中的存在，它固然体现了比较严密的逻辑分析，但其关注之点主要在于我们言说对象时所运用的语言，语言之外的存在，往往处于其视野之外。与上述基于物、本于心、诉诸言的进路相对，人与世界之间的关联，还可以有另一种形式，后者具体表现为"以事观之"。作为中国哲学范畴的"事"，广而言之也就是人之所"作"或人之所"为"，亦即人所展开的各种活动，包括知和行。"以事观之"的前提是区分本然世界和现实世界。本然世界尚未与人发生关联，现实世界则是对人呈现多样意义的存在，它形成于人的实际活动，而人自身则生活于其间。"以事观之"，意味着走向以上论域中的现实世界：在肯定通过"事"而扬弃世界本然性的同时，它也基于"事"而赋予世界本身以现实的品格。

———————

① 《张载集》，中华书局1978年版，第26页。

# 二

与"成物"（成就世界）相关的是"成己"，后者以认识人自身和成就人自身为具体内容。在认识人自身这一问题上，同样存在知识与哲学的不同进路。人既有生物学意义上的品格，又有心理学意义上的规定，还有社会学意义上的属性。与之相应，对人的理解，也可以从生物学、心理学、社会学等知识之维展开。

知识性进路对人所作的理解，主要限于人的某一或某些方面。相对于此，哲学对人的考察更侧重于把握人之为人的根本规定。历史地看，从先秦儒家的人禽之辩，至近代康德所提出的"人是什么"，一直到晚近随着基因技术、人工智能等的出现而发生的人机之辩，等等，都涉及从哲学层面理解何为人的问题。在儒家那里，道德意识被视为人不同于动物的根本特征，对康德而言，相对于受因果关系支配的现象界的对象，人既具有为自然立法的理性能力，又包含自我立法的善良意志。从人机之辩看，可以进一步区分自然之人（natural human being）与人工之人（artificial human being）。自然之人也就是没有为外在技术所改变的人，人工之人则是与生物技术（包括基因技术）、人工智能相联系并受到这些人工因素影响的人。作为广义技术的产物，以上视域中的人在什么意义上仍是与物分别的人？这是需要反思和回应的问题。仅仅以知识性的考察为进路，显然难以对以上问题获得深入的理解，这里，哲学的视域同样不可或缺，而它所关涉的何为人或"人是什么"这一问题，则往往被哲学家视为

"哲学首要的、基本的问题"①。

在宽泛的层面，可以把人看成是追求意义的存在，这种意义追求又通过人所"从事"的多样活动而实现。就此而言，人无疑因"事"而在：不仅现实世界生成于人所作之"事"，而且，人自身也因"事"而在。正是在"从事"多样活动的过程中，人取得了不同的存在形态：通过参与政治活动，人逐渐成为亚里士多德所说的政治的动物；在从事科学研究过程中，人逐渐成为科学技术人员；以从事艺术创作活动为前提，人逐渐成为艺术家，如此等等。从这一视域看，所谓人工之人（artificial human being），更多地表现为"事"的产物或"事"的结果，而不同于作为做"事"主体的人。

如上所述，知识对人的理解，侧重于人的不同规定，包括生物学规定、社会学规定、心理学规定，等等。从哲学层面看，具有不同规定的人又呈现相关性和统一性。正如哲学对世界的理解趋向于跨越知识的界限、达到世界被知识分化之前的统一形态一样，哲学对人的理解也侧重于跨越知识对人的分离，由此达到对人的真实把握。宽泛而言，在哲学的视域中，与人的存在相关的理性与感性、存在与本质、个体社会乃是以相互关联的方式展现，这种关联同时构成了人之为人的真实形态。

从成己（成就人自身）这一层面上说，问题不仅关乎实然，而且涉及当然。"当然"所指向的是人的理想形态。

---

① 安东尼奥·葛兰西：《狱中札记》，曹雷雨等译，中国社会科学出版社2000年版，第263页。

就精神之维而言，在实然的层面，知、情、意在人的存在中相互交融，在当然或价值理想的层面，知、情、意的这种交融同时又与真、善、美的价值追求紧密联系。同样，前面提及的理性和感性、存在和本质、个体和社会之间的关联，不仅仅表现为人之实然（人的真实形态），而且也构成人之当然，与之相联系，就成己或成就人自身而言，在更为自觉的层面达到人的以上统一形态便成为内在的要求。

进而言之，在哲学的视域中，人的更为终极的走向，体现于对自由的追求。事实上，人类历史的每一演进，都表现为在一定层面上向自由之境的迈进。从成己这一角度看，人的自由同时意味着成就自由的人格，后者并非抽象、宽泛的精神形态，而是具有实质的内涵。从一般意义上说，这一视域中的自由人格可以理解为德性和能力的统一。此所谓德性不同于狭义上的道德规定，而是表现为综合性的精神形态，它与中国哲学所讨论的本体和工夫中的"本体"具有相关性。以对工夫的制约为指向，"本体"包含认识、审美、道德等多方面的内容，并从不同方面引导着工夫的展开。比较而言，与德性相联系的能力，主要表现为成己与成物的内在力量。从根本上说，人的自由具体展现于价值创造的过程，正是这种创造，使人不同于仅仅受制于因果必然性支配的对象。以人的自由为指向，价值创造既涉及价值方向的确立，也离不开化价值理想为现实的内在力量，自由的人格一方面以具有价值内涵的德性引导价值创造的方向，另一方面又通过不断生成的能力为价值创造提供内在的力量。作为自由人格的相关方面，德性与能力彼此交融：能力如果缺乏德性的引导，往往会失去价值方向；同样，德性如果缺乏能力的依

托，则容易导向玄虚化，正是德性与能力的统一，赋予自由
的人格以现实的形态。

三

前面所述，大致关乎"何为哲学"。与"何为哲学"相
联系的是"哲学何为"，后者体现于对世界和人的根本性问
题的关切和追问。人作为人，总是有大的关怀或终极性的关
切。从何物存在、如何存在，到何为理想的存在、人自身为
何而在，等等，都属于人需要关切的根本性问题。

历史地看，西方哲学很早就形成了哲学起源于惊异的看
法：古希腊的柏拉图、亚里士多德都认为，哲学最初产生于
人类的惊异或好奇。如所周知，"惊异"涉及对世界的理论
兴趣或认识兴趣，以"惊异"解释哲学的起源，相应地着重
从人类的认识兴趣或理论需要来探讨哲学的产生。

与这一思路有所不同，中国古代哲学家更多地从忧患的
角度来理解上述问题。中国最早的哲学经典之一是《易
经》，在追问、探讨《易经》如何产生的时候，早期哲学家
曾提出了这样一个问题："作者其有忧患乎？"（《易传·系
辞下》）事实上，这是用问题的方式提出一个正面的见解，
这里的"忧患"相对于"惊异"来说，更多地表现为从价
值的层面对现实和人生的关切，以"忧患"为哲学之源，
相应地主要是从人类的现实需要、价值关切这一角度讨论哲
学的起源，这与前面所说的惊异着重于认识兴趣和理论兴
趣，形成了不同的哲学视域。不过，在对世界的终极性追问
方面，二者又呈现相关性：惊异所体现的认识兴趣并不是对

寻常之事的好奇，而是对世界的根本性追问；同样，"忧患"所展现的价值关切，也不仅仅与日常活动相关，而是涉及与人的存在相关的人道等本源问题。这些根本性的追问和关切从不同方面构成了哲学的问题。

就个体而言，在其成长过程中也总是会涉及各种超越性的问题。陆九渊在他三四岁的时候就向他的父亲提出了一个很具有哲学意味的问题，即：天地何所穷际？换言之，天地的界限在哪里？这一问题从今天来说，涉及世界在空间上的无限性问题。朱熹也问过类似问题：幼年时，他父亲指着天告诉他说："这是天。"朱熹便进一步追问："天的上面是什么？"这既关乎时空的无限性，也涉及所谓超越的问题。王阳明在十二岁时，曾问塾师：何为第一等事？塾师答曰：考取功名（"读书登第"）。王阳明对这一回答不以为然，在他看来，天下第一等事应该是成为圣贤（"登第恐未为第一等事，或读书学圣贤耳"①）。对"第一等事"的以上追问，同样表现为根本性的关切。相对于世界在时空上的无限性而言，以成就圣贤为第一等事更多地具有社会价值关切的意味。以上事实表明，不管是在社会层面还是个体层面，人总是面对世界和人生的根本性问题，哲学的关切则以这一类问题为指向：哲学之外的其他学科，包括知识学科，很少表现出上述本源性的关切。宗教固然也涉及某些根本性的问题，但是它主要是以信仰的方式来面对这些问题，相形之下，哲学对以上问题则更多地表现为理性的追问。

从哲学的历史衍化来说，20 世纪初以来，似乎出现了

---

① 《年谱一》，《王阳明全集》，上海古籍出版社 1992 年版，第 1221 页。

某种与哲学作为智慧之思偏离的趋向。以分析哲学而言，其特点逐渐表现为把哲学引向形式化和技术化。分析哲学讨论问题，往往并非基于现实存在，它对人生的意义等问题，也常常缺乏实质的关切，其推绎每每建立在思想实验之上，而不是以现实存在为根据。此外，分析哲学在研究方式和表述方式上，也渐趋技术化的走向，即使其所作的日常语言分析，也需要以语言学方面的专业训练为前提，这种技术化的工作，已不同于传统意义上的哲学沉思。与"做哲学"方式上形式化、技术化相联系的，是对世界和人生根本问题或多或少的忽略，它往往以形式上、局部性的清晰，模糊了实质上、根本性的问题。在某种意义上，分析哲学对技术层面细枝末节的关注，已压倒了对传统哲学问题的关切。

晚近尚可看到所谓"实验哲学"。实验哲学强调哲学的实证化，它所借助的工具，一是所谓问卷调查，一是所谓科学实验。但是，以哲学家的身份来做这些调查和实验，在相当程度上是以业余的科学家、业余的社会学家的方式从事哲学研究，这种进路，似乎很难真正从哲学的层面把握世界和人自身的根本性问题。哲学当然需要关注经验事实，但它既不是以经验还原的方式，也不是以实验科学的方式展开自身的研究。哲学的实证化趋向对古希腊以来通过理论思维的形式追问世界与人生根本问题的哲学进路，显然有所偏离。

四

从形式的层面看，哲学的意义与人在知行过程中的理性化追求相联系。这里所说的理性化的追求，首先表现为"说理"过程。"说理"在总体上以理性或逻辑的分析、推论为内涵，其具体内容大致展开为两个方面。首先是"使之明晰"（make it explicit），当代哲学家布兰德的一部著作，即以 *Make It Explicit*[①] 为题。作为哲学层面的思维方式，"使之明晰"既体现于概念的界定、辨析和澄清，也表现为思维过程的条理化、脉络的清晰化。这一意义上的"说理"，是把握世界、处理日常事务的必要前提。其次是给出理由，所谓给出理由，也就是在提出某种观点或看法之时，提供一定的根据、进行相应的论证，这一给出理由的过程，使哲学对世界的理解不同于随意的感想或独断的议论，而是表现为一种言之成理、持之有故的过程。个体性的内在感想可以见于小说、诗歌等文学作品之中，但是哲学却很难接受这类缺乏理性根据的感想或断言。

与"说理"相关而又有别的是"讲理"。"说理"与"讲理"之别与"合理"和"有理"或"在理"的区分相联系。这里的"合理"主要是在于合乎理性规则或存在的法则，"在理"则表现为既合情又合理；"说理"更多地与"合理"相联系，"讲理"则较多地关乎"在理"。合理相对于不合理来说，所谓行动计划、施工方案，等等，便存在合理或不合理的问题，其中的实际内容涉及是否合乎存在法则。在理或有理是相对于无理而言，它具体表现为通情达理或合乎情理。通常所说的"有理走遍天下，无理寸步难

---

① Robert B. Brandom, *Make It Explicit*: *Reasoning*, *Representing*, *and Discursive Commitment*, Harvard University Press, 1994.

行"，便与上述意义上的"有理"或"在理"相联系。

具体而言，合情合理意义上的"合情"之"情"，涉及两方面的含义：一是实情，即实际的情形，引申为情境；一是情感。从前一层涵义来说，"有理"首先要求合乎真实情形或事物的真实状况，在这一意义上，"讲理"与"说理"是相互联系的，"说理"需基于实然，讲理同样不能罔顾事实。进一步看，合情同时关乎情境，而情境总是具有特殊性，由此便发生了普遍之理和特定情境的关系问题。一般而言，普遍之理无法涵盖一切特殊的情境，唯有对特定情境加以具体分析，才能为普遍之理的运用提供比较切实的前提和根据，使实践过程既不拘泥于一般的抽象原则，也不囿于特定的情境，而是趋向两者的具体沟通。这一意义上的合情合理，同时表现为前文所说的"合宜"。

普遍之理与具体情境的结合，基于"情"的实情义。合情合理中"情"的第二重涵义关乎情感，与之相联系的"讲理"不仅仅要求其中的推论、言说有事实的根据并合乎逻辑，而且也意味着所言合情合理，能打动人，并使人心悦诚服、乐于接受。在此意义上，"讲理"与"合乎情理"彼此相通，其内容关乎理性和情意之间的关系，而"合乎情理"则蕴含着与人的内在意愿之间的一致。进一步看，人在社会生活、交往过程中的所言所行，不仅应当合乎逻辑规范或理性程序，而且需要合乎通常所说的"天理良心"，就其实质内涵而言，这里的天理良心可以视为一定共同体在价值观念和价值情感方面的普遍共识，合乎天理良心相应地意味着所言所行与这种普遍共识的一致，后者构成了合情合理的具体要求之一。

## 五

以上所说的讲理，同时渗入了价值内容：事实上，合情合理意义上的讲理，已不仅仅是抽象的逻辑推论过程。从更宽泛的意义上说，哲学总是包含价值关切和引导。在知识的层面，可以主要着眼于逻辑或事实，但在哲学的视域中，没有价值关切的说理、讲理最终都将趋向于空泛。前面曾提到，成己与成物既涉及"如何做"，也关乎"做什么"，其中"做什么"便与价值关切相联系，这种价值关切同时规定着人的知行活动的价值方向，包括人应当追求什么、人自身应当成为何种存在形态，以及更普遍的意义上人与世界应走向何方，等等。

以实质层面的价值关切为指向，哲学在个体之维进一步关联人生意义的探讨，事实上，古今哲学都曾以不同的方式讨论这一问题。孔子曾认为："未知生，焉知死？"（《论语·先进》）其中所肯定的便是：就存在意义的追问而言，生相对于死具有更为优先的地位。换言之，对孔子来说，唯有真正把握了生命存在的意义，人才能对死的意义有更具体的了解。与之相对，海德格尔将人的存在理解为"向死而在"的过程，这一过程又与对死之"畏"相联系，在他看来，正是对死的这种"畏"，使人领略到个体存在的独特性、不可重复性、不可替代性，从而回归真实自我或本真之我。这一思路可概括为"未知死，焉知生"，相对于"未知生，焉知死"，这里体现的是一种不同的人生进路：如果说，"未知生，焉知死"注重的是人的生命存在，而生命存在又构成了价值创造的前提，那么，"未知死，焉知生"则缺乏这样一种创造意义，二者内含着对价值创造在人生过程中意义的不同理解。

人生意义的关切同时也涉及什么是好的生活，从古至今，哲学家们都在不同层面思考这个问题。对于儒家来说，好的生活就是合乎仁道的生活，仁道原则需要在生活的方方面面得到具体展现。与之相对，对于道家来说，人的存在的理想状态是合乎天道意义上的自然状态，这种自然状态往往被视为理想的存在状态，这里同样体现了对好的生活的理解。儒家在后来衍化过程中所展开的"理欲之辩"，进一步涉及感性存在和理性本质之间的关系，其中同样关乎人是什么样的存在、如何趋向好的生活。不同个体、学派对好的生活的理解，当然存在差异。然而，我们仍然可以从比较普遍的层面，对何为好的生活形成某种共识。

在基本的价值方向上，可以将好的生活理解为合乎人性的、有利于自由走向的生活。就人的存在形态而言，合乎人性既意味着道家所注重的天性和儒家所注重的德性之间的沟通，或自然的人化和人的自然化的相互关联，也表现为感性和理性、存在和本质、个体性和社会性之间的相互协调。进一步看，这一意义上的人性化存在，同时意味着避免或超越人的物化。人的物化可以视为对人的存在意义的挑战。晚近以来，资本、权力、技术等从不同方面构成了导向人的物化的可能根源。如何应对资本、权力、技术对人性的可能扭曲，是现代社会需要面对的问题。

在社会的层面，往往面临和谐与正义的关系问题，"和谐高于正义"或"正义高于和谐"，则体现了对二者关系的不同理解。事实上，社会的合理形态，离不开正义与和谐之间的沟通。如所周知，正义以"得其应得"为本源的内涵，尽管罗尔斯后来提出了不同的看法，① 从亚里士多德开始，对正义的理解便涉及以上方面，这一意义上的正义，主要以个体权利的尊重为核心。比较而言，和谐基于对人之为人的内在存在价值的肯定，人与人之间的和谐相处，从根本上说即以彼此承认内在的存在价值为前提。从社会存在来看，以上两个方面，即仁道的关切和个体权利的尊重，都是理想的社会形态应有的内涵。

从更宽泛的层面来说，这里同时涉及不同文明之间的关系，亨廷顿提出文明冲突论，其逻辑前提是不同文明之间存在的差异，往往使之无法共存。由此进一步考察，则面临什么是好的文明形态、如何处理和应对不同文明之间的关系等问题，回应这些问题不仅需要不同文明形态之间的对话，而且离不开从哲学层面上对文明的形态和内涵作深层理解。

概要而言，把握哲学的意义，既涉及对哲学本身的反思，也关乎对世界和人的理解，这种反思和理解，无法离开成己与成物的过程。

（原载《湖北大学学报》2019 年第 6 期）

---

① 罗尔斯主张作为公平的正义，由此，他反对基于应得（desert）而分配社会资源（参见 J. Rawls, *A Theory of Justice*, Harvard University Press, 1971, pp. 103 - 104）。确实，仅仅依据应得将导致不平等：在天赋和社会条件方面处于有利地位者，往往"应得"更多社会资源。但历史地看，与正义相关的分配只能基于权利，这种分配无法真正达到平等，则从一个方面体现了正义的限度。罗尔斯注意到基于应得的正义无法达到平等，但他的基于自由平等和差异的分配原则本身却显得抽象空洞。事实上，唯有超越正义本身、实现基于需要的分配，才能真正实现平等（参阅杨国荣《成己与成物——意义世界的生成》第七章，北京大学出版社 2011 年版）。

# 如何理解哲学

## ——对王路教授评论的若干回应

王路教授的《形而上学的实质》一文虽以"形而上学"为论题，但全文相当的篇幅关乎拙作《如何做哲学》①，其中包含若干与拙文不同的看法，这种不同主要体现在关于何为哲学等问题的理解。这里仅就王路教授文中的相关批评和质疑，作一简略回应。②

一

王路教授首先对我在《如何做哲学》一文中提出的"哲学以追求智慧为指向"提出质疑。在他看来："'智慧'并不是一个清楚的概念，借助这个概念来说明什么是哲学，

---

① 该文载《哲学动态》2016 年第 6 期。

② 本文所涉及的一些本源性哲学问题，我在《道论》（北京大学出版社2011 年版）、《伦理与存在》（上海人民出版社 2002 年版，北京大学出版社2011 年版）、《成己与成物——意义世界的生成》（人民出版社 2010 年版，北京大学出版社 2011 年版）、《人类行动与实践智慧》（生活·读书·新知三联书店 2013 年版）、《哲学的视域》（生活·读书·新知三联书店 2014 年版）等著作中有更为具体的讨论，或可参看。

注定是有问题的。""'追求智慧'也许描述了哲学的一些特征，但是却没有说明哲学的性质。"① 鉴此，对智慧及其与哲学的关系作进一步的解释，也许是必要的。

如同不少其他表示哲学概念的语词一样，"智慧"一词也既有日常语义，又被赋予哲学的内涵。在日常用法上，智慧往往与聪慧、明智等词具有相通之处，但作为与哲学相关的概念，智慧则首先相对于知识而言。如所周知，知识的特点主要是以分门别类的方式把握世界，其典型的形态即是科学。科学属分科之学，近代以汉语"科学"（分科之学）翻译 science，无疑也体现了 science 的以上特征。知识之"分科"，意味着以分门别类的方式把握世界，如果具体地考察科学的不同分支，就可以注意到，其共同的特点在于从多样的角度去考察世界的某一领域或对象。自然科学领域中的物理学、化学、生物学、地理学、地质学，等等，便分别侧重于从特定的维度去理解和把握相关的自然对象。社会科学领域中的社会学、政治学、经济学、法学，等等，同样主要把握社会领域中的特定事物或现象。无论是自然科学，抑或社会科学，其研究领域、研究对象都界限分明。以上情形表明，在知识的层面，对世界的把握主要以区分、划界的方式展开。

然而，在知识从不同的角度对世界分而观之以前，世界首先以统一、整体的形态存在：具体、现实的世界本身是整体的、统一的存在。世界的这种统一性、整体性，并不仅仅

---

① 参见王路《形而上学的实质》，《清华大学学报》（哲学社会科学版）2017 年第 3 期。本文所引王路教授原文，均出自该文，以下不另行注明。

是一个形而上学的思辨观念，而是不断为人的存在本身所确证的现实规定。与这一基本的事实相联系，要真实地把握这一世界本身，便不能仅仅限于知识的形态，以彼此相分的方式去考察，而是同时需要跨越知识的界限，从整体、统一的层面加以理解。智慧不同于知识的基本之点，就在于以跨越界限的方式去理解这一世界。可以看到，这一意义上的"智慧"主要与分门别类的理解世界之方式相对。与之相联系，这里所说的把握世界的整体，主要指跨越知识（科学）的特定边界，而不是达到思辨形而上学意义上的所谓"大全"。以对人的理解而言，作为特定学科的人类学与哲学人类学，便在一定意义上体现了这种差异。

从智慧的层面理解世界，在康德的相关思考中已有所体现。康德在哲学上区分把握存在的不同形态，包括感性、知性、理性，这一论域中的理性有特定的含义，其研究的对象主要表现为理念。理念包括灵魂、世界、上帝，其中的"世界"，则被理解为现象的综合统一：在康德那里，现象的总体即构成了世界（world）。[①] 不难注意到，以"世界"为形式的理念，首先是在统一、整体的意义上使用的。对世界的这种理解，与感性和知性层面上对现象的分别把握不同，在这一意义上，康德所说的理性，与"智慧"这种理解世界的方式处于同一序列，可以将其视为形上智慧。

对世界的以上理解，与从知识层面分门别类地把握对象，其进路显然有所不同。进而言之，从说明世界的层面

---

① 参见 Kant, *Critique of Pure Reason*, Translated by N. K. Smith, Bedford/ St. Martin's Boston/, New York, 1965, p. 323。

看，知识（包括科学）的特点在于如其所是地把握对象及其规定和法则，智慧则进一步追问这种把握过程是否可能以及如何可能。从人对世界的作用看，知识追问的主要是"是什么"的问题，这一问题与事实相联系，与之相关的首先是"真"的问题；智慧则不仅仅限于事实层面或逻辑、语义层面真的追求，而是同时以善和美为关切的对象，这种关切包含价值内涵，并与"意味着什么""应当成为什么"等问题相涉。顺便提及，王路教授认为："'是什么'乃是哲学或形而上学的基本方式：既是提问的方式，也是回答的方式。"同时，传统哲学与分析哲学尽管存在差异，"但是有一点却是一致的，这就是关于真的讨论。这是因为，真乃是一个语义概念，它是现代逻辑的核心语义概念"。依此，则哲学似乎主要追问"是什么"，而后者又限于"真"的探索，这种"真"首先与逻辑和语义相联系。这一看法，主要乃是从知识和逻辑的层面理解哲学，而广义的价值关切则难以在上述意义的哲学中获得应有的定位。

与质疑以"智慧"界说哲学相关，王路教授对"道"与哲学的关联也持存疑立场。我在前述文章（《如何做哲学》）中，曾将智慧的探索与"向道而思"联系起来，王路教授对此评论道："它的意思似乎是说，道与智慧相关，而智慧与哲学相关，因而道与哲学相关。但是，这种联系只是这一表达方式中字面上的，因而是不清楚的。"这里涉及道与智慧的关系，有必要稍作解说。

如所周知，"道"是中国古代思想中的重要概念，中国古代没有现代意义上的"哲学"和"智慧"等概念，相关的内涵往往通过"道"等概念得到表述。从实质的层面看，不管是西方的 philosophy，还是中国以道为指向的思想，都表现为对"智慧"的追求。中国古代区分"为道"与"为学"，后者（"为学"）关乎知识的进路，前者（"为道"）则主要与智慧之思相联系。从先秦开始，中国的哲学家已开始对"道"和"技"以及"道"和"器"加以区分，道家（《庄子》）提出"技"进于"道"的论点，其前提便是区分"技"和"道"："技"是技术性的操作，涉及经验性的知识；"道"则超越于以上层面。与之相近，儒家也对道和具体的器物作了区分。儒家的经典《易传》进而从更普遍的层面谈"道"与"器"的关系，所谓"形而上者谓之道，形而下者谓之器"，便表明了这一点。这里的"器"，主要指具体的器物，属经验、知识领域的对象，"道"则跨越特定的经验之域，对道的追问相应地也不同于知识性、器物性的探求。可以看到，这一意义上的"道"（不同于"技"和"器"之"道"），与作为智慧之思的对象，具有实质上的一致性，相应于此的"为道"，则在于超越分门别类的知识、技术或器物之学，以智慧的方式把握世界。无论是从历史的层面看，还是由理论的角度考察，为道与智慧之思、道与哲学之间的以上关系，似乎并非如王路教授所言"不清楚"。

如后文将进一步提及的，较之从智慧的角度理解哲学，王路教授更趋向于以形而上学为界说哲学的视域。与以上基本立场相应，他对基于智慧的哲学进路提出质疑："从形而上学的角度说，亚里士多德与柏拉图乃至苏格拉底是有区别的，柏拉图与苏格拉底也是有区别的。但是从追求智慧的角度说，他们之间还会有什么区别吗？"在逻辑上，这里蕴含如下前提：智慧仅仅涉及单一或单向的思维路向，因此，在智慧这一层面，无法将不同的哲学进路区分开来。这一看法似乎忽视了，智慧对世界的把握固然不同于知识，但智慧的探索同样具有多样化、个性化的特点，而非仅限一途。事实上，哲学本身在实质上便表现为对智慧的多样追寻。以王路教授提到的亚里士多德与柏拉图而言，作为哲学家，二者对世界的理解都跨越了知识的界限，表现为智慧之思，但另一方面，二者在智慧之思的层面又呈现注重共相与突出个体等不同向度。

二

如前所述，相对于以智慧说哲学，王路教授更愿意从形而上学的角度论哲学，在强调"智慧"是一个"不清楚的用语"的同时，他一再肯定"形而上学"在界说哲学方面的清楚明白。

何为形而上学？王路教授主要借助"是"来说明："一门具体学科的研究乃是有具体内容的。比如医学研究什么是健康，什么是疗效，数学研究什么是数，而形而上学研究是本身。这一研究与其他学科的研究无疑是不同的。"形而上学（metaphysics）本与 being 相关，近年以来，being 作为系辞的涵义得到了较多的关注，与之相应的是以"是"释 being 或以"是"表示 being，其甚者，更是一"是"到底。王路教授的以上立场表明，他在这方面大致属以"是"立论者。关于形而上学及其意义，我在 2004 年所作《形而上学与哲学的内在视域》一文中，曾有所讨论，现引录如下：

历史地看，"形而上学"这一概念首先与亚里士多德相联系。尽管亚里士多德从未使用过"形而上学"一词，但其讨论一般存在问题的著作却被后人冠以"形而上学"（metaphysics）之名。在该著作中，亚里士多德将哲学的任务规定为"研究作为存在的存在"（being as being），① 这方面的内容在亚里士多德之后进一步被规定为一般形态的形而上学，以区别于宇宙论、自然神学、理性心理学等特殊形态的形而上学。②

形而上学的一般形态与 ontology 大致相当。在概念的层面，ontology 的内涵首先与希腊文 on 或尔后英语的 being 相联系。一般认为，on 或 being 既是系动词（近于现代汉语的"是"），又表示存在，与此相应，在汉语世界中，ontology 也有"是论"、"本体论"或"存在论"、"存有论"等译名。自上个世纪前半叶以来，主张以"是论"译 ontology 者便时有所见，而 ontology 亦每每被视为对"on"或"being"以及与此相关的一般概念和概念之间逻辑关系的分析。在以上理解中，being 所包含的"系词"义无疑构成了 ontology 主导的方面。

在词源学上，on 或 being 诚然一开始便与系动词相关，但就其本来意义而言，系词本身属语言学及逻辑学的论域；在系词的形式下，on 或 being 首先是语言学的

---

① Aristotle, *Metaphysics*, 1003*a*25, *The Basic Works of Aristotle*, Random House, 1941, p. 731.

② 参见 P. Coffey, *Ontology Or the Theory of Being*, Longmans, Green And Co., 1929, pp. 20 – 21。

范畴，与此相应，这一层面的研究也更直接地与语言学及逻辑学相关。从哲学的视域看，on 或 being 尽管与语言学意义上的系动词有着本源的联系，但作为 ontology 论域中的哲学范畴，它的深沉涵义却更多地关联着存在问题。事实上，在亚里士多德那里，on 便与实体、本质等具有存在意义的对象难以分离，中世纪对 being 的讨论，也总是以存在（existence）本质（essence）等为其实质的内容，当代哲学对 being 的研究虽然呈现不同的趋向，但存在问题仍是其关注之点，奎因将何物存在（what is there）视为本体论的问题，海德格尔以此在为基础本体论的对象，都在不同意义上表现了 being 的存在之义。从理论上看，以"是"为 being 的主要涵义并将 ontology 理解为"是论"，不仅仅涉及是否合乎汉语表达习惯的问题，而且关乎语言学、逻辑学与哲学研究的不同进路：如果将 being 等同于"是"，则或多或少容易以语言学、逻辑学层面的技术性分析，消解从哲学视域对存在本身的考察。

从方法论上看，追溯概念的原始语言形态或原始语义无疑是重要的，它有助于理解有关概念的历史内涵。但如果仅仅以概念的原始词义界定概念本身，则似乎难以把握概念的复杂性和丰富性。就哲学概念或范畴而言，其起源常常与日常或具体知识层面的用法相联系，但日常的语词在成为哲学的概念或范畴以后，总是沉淀、凝结了更为深沉、丰富的涵义，而非其原始的形态所能限定。中国哲学中的"道"，其词源便涉及日常语境中的"道路"、"言说"等，但作为哲学概念，它的意义显然已非日常意义上的"道路"、"言说"等所能涵盖。同样，being 在词源意义上固然与系动词相联系，但这一语言学归属并不能成为其哲学意义的唯一或全部依据。亚里士多德已强调，在 being 的诸种涵义中，"什么"是其本源的涵义之一，而"什么"又揭示了事物的实体或某物之为某物的根本规定（which indicates the substance of the thing），① 与实体或某物之为某物的根本规定相联系的上述涵义，显然已非系词（"是"）所能范围，而指向了更丰富意义上的存在。不难看到，哲学概念的澄明诚然需要联系其原始词义，但不能简单地走向词源学意义上的历史还原；哲学的阐释、诠绎也不应归结为技术层面的历史追溯。②

以上看法虽形成于十余年前，但对王路教授有关形而上学的论点，可能仍具有回应的意义。这里顺便就现代汉语语境中"是"与"存在"的概念略作申论。按王路教授的理解，"存在"与"智慧"一样，是"含糊不清的"概念，而"是"作为形而上学的概念，则似乎无此问题。然而，这一看法亦需再思考。

在现代汉语中，"存在"既常被用作 being 的译名，也有自身的哲学意义。作为哲学范畴，"存在"在名词的意义上可以指涵盖一切之"有"的"大共名"（最普遍层面的概

① 参见 Aristotle, *Metaphysics*, 1028a10, *The Basic Works of Aristotle*, Random House, 1941, p. 783。

② 参见拙文《形而上学与哲学的内在视域》，《学术月刊》2004 年第 12 期。该文的相关内容后收入 2011 年北京大学出版社出版的《道论》的导论。

念），也可指个体之"在"，前一意义上的"存在"与世界具有相通性，后一意义的"存在"则可以指特定时空中的对象。在动词的意义上，"存在"则可表示世界或个体的延续、展开过程。以上视域中的"存在"之义，与作为西方形而上学核心概念的 being 也具有相关性。① 在西方，哲学之外的生活领域，其运用的系词 be 也包含现代汉语"存在"之意，如所周知，莎士比亚的剧本《哈姆雷特》中便有如下名言："to be or not to be"，其中的 be 便不能仅仅定位于语法层面的系词，而是包含"存在"之义。海德格尔在《形而上学导论》（*An Introduction to Metaphysics*）中，进一步将"究竟为何是存在者存在而不是无存在？（Why are there essents rather than nothing?）"作为形而上学的基本问题，其中的"存在"（essents/seiendes）与上述汉语之域的"存在"在内涵上具有相通之处。② 这种语义上的关涉，既体现了形而上学与"存在"概念的联系，也从一个方面表明以"存在"概念讨论形而上学问题的合宜性。反之，如前所述，"是"在现代汉语中首先表现为系辞，与之相联系，在现代汉语的语境中，以"是"表述形而上学的问题，容易将哲学层面对形而上学问题的讨论引向语言和逻辑的视域，从而在语法功能的形式层面也许"清楚明白"，但在哲

---

① 当然，如果更具体地考察则可注意到，上述现代汉语中的"存在"义，已不完全限于 being，其蕴含的过程义，同时关乎 becoming。与之相应，这一意义上的"存在"，也可以说兼涉 being 与 becoming。考虑到此处论述的相关性，这里首先侧重于"存在"与 being 的相关性。

② 参见 Heidegger, *An Introduction to Metaphysics*, Yale University Press, 1987, p. 20。又，其中 essents 德文原文为 Seiendes。

学内涵的实质层面上却可能"含糊不清"。

进而言之，这里似乎需要对西方哲学传统中的 being 与现代汉语语境中或现代中国哲学论域中的"存在"作一区分。从理解亚里士多德以来的西方哲学的传统看，也许以"是"译 to be 或 being 更便于把握其内在的独特意义，但作为现代中国范畴的"存在"，已经在近百年的衍化过程中获得了其独特的意义，这一意义上的"存在"既有西方哲学 being 等涵义，又与中国哲学中的道器、体用、本末、有无等相联系，获得了其自身另一种独特的意义。当我们在当代哲学的视野中讨论哲学问题时，具有以上独特涵义的"存在"同样可以成为一个重要的概念：它的概念涵义已非 being 的简单翻译，而是更为丰富，它的理论意义也不限于现代中国哲学，而是可以具有更普遍的意义：也许，它可以在一定意义上成为现代中国哲学贡献给世界哲学的概念之一。

除了将形而上学的对象主要限于"是"本身之外，王路教授还一再将与之相关的研究与"先验性"联系起来："经验学科研究是的一部分，而形而上学研究是本身，这是关于先验的东西的研究，所以是超出其他学科的。借助经验和先验的区别无疑可以获得关于一般学科和形而上学的区别和认识。""其他学科是关于是的一部分的研究，哲学则是关于是本身的研究。假如从知识性考虑，则其他学科是经验的研究，而哲学是先验的研究。"基于以上看法，王路教授以不容置疑的口气强调："从形而上学出发，我们可以非常明确地说，哲学是关于先验的东西的研究。"形而上学以及哲学与"先验性"的关联，在这里似乎被视为自明之理。

然而，这一论点同样有待分疏。

王路教授之将形而上学以及哲学与"先验性"联系起来，首先在于：依他的理解，"先验"一词比智慧"等用语意思更明确"，从而，"通过先验性与经验性的区别，可以获得关于哲学更好的说明和认识"。但是，遗憾的是，从实际的情形看，"先验"与其他概念相近，并非如王路教授理解的那么"明确"，对何为"先验"的确认，也往往"掺杂"历史等经验因素。以"天赋人权""人是目的"等观念而言，自近代以来，它们常常被赋予先验的形式，如把人视为目的，便被康德视为无条件的绝对命令，与绝对命令相联系，人是目的同时被理解为先验的概念。然而，从社会和思想的现实变迁看，在人类历史的早期，"天赋人权"这一类观念，显然并没有进入人的视野，这些观念在形式上所呈现的"先天性""普遍性"，实质上是在近代以来的历史变迁（包括启蒙运动的兴起）中逐渐获得的。这种现象似乎从一个侧面表明，"先验"在其实际的生成和运用中往往渗入了涉及经验的历史因素，从而并不如它在表面上看起来的那么"明确"。另一方面，被视为经验性的对象，又常常可能蕴含与"先验"观念相关的考察。以"社会正义"而言，我在前述文章(《如何做哲学》) 中曾提及哲学需要考察这一类问题，而王路教授则认为，这"又回到经验层面"。事实上，作为伦理的问题，"社会正义"同样可以蕴含先验的观念。在《正义论》中，罗尔斯便基于康德先验哲学的立场，对正义问题作了具有先验意义的考察，不仅他所提出的"平等原则"与"差异原则"表现为先验的概念，而且其"无知之幕"的预设，也具有先验性。以上事实多少说明，以"先验"与否区分哲学与其他学科，在理论上未必行得通。

进而言之，作为哲学范畴，"先验"或"先验性"这一概念本身也许可以在相对和绝对的意义上分别加以理解。宽泛而言，个体认识活动发生之前已出现的概念、知识，对于该个体而言都具有先验性，因为这些概念、知识并非源于该个体自身的经验性活动。这一视域中的先验，可以视为相对意义上的先验。与之不同，绝对意义上的先验，则指先于一切经验活动，康德所说的先验，便属后者。当王路教授强调形而上学或哲学研究"先验的东西"时，其中的"先验"显然是就绝对意义上的先验而言，事实上，他在文中引康德为同道，也从一个方面体现了此立场。如康德哲学已表明的，绝对意义上的先验与先天、形式、纯粹等处于同一序列，这种先验形式既非源于经验活动，也非经验世界所能制约。这里可暂时悬置这一层面的"先验"是否能够成立的问题①，仅就其与哲学的关系而言，以此为哲学研究的主要对象，在逻辑上意味着哲学之思主要限于先验或先天形式，而与现实的世界及其内容无涉。这一视域中的哲学也许可以取得清楚而明白的形态，但却未免显得抽象、空洞、贫乏，无法使人达到现实的世界。事实上，哲学作为把握世界的理论形态，很难仅仅囿于先验的形式之域。即使注重先验形式的哲学家如康德，也难以如王路教授所言，只研究"先验的东西"，以理论理性或纯粹理性的考察而言，康德固然以

---

① 与之相关的讨论，可参见拙著《道论》，北京大学出版社 2011 年版，第 116—137 页。

先天的知性概念为普遍必然的知识所以可能的条件，但同时又给予感性以相当的关注，对康德而言，感性经验的形成本身虽然仍需先天的时空直观形式，但同时又关乎对象：时空直观形式本身是对象被给予的条件，与这种感性对象相关的质料，显然不同于纯粹的先天形式，但它们又构成了认识的内容（按康德的看法，无此，则认识将是空洞的）。康德哲学以注重先验、形式、纯粹为特点，但即便如此，也无法从哲学中净化一切非先验的因素。如果将视线转向以现实世界本身为指向的广义哲学，显然更难以仅仅将"先验的东西"视为其唯一合法的对象。

从哲学之思看，这里在更内在的层面涉及知识与智慧的关系。前面提及，哲学主要以智慧的方式把握世界，这种形态不同于仅仅以特定对象或领域指向的知识。然而，这既不表明哲学应离开现实的世界，也并不意味着智慧的探索可以与知识完全无涉。王路教授认为，"世界这一概念是清楚的"，这多少意味着以"世界"这一概念讨论哲学问题或哲学对象是允许的。然而，就世界本身而言，道与器、理与事、体与用、本与末，等等，并非彼此分离，而是呈现相互交融的形态，世界的以上形态，同时规定了把握世界的方式。具体而言，为了达到真实的世界，哲学一方面需要跨越知识的界限，由"器"进"道"、由用达体；另一方面又需要避免离器言道、体用相分。停留于经验之域，固然难以达到哲学意义上的智慧之境，完全无视经验世界，亦很容易陷入思辨的幻觉。

王路教授虽然肯定"世界这一概念是清楚的"，但从强调哲学研究的先验性出发，他对把握真实世界的以上方面似乎未能给予充分关注，在他看来，哲学如果"追问人和世界中那些具有本源性的问题"、追问人的实际"生活过程的意义以及如何达到理想的人生"，便"又回到思考经验的东西上去了"，后者意味着悖离"只研究先验东西"的哲学旨趣。然而，在其现实性上，以真实的世界为指向，哲学在从知识走向智慧的同时，又总是不断地向知识经验与现实人生回归，在此意义上，哲学之思同时展开为一个知识与智慧的互动过程。完全疏离于生活过程和知识经验，往往难以避免哲学的思辨化、抽象化。以人的存在而言，"活着"，是人存在的第一个前提，但活着可以主要表现为生物学意义上生命的延续，在"活着"的这一层面，人与动物并没有根本区别。如果仅仅着眼于人存在的这一前提，则既未能将人与动物区分开来，也没有超越经验的视域。然而，人不同于动物之处，在于动物则始终只能以原初的方式生活，而人则希望"活"得更好，并努力实现这种更好的生活理想。对"何为更好的生活"，"如何达到更好的生活"的这种追问和思考，不仅使人区别于动物，也体现了源于经验（"活着"），又升华于经验（在追求"活得更好"的同时展现真善美的价值取向）。

当然，王路教授也许会认为，这里所运用的道与器、理与事、体与用、本与末等概念以及真善美的价值追求依然"不清楚"，然而，这些概念在今天固然需要辨析、诠释，但却不能因之将其简单地逐出哲学的王国，事实上，两千多年来的中国哲学，正是在运用以上概念的过程中演进并留下了深沉、丰富的思想资源。而在更普遍的意义上，人类从"活着"出发，通过真善美的价值追求以"活得更好",其间始终蕴含着生活经验与形上智慧之间的互动。哲学领域的概念,本身难以真正做到疏离生活、纯而又纯,如上所论,即使是王路教授特别青睐的"先验",也似乎未能例外。

顺沿以上思路,这里或可对我在《如何做哲学》中的一个提法作一简略解释。在该文中,我借用了庄子"以道观之"的命题,并在引申的意义上指出:"以道观之意味着非停留于经验的层面,而是源于经验又升华于经验。"王路教授对此也提出批评,认为:"'升华'是一种比喻说明,是不清楚的。由此我们无法获得关于哲学的清楚认识。"在前述论文中,由于没有对此作具体阐释,确可能引发歧义。就其内在哲学涵义而言,以上所说的"源于经验又升华于经验",与现代中国哲学家冯友兰、冯契等所说的"转识成智"具有相通性,它一方面意味着从真实的对象出发,这种现象不同于完全脱离经验而仅囿于抽象的形式;另一方面又非限于特定的经验规定,而是从现实对象所具有的所有相关方面去把握。以对人的理解而言,仅仅将其视为生物学意义上具有新陈代谢功能的存在,体现的是经验性或知识性的视域;从天(自然)与人(社会)、身与心、理性与情意、群(社会性)与己(个体性)等的统一去把握人,则意味着将人理解为具有多方面规定的真实存在,后者从一个方面体现了"源于经验又升华于经验"的哲学进路。王路教授在评论我的以上论点时,曾有如下追问:"在杨文看来,生活中有经验的东西,也有升华于经验的东西,后者是智慧之思的东西。问题在于,这种东西是什么?"基于以上分析,也许可以对此作如下简要回复:智慧之思指向的"这种东西"，即具体、真实存在①，对这种真实存在的把握，则构成了智慧之思本身的内容。

在前述文章（《如何做哲学》）中，我曾提及，"治哲学需要有大的关怀"，王路教授对此也不以为然，认为"'大'这一用语又是比喻"，其意似乎是：这一类表述意味着远离先天或先验。且不说"大"是否仅为比喻性的表述，即以它涉及比喻而言，也似乎为哲学的讨论所难以避免。事实上，正如哲学的论域无法根绝经验一样，在讨论形式或修辞运用上，它也不能彻底拒斥比喻等讨论方式。即使汉语之外的哲学领域，也不能完全避免运用这一类表述方式，如本世纪初 Blackwell 出版的一部哲学概论性著作，便以《哲学：大的问题》（*Philosophy：the Big Questions*）为题。② 这里重要的不是"大"这一类表述能否在哲学中运用，在表述方式的分异之后，实质上蕴含着有关先验与经验、形式与内容之哲学意义的不同看法，后者又进一步涉及对哲学及如何做哲学的不同理解。

三

哲学一方面在实质意义上呈现以智慧追求为指向的特点，另一方面在形式层面上表现为运用概念而展开的理论思维活动。这是《如何做哲学》一文提出的另一看法。在考

---

① 关于具体存在或真实存在的讨论，可参见拙著《道论》第一章以及拙著《哲学的视域》的相关部分。

② *Philosophy：The Big Questions*, Edited by Ruth J. Sample, Charles W. Mills, And James P. Sterba, Blackwell Publishing, 2004.

察当代哲学时，该文进一步指出：如果说，现象学从实质的层面上强化了哲学作为智慧之思这一规定，那么，分析哲学则通过将语言的逻辑分析作为"做哲学"的主要方式而突出了哲学作为概念活动这一形式层面的规定。以此为前提，文中同时提道："分析哲学由强化形式层面的概念活动而导向了实质层面智慧之思的弱化。"王路教授对后一看法提出了质疑，认为它"给人一种感觉，似乎增强概念运作的工作与智慧追求是矛盾的"。这里既关乎特定论点的辨析，也在更广的意义上涉及如何理解分析哲学的问题。①

首先需要说明的是，前文提及的"分析哲学由强化形式层面的概念活动而导向了实质层面智慧之思的弱化"，乃是就分析哲学自身的发展趋向而言，其着眼之点并非"概念运作"与"智慧追求"的关系。如我在上述文章及其他文著中一再提及的，智慧之思与概念分析无法分离。一方面，智慧之思应经过概念分析的洗礼；另一方面，概念分析不能仅仅停留在形式的层面，而是需要有智慧的内涵。这里的智慧，包括对世界现实形态的把握以及价值层面真善美的追求。相对于此，分析哲学往往由强调概念的逻辑分析，进而将概念的这种运作本身作为哲学的主要乃至全部工作，与之相应，如何赋予概念分析以智慧的内涵，往往处于其视野之外。所谓"由强化形式层面的概念活动而导向了实质层面智慧之思的弱化"，主要便是就此而言。

---

① 关于语言、概念以及分析哲学的相关问题，更具体的讨论可参见拙著《伦理与存在》第七章（北京大学出版社 2011 年版），《道论》第五章，《成己与成物》第一、第二章（北京大学出版社 2011 年版），以及《分析哲学与中国哲学》（《中国哲学史》2009 年第 4 期）。

　　基于以上前提，我在前述文章(《如何做哲学》) 中指出："以语言的逻辑分析为主要取向，分析哲学在关注语言的同时，往往又趋向于限定在语言的界限之中，不越语言的雷池一步。这一意义上的概念的分析，常常流于形式化的语言游戏。分析哲学习惯于运用各种思想实验，这种思想实验常常并非从现实生活的实际考察出发，而是基于任意的逻辑设定 (to suppose)，作各种抽象的推论，从而在相当程度上表现为远离现实存在的语言构造。当哲学停留在上述形态的语言场域时，便很难达到真实的世界。"对以上看法，王路教授同样提出异议。

　　在王路教授看来："分析哲学家们有一个共同的信念：人们关于世界的认识都是通过语言表达的，因而可以通过对语言的分析而达到关于世界的认识。"作为分析哲学的辩护者，王路教授本人也持同样的信念。然而，以上信念无疑需要分疏。对世界的系统认识，确乎常常与语言相联系①，但语言形式与世界本身仍需加以区分：语言固然可以成为把握世界的手段，但达到对象的手段不能等同于对象本身，对把握世界的手段的分析，也无法取代对世界本身的把握，正如科学研究可以借助某种实验手段来认识特定对象，但单纯地分析这些实验手段本身，并不足以理解这些实验手段所指向的对象。分析哲学在语言这一层面谈论存在，一方面表明它并未完全撇开存在，而是希望通过语言分析这一方式来把握存在；另一方面它试图把握的，又主要是语言中的存在，后

_____

　　① 在这方面，直觉、默会之知呈现某种复杂性，它们与语言的关联也非简单明了。为讨论的简洁，暂对此存而不议。

者显然不能完全等同于现实的世界。诚然，在分析哲学的后期，也有不少关于世界或存在问题的讨论，分析哲学中的一些人物，甚至提出各种形态的本体论或形而上学的观念。然而，需要注意的是，当分析哲学讨论世界或存在并试图建立某种形而上学时，它所关注的重心往往不是世界或存在本身，而是人们在谈论和表达世界或存在时所运用的语言以及这种语言所具有的涵义。在斯特劳森的 *Individuals* 一书中，这一点便表现得很明显。斯特劳森在该书中区分了"修正的形而上学"和"描述的形而上学"，在他看来，真正合理的进路是对形而上学作描述的研究。所谓"描述的形而上学"，顾名思义，其特点不是研究世界或存在本身，而是讨论我们在研究世界或存在时所使用的概念之意义。这一辨析活动体现了对世界认识的形式化趋向。分析哲学中固然也有所谓"整体论"（holism），但此所谓"整体论"并不关心如何把握作为整体的世界或现实存在这一类问题，其注意之点主要指向在语言之域如何理解语言的相关方面，例如怎样将某个词的意义放在前后相关的语境之中，而不是孤立地就单个语词来理解，这种考察方式在总体上并未跳出语言的论域。王路教授在为分析哲学辩护时，曾认为"分析哲学既然是关于世界的认识，也就不会是局限于语言的"，但从分析哲学的以上进路看，它确确实实表现出"局限于语言的"的趋向。

与分析哲学相关的是概念的运用和分析，我在《如何做哲学》中，曾对哲学研究还原为哲学史、思想史、学术史的趋向提出异议，并对与之相关的哲学研究叙事化进路表示不赞同。王路教授首先对此表示疑惑："不知道这种批评针对的是什么？"继而进一步就此提出质疑："问题在于，无论什么史，不管什么化，难道不是以概念运作的方式进行的吗？由此也就看出，概念性思考并不是哲学独家的方式。用它大体描述一下哲学的方式也许没有什么，但是以它做论证依据则是会出问题的。"对于王路教授的疑惑，首先或可说明，哲学的叙事化并非无的放矢的忧虑，事实上，从历史上看，这早已不是一种新的现象。黑格尔便曾对他那个时代的类似情形作了如下评论："现在有一种自然的哲学思维，自认为不屑于使用概念，而由于缺乏概念，就自称是一种直观的和诗意的思维"，由此形成的是"既不是诗又不是哲学的虚构"。① 如我已指出的，对概念性思考的这种疏离，在逻辑上往往可能导向哲学的叙事化：哲学本身成为一种思想的叙事，而非对现实世界和观念世界的理论把握。

进一步看，概念的运用在某种意义上涉及不同领域和学科，在此意义上，王路教授认为"概念性思考并不是哲学独家的方式"，这并非没有根据。不过，尽管不同学科都可能涉及广义的概念，但概念运用的方式却并不完全相同。大致而言，可以区分以智慧为指向的概念分析与基于知识立场的概念分析。在以上提及的还原趋向中，作为归宿的思想史、学术史研究既以历史领域中思想现象与学术现象为考察对象，又主要从历史传承中的文献出发，并以文本语义的诠释为把握相关学术思想的前提，这种考察固然有其学术的意义，但从认识的形态看，它更多地可归属于特定的知识之

---

① 黑格尔：《精神现象学》，贺麟、王玖兴译，商务印书馆 1981 年版，第 47 页。

域，与之相关的概念运用，也首先侧重于历史的内涵。相对于此，在哲学领域，概念的运用不限于历史中某种特定的思想现象或学术现象，而是以现实世界中的具体存在或真善美的价值之境为指向，这一意义上的概念，同时包含智慧的内涵。

如我前此一再提到的，哲学研究的还原趋向背后蕴含的更内在的问题，是哲学限于特定对象，并使自身专门化、知识化。与之相关的是"道"流而为"技"、哲学家成为专家。分析哲学中的一些有识之士，事实上也在某种意义上注意到了后一问题。以其中的重要代表人物塞拉斯（Wilefrid Sellars）而言，尽管其哲学仍未摆脱分析哲学的限度，但他亦已有见于与分析哲学相涉的某些哲学偏向。在谈到哲学与其他学科的不同之点时，他便曾指出："哲学在重要的意义上没有特定的对象，如果哲学家有这种特定的对象，他们就会转而成为一批新的专家。"① 与特定的知识不同，"哲学活动的特点，就是注目于整体。"由此，塞拉斯对仅仅将哲学理解为对已有思想进行分析的观念提出了批评，认为与综合相对的单纯的分析，将导致"琐碎"（a triviality）。② 如果说，对哲学与特定对象、哲学家与专家的区分以反对哲学的知识化为前提，那么，对哲学琐碎化的批评，则似乎涉及哲学还原可能引发的消极后果。

哲学在考察世界的同时，又总是不断进行自我反思，这

① Wilefrid Sellars, "Philosophy and the Scientific Image of Man", in *In the Space of Reason——Selected Essays of Wilefrid Sellars*, edited by Kevin Scharp and Robert Brandom, Harvard University Press, 2007, p. 370.

② Ibid. , pp. 371 – 372.

种反思具体展开于"何为哲学""如何理解哲学"等追问之中。历史地看，一方面，无论是古希腊以来的西方哲学，抑或先秦而降的中国哲学，哲学的进路及其形态都呈现多样的特点；另一方面，作为哲学，这些不同的进路和形态又都关乎智慧之思，可以视为对智慧的多样探索。与智慧探索的多样性相联系，对哲学的理解，也可以体现不同的视域，当然，这种不同的理解视域，又无法离开哲学之为哲学的内在品格。

（原载《江汉论坛》2017 年第 8 期）

# 哲学：思向何方？

哲学既追问世界，也不断反思自身。这种反思不仅围绕何为哲学、如何做哲学等问题展开，而且体现于对哲学自身走向的思考。就其内在意蕴而言，哲学的走向关联着哲学关切的方向。历史地看，哲学曾以思辨或超验的存在为对象，20世纪以来，哲学则每每面向语言、意识以及特定的社会领域。对以上进路的扬弃，既涉及对"哲学向何处去"的再思，又以面向现实的世界为实质的内容，后者同时意味着关注作为现实世界生成前提与人自身存在方式的"事"。

## 一

回望现代哲学的演进，不难注意到一个耐人寻味的现象，即哲学的研究往往伴随着各种形式的"哲学终结"论。作为对哲学的一种看法，"哲学终结"论同时内在地包含对哲学命运和走向的理解：从逻辑上说，哲学的终结意味着历史上的哲学已走到尽头，与之相关的哲学进路亦应加以超越。

在这方面，首先可以一提的是海德格尔。对他而言，哲学已经终结："哲学之发展为独立的诸科学——而诸科学之间却又愈来愈显著地相互沟通起来——乃是哲学的合法的完成。哲学在现时代正在走向终结。"① 随哲学终结而来的，是"思"的问题。这里的终结，首先与科学的分化发展相关：哲学的很多问题已经随着科学的发展成为科学领域的问题。海德格尔的如下看法便明确地表述了这一点："哲学在其历史进程中试图在某些地方（甚至在那里也只是不充分地）表述出来的东西，也即关于存在者之不同区域（自然、历史、法、艺术等）的存在论，现在被诸科学当作自己的任务接管过去了。"② 以上观点同时又与海德格尔对"存在者"与"存在"的区分相关，在他看来，传统意义上的哲学（首先是其中的形而上学）主要关注于"存在者"，而对"存在"本身却没有给予充分关注。所谓"存在者"，可以视为过程之外的不变对象和凌驾于个体的超验存在，与之相对，"存在"则表现为个体及其生存过程，后者在海德格尔那里与所谓"此在"（Dasein）有着内在关联。尽管海德格尔对"思"没有作明晰的界说，但相应于"存在者"与"存在"的区分，哲学终结之后的"思"，似乎主要侧重于对上述视域中的"存在"的关注。

在罗蒂那里，哲学终结的思想体现于后哲学或后形而上学的观念。从逻辑上来说，"后哲学"意味着"哲学之后"，其中同样隐含着哲学终结的思想。就罗蒂的思想系统而言，

① 海德格尔：《哲学的终结和思的任务》，《面向思的事情》，陈小文、孙周兴译，商务印书馆 1996 年版，第 60 页。
② 同上书，第 61 页。

已经终结或应当终结的哲学，主要与本质主义、基础主义相涉；拒斥这一类的哲学，则意味着走向后哲学的文化。在后哲学文化中，哲学不再是原来意义上的学科，哲学工作则主要表现为文化批评。事实上，罗蒂本人晚年虽未离开哲学专业，但却主要在比较文学系任教，这种学科归属，与后哲学文化的观念无疑具有某种一致性。

20 世纪的另一重要哲学家是维特根斯坦，他以不同的方式展现了类似趋向。维特根斯坦虽然没有明确地提出哲学的终结，但却通过对传统哲学的言说方式以及言说对象的质疑，展现了相关的立场。在早期维特根斯坦看来，传统哲学的问题主要在于对本来应该保持沉默的对象，没有保持沉默，亦即试图言说不可言说者；对后期维特根斯坦而言，传统哲学的问题则在于离开了语言的日常意义，以非日常或形而上的方式运用语言，由此形成种种弊病。与之相应，按后期维特根斯坦的理解，哲学的工作主要在于治疗语言误用之病。不难看到，以上哲学观的逻辑前提，是误用语言的传统哲学应当终结。

如果追溯得更早一点，那么，在恩格斯那里，哲学终结的问题已以一种更明确的形式得到了表述。恩格斯指出："在这两种情况下（即历史和自然都被视为过程的前提下——引者注），现代唯物主义都是本质上辩证的，而且不再需要任何凌驾于其他科学之上的哲学了。一旦对每一门科学都提出了要求，要它弄清它在事物以及关于事物的知识的总联系中的地位，关于总联系的任何特殊科学就是多余的了。于是，在以往的全部哲学中还仍旧独立存在的，就只有关于思维及其规律的学说——形式逻辑和辩证法。其他一切都归到关于自然和历史的实证科学中去了。"① 在这里，哲学的终结既表现为科学不断分化和独立的结果，又与思辨的形而上学（凌驾于其他科学之上的哲学）之寿终正寝相关。随着科学的发展，以往被视为哲学的内容，大多已归入实证科学之域，哲学王国中所剩下的仅仅是关于思维的科学，即形式逻辑和思维的辩证法。

二

可以注意到，上述哲学家从不同的角度提出了哲学终结的问题：或者断定哲学已经终结，或者认为哲学应当终结。不过，就实质层面而言，他们认为已经终结或者应当终结的哲学，主要是指历史上的某种特定形态，而不是全部哲学。与之相应，在提出哲学终结的同时，他们又以不同的方式探索在已经终结或应当终结的哲学之外的哲学研究进路。事实上，关于哲学终结的诸种看法，主要意味着以往哲学已穷尽了自身的所有可能，从而，在其框架中难以再有所作为。然而，哲学并非仅仅限于某一或某些形态，对存在的探索，本身包含多样的可能。与历史上既成的哲学"已经终结"这一判断相辅相成的，是对哲学应当是什么或哲学可能具有何种形态的进一步构想和实践，后者体现于哲学形态的转换以及与之相应的不同研究侧重。

20 世纪以来，哲学领域中值得注意的现象首先表现为对语言和意识的关注。语言的关注与分析哲学相联系。分析

① 《马克思恩格斯选集》第三卷，人民出版社 1972 年版，第 65 页。

哲学所指向的，主要便是我们在谈论、思考世界和人自身时所运用的语言，对其中的一些代表人物而言，哲学的工作无非是改变语言的形而上运用、回到其日常的用法。与专注语言相联系的是逻辑分析：以语言为对象，以逻辑分析为方法，这两者在分析哲学中紧密结合。这一趋向与前述哲学仅涉及思维及其规律（首先是形式逻辑）的看法无疑具有一致性，它在基于语言的前提下，似乎既呼应了也部分地实践了哲学仅仅关乎思维的逻辑这一观念。

与语言的逻辑分析相关的，首先是概念的辨析和界定：从注重语言的逻辑分析出发，分析哲学强调概念的提出需经过严格的界说，其涵义应明确而清晰；其次是观点的论证：对分析哲学而言，观点与看法必须经过逻辑的论证，不允许独断地"颁布"某种结论。这些研究进路对于推进哲学思维的严密性、清晰性，无疑有积极的意义。然而，在关注逻辑分析的同时，分析哲学不仅对形式化给予了过分的强调，而且在相当程度上将研究仅仅限定于语言的界限之内，而不越出语言的雷池一步。即使涉及所谓形而上学的领域，分析哲学也常常强调他们所谈的形而上学的问题（如"何物存在"）并不关涉物理世界中实际的对象，而主要是语言之中的存在或人们在讨论存在时所运用的语言及其涵义。语言本来是人达到现实世界的手段和方式，而在以上进路中，它则似乎被当作现实世界本身，由此，语言与实际存在之间的关系也在相当程度上被悬置起来：语言成为隔离现实存在的某种屏障。从另一方面看，以上进路在相当意义上主要关注于哲学的言说方式——"如何说"，对于"说什么"的问题则没有给予充分的重视。游离于世界的这种考察方式和手段，往往被进一步引向技术性的层面：语言分析本身每每成为一种技术性的操作手段。

　　较之以语言为指向的哲学趋向，另一种哲学进路更多地与意识相关。哈贝马斯曾区分了 20 世纪的两种哲学形态：其一为语言分析哲学，其二则是意识哲学，后者以现象学为重要代表。现象学当然可以从不同的角度去理解和把握，但对意识的关注无疑构成了其重要特点。尽管现象学的奠基者胡塞尔在早期以反心理主义为旗帜，然而事实上，意识的关切始终构成了其哲学思想的内核。海德格尔已注意到了这一点，在谈到胡塞尔的相关看法时，他曾指出："什么是哲学研究的事情呢？"对胡塞尔来说，"这个事情就是意识的主体性"①。从基本的哲学进路看，胡塞尔赋予纯粹意识以最本源的意义，强调这种意识具有最直接、没有任何中介、不证自明等品格，从而在事实上将其视为终极的存在形态。海德格尔与胡塞尔尽管在不少问题上存在差异，但同时又上承现象学，上述关于"哲学研究的事情"的看法，事实上也体现于其自身的哲学之中。他的基础本体论以"此在"为关注重心，所讨论的具体问题则关乎个体在心理层面的感受，包括烦、操心、畏，等等，这一类生存感受或直接，或间接地都涉及意识之域。对这些意识现象的分析和考察固然也有助于推进对人自身存在的理解，但赋予意识以终极意义，同时也表现出思辨化、抽象化的趋向。

　　可以看到，单纯的语言分析和意识研究或偏于形式，或

---

　　① 海德格尔：《哲学的终结和思的任务》，《面向思的事情》，陈小文、孙周兴译，商务印书馆 1996 年版，第 65 页。

止于观念，其内涵既单一而稀薄，又疏离于实在，从而无法真正承担理解和规范现实世界之任。也许有鉴于此，自20世纪后期以来，特别是20世纪70年代罗尔斯的《正义论》问世以后，一些哲学家开始关注政治、伦理等领域的问题，伦理学、政治哲学也逐渐复兴，成为一时之显学，这种趋向至今方兴未艾。以政治、伦理之域为指向，政治哲学与政治学彼此呼应，伦理学则不断向环境、生命等具体领域延伸，形成环境伦理学、生命伦理学等特定理论形态。这一类讨论对于把握相关领域的问题无疑具有推进作用，然而，哲学毕竟不同于某一专门的知识领域，将若干特定的社会领域作为哲学的对象，与哲学之为宇宙人生、性与天道的追问和探求，显然存在距离。

三

20世纪以来的以上哲学趋向，既蕴含着对以往哲学的不满，也表现出超越以往哲学的某种努力，但这些哲学趋向自身存在诸多问题，从而也难以避免被扬弃的命运。这种扬弃与对世界的把握紧密联系在一起，而哲学对世界的把握则既涉及形式的方面，也关乎实质之维。

从形式层面来说，这里首先需要关注的是逻辑思维的方式问题。科学基于实验以认识世界，艺术通过形象以再现或表现世界，哲学则以概念为把握世界的手段，后者与广义的逻辑思维有着更为切近的联系。逻辑思维以分析、论证、说理为指向，这一过程既离不开形式逻辑，也需要有辩证的观念。分析哲学在前一个方面（形式之维的逻辑分析）作出了贡献，但是对思维过程中的辩证性质却缺乏应有的注意；中国传统哲学比较关注思维的辩证性质，但在概念的辨析、形式的系统方面，则往往显得相对薄弱。就思维过程而言，其中的说理同样面临有效性的问题。这里所说的有效性（validity），既在形式的层面呈现为命题的可讨论性和可批评性以及论证过程之合乎逻辑的规范和法则，又在实质的层面表现为对现实对象的真切把握。忽视形式逻辑，思想常常或者形似全面，却流于宽泛，无法对相关问题提供切实说明，或者执著于独断之见而无法提供合理的确证；悬置思维的辩证之维，思想则不仅容易在细密的形式下走向片面、琐碎和抽象，而且同样每每偏离于真实的存在。在以上形态下，哲学的理论和观点都难以获得充分的根据。就总体而言，形式逻辑与辩证思维的互补，是实现有效论证和说理的前提条件。

进一步看，逻辑思维最终以现实世界为指向，现实世界则既包含相对稳定的规定，也具有多方面性并展开为变迁的过程。如果说，前者为侧重于形式逻辑的思维方式提供了本体论的前提，那么，后者则赋予辩证的思维方式以形而上的根据。现实世界的以上特点，同时规定了仅仅运用单一的方式无法把握其真实形态。

在实质的层面，走向现实的世界意味着走出语言、意识或特定的存在领域。哲学既无法终结于某一时期，也难以限定于语言、意识或政治、伦理等特定的存在领域。走向现实存在，与人类自身的根本性关切相联系，这些关切体现于具有恒久性或普遍性的问题。就对象而言，有"何物存在"的问题，就人自身而言，则有"为何而在""如何存在"等问题。

何物存在？这一问题实质上所追问的，是何为现实的存在或何为现实的世界。传统哲学，特别是其中的形而上学，同样也在不断探索如何达到或敞开存在，但它们往往离开人自身之在，或者把目光更多地集中于本然对象或本然之物，这种存在作为尚未进入人的知行领域的对象，具有自在的性质；或者以心所构造的思辨产物为指向，将广义之"心"（精神或意识）理解为世界之源。以上哲学趋向，可以概括为"物的形而上学"或"心的形而上学"，二者在疏离现实存在方面呈现相通性。海德格尔所批评的关注"存在者"而遗忘"存在"、罗蒂所抨击的基础主义或本质主义，在某种意义上都与以上形态的形而上学相关。

就其现实性而言，真实的世界即人生活于其间的世界，这一世界本身又形成于人"赞天地之化育"的过程之中。"赞天地之化育"这一表述似乎带有形而上的意味，但其具体内容则不外乎人实际做事的过程。人正是通过现实的做事的过程，逐渐建构起与本然存在不同的现实世界。本然对象的超越，以"事"的展开为前提，人与现实的世界则通过"事"而彼此沟通。在此意义上，世界因"事"而成，对现实世界的追问，则实质上表现为对基于"事"的世界的关切。

做事的过程涉及多重方面，它既展开于天人（人和自然）之间的互动，也体现于人与人之间的交往。天人之间的互动一方面以"制天命而用之"（人对自然的作用）为内容，另一方面又表现为"道法自然"（尊重自然的法则）的过程。在"治自然"与"法自然"的统一中，自在之物

（尚未与人相关的存在）逐渐成为为我之物（合乎人的需要和理想的对象），本然的存在则转化为现实的世界。以自然的变革和现实世界的生成为指向，开物成务意义上的"事"构成了本然之物向现实世界转化的中介。通常所说的"事在人为"，既肯定了事与人的关联，也从一个方面表明现实世界及其多样的形态离不开人所"为"之"事"。

就人与人之间的交往而言，其形式既涉及宏观或类的层面上政治、经济、军事等活动，也关乎个体之域的日用常行，宋儒所说的洒扫应对，便属生活世界中的日常之"事"。宏观意义上的政治、经济、军事等活动，可视为"事"之大者，通过参与这一类的"事"，人既表征了自身为不同领域中的社会成员，也展示了自身在历史演进和社会秩序建构过程中的作用，所谓"人事有代谢，往来成古今"，也从一个方面体现了以上过程。日常展开的社会交往和其他活动虽不同于宏观领域之"事"，但却构成了生活世界生成的前提，从家庭之内到公共空间，人在存在过程都无法摆脱多样之"事"，孟子所谓"必有事焉"（《孟子·公孙丑上》），也表明了这一点。

人通过做事而创造现实世界的过程，也就是人自身的存在过程，不妨说，人的存在即展开于做事过程。广而言之，正是在做事的过程中，人制造和运用工具；在做事的过程中，人具有了把握对象和彼此交流的需要，由此推动语言的出现；在做事的过程中，人不断地获得并提升自身的理性能力。人的相关品格，包括制造和运用工具的能力、语言的能力、理性的能力，等等，都形成于以上过程，而人自身则相应地成为所谓制造工具的动物、理性的动物、语言的动物。

对人而言，"事"具有本源性，它既发生于生活世界之中，又展开于生活世界之外。人自身则不仅以做事为自己的存在方式，而且与"事"所产生的结果息息相关：通过做事，人既获得了满足自身需要的各种社会资源（事物），也积累了多方面发展所需的自由时间；做事既成就世界，也成就人自身。

要而言之，"事"既是现实世界生成的前提，也是人自身的存在方式，对于这一过程，不同学科可以从不同的角度加以考察。比较而言，具体学科，包括自然科学、社会科学，主要着重关注于人类做事过程中的某一方面、某一领域，或相关的特定对象。从更本源的意义上对此加以追问，则是哲学的使命。如前所述，人类走向现实存在的过程，总是伴随着与人类自身存在相联系的根本关切，这些关切体现于人"为何而在""如何存在"等恒久性问题，后者并非仅仅表现为超验的形上追问，而是始终关联着作为人存在方式的做事过程。事实上，关注基于"事"的现实世界，同时意味着反思人的做事过程："为何做事？""成就何事？""如何做事？"前二者关乎做事的价值目的和价值方向，后者则涉及做事的方式。关于"事"的这种追问与前述关于存在的终极追问，本身难以相分：一方面，在"为何做事、如何做事"的追问背后，是更为根本的人"为何而在、如何存在"的问题；另一方面，终极意义上人"为何而在、如何存在"的问题，又具体落实在"为何做事、如何做事"的现实关切之上，二者呈现相互交融的形态。

如前所述，"哲学终结"之论内含如下预设，即：以往哲学已穷尽了各种可能，在其形态下哲学本身再难有作为。

然而，以现实的世界为指向，以人自身的"事"与"为"为具体的关切，哲学不仅展示了广阔的发展空间，而且蕴含着无尽的衍化可能：这里既存在着众多富有意义的问题，也召唤着多样的智慧之思。

四

从哲学层面上对现实世界的探究和追问，不仅涉及思想之流，而且关乎现实之源。

就思想之流而言，这里首先面临历史和理论间的互动。哲学的问题往往"古老而常新"，在这方面，哲学不同于科学：在科学的发展过程中，已经被解决并有了确定答案的问题，常常不再被提出来加以讨论。在哲学的领域，问题很少可以获得一劳永逸的解决，至矣、尽矣的答案，与哲学的本性无法相容。无论是对象层面的"何物存在"，还是人自身层面"为何而在""如何存在"，以及与后者相关的"为何做事、成就何事、如何做事"，都是具有恒久意义的问题，对其追问和探究，也伴随着哲学自身的演进过程。每个时代的哲学家每每站在他们所处的特定背景之下，一方面上承前人的思维成果，另一方面又对历史中的问题作出新的理解、回应。问题和回应的这种历史延续性，也从一个方面展现了哲学的历史和哲学的理论之间的相关性。可以看到，哲学在探究现实世界的过程中，总是无法离开史与思之间的相互作用。

历史步入近代以后，哲学对相关问题的思考，离不开比较的视野。对近代以来的中国哲学而言，这里所涉及的首先是中西哲学的比较。在中西哲学刚刚相遇之时，人们所关注的通常是如下一类问题：中国哲学如何、西方哲学怎样，什么是二者的共通之处、何者为它们的差异之点，如此等等。不难看到，这种视域所侧重的，不外乎同异的比较。这一类的比较研究对于具体把握中西哲学各自的特点，无疑具有积极的意义，然而，仅仅停留于此，显然容易流于表面、静态的罗列。

在更内在的层面，比较研究的意义关联着创造性的哲学思考。在面向现实世界的过程中，"何物存在""为何而在""如何存在"，以及作为后者体现的"为何做事、成就何事、如何做事"等哲学追问，既具有终极意义，也包含普遍之维，后者（普遍之维）意味着不同的哲学传统在敞开存在的过程中，常常面临着类似或相近的问题，其思维成果也包含相互激荡、彼此借鉴的可能。这样，一方面，在不同的文化背景和历史传统下，中西哲学形成了各自的风格和特点；另一方面，作为哲学，二者在关切的问题上又有相通之处。如果说，前者使哲学的比较成为必要，那么，后者则为哲学的会通提供了可能。哲学既以真实的存在为指向，又展开为不同的进路，从而可以视为对真实存在的多样探索。历史地看，哲学在其演进过程中，确实形成了多元的智慧，后者同时为今天的思考提供了多样的思想资源。事实上，如何运用人类文明发展过程中积累的多元智慧来进行创造性思考，是今天的哲学探索所无法回避的问题。在不同文明传统已经彼此相遇的背景下，哲学无法仅仅停留在某种单一的传统之中，相反，它需要基于丰富、多元的智慧资源，以使自身在深度和广度上不断得到推进。以此为前提，便不难注意到，哲学比较的真正意义，在于为今天的思考提供多元的智慧资源，而比较研究的过程，则同时表现为运用这种多元的哲学智慧进行创造性思考，以更为深入地把握现实的世界。

从更广的层面看，比较研究也为哲学的演进提供了世界的视野。在哲学的领域，世界的视野意味着超越地域性的特定文化背景和文化传统，从"世界"的角度来理解和看待这个世界本身。在相当长的历史时期，中西哲学是在不同的文化空间、历史背景以各自独立的方式发展，这种不同的文化空间、历史背景往往在相关的哲学思考中留下自身的特定印记。从某种意义上说，在历史成为世界历史之前，人们拥有不同的世界，在历史成为世界历史之后，人们则开始走向同一个世界。"世界的视野"意味着在共同的世界之下，展开对世界的思考和理解。以世界历史的形成为背景，中西哲学的相遇本身也具有了世界性的意义，而与之相关的比较研究，则进一步推进了哲学研究中世界视野的形成。在世界的视野中，哲学一方面呈现多样的品格，另一方面又不断展现世界的意义。

史与思、中西比较以及与之相关的多元智慧资源和世界的视野，更多地呈现为哲学发展过程的思想之流。在走向现实世界的过程中，哲学既关乎思想之"流"层面上的历史与理论间的互动、不同的理论资源和不同哲学智慧间的彼此激荡碰撞，也离不开现实之"源"，后者具体地关联着历史的发展和时代的变迁。哲学对世界的把握，本身总是基于现实之源，这里不仅关乎以自然为指向的科学之域，而且涉及不同的社会领域。哲学的发展自始便难以与科学相分离，就哲学与科学的关系而言，一方面，如恩格斯和海德格尔所已注意到的，随着历史的发展，哲学的不少领地已逐渐让位于科学；另一方面，科学发展本身又给哲学提出愈来愈多的问题。以所谓信息时代而言，伴随着这一时代的到来，如何理解虚拟实在已成为无法回避的问题。虚拟实在作为存在的一种形态，无疑关乎形而上学之域，但它与传统形而上学的对象又有所不同。在更具体的科学形态中，诸如基因、克隆、人工智能、赛博格（Cyborg）现象以及其中的伦理问题，也是哲学面临的新的问题。如此等等。

从更广的社会领域看，在全球化时代，联合国、欧盟等国际组织的出现，它们自身的限度，以及运行过程中出现的问题，使传统哲学关于人类"大同"的思想获得了新的意义，大同理想是否可能和如何可能，成为新的历史条件下需要面对的问题。此外，基于各种形式的民族纷争、宗教分异，以及由意识形态的对抗而形成的国际冲突，使"为万世开太平"或"永久和平"是否可能和如何可能，也成为具有现实意义的问题。

进而言之，现代社会往往面临技术、权力、资本对人的限定。在缺乏合理价值引导的背景下，科技的发展每每使当代社会面临着走向技术专制之虞：从日常生活到更广的社会领域，技术愈来愈影响、支配乃至控制人的知与行。权力的过度扩展，往往把人的自主性和人的权利置于外在强制之下。资本的泛滥，则将金钱、商品推向前列，而人则相应地成为金钱、商品的附庸。从"何物存在"的角度看，以上现象表现为因"事"而成之现实世界的异化；就"为何而在""如何存在"，以及作为后者体现的"为何做事、成就何事、如何做事"而言，这些现象则意味着人自身的存在疏离于合乎人性的价值方向，它们既使"何物存在""为何而在"等哲学追问变得更为急切，也使如何应对以上历史现象成为愈益紧迫的哲学问题。思想和时代的以上背景在为哲学的发展提供内在推动力的同时，也使哲学本身在回应现实问题的过程中不断思向存在的深处。

（原载《社会科学》2017 年第 3 期）

# 哲学视域中的感受

人既追求对世界的说明和理解，也以不同的方式感受世界。[①] 说明世界主要关乎广义上的"是什么"，感受世界则涉及世界对人"意味着什么"。这种意味可以是多方面的，包括艺术的、宗教的、伦理的、科学的，等等。在人与世界的关联中，感受构成了重要的方面。人不仅关切存在何种世界，而且感受到这个世界对人的意义，后者进一步引向对世界的规范和变革。

## 一　感受：意义与意味

从哲学的视域看，感受所涉及的主要不是存在自身的规定，而是存在对于人的意义或意味，这种意义和意味既表现为日常意识中的可欲、可悦、可畏，等等，也以真、善、美等价值的形态呈现。与此相联系，感受可以视为以存在对于人的意义和意味为内容的意识，其呈现形式则包括日常体

---

① 本文讨论的"感受"作为动词近于"affectively experiencing"，作为名称则近于"affective experience"。

验、内含意义确认的评价，等等。①

上述论域中的感受首先有别于认知意义上的感觉。这不仅仅表现在认知意义上的感觉基于感官与对象的互动，感受则不限于感官活动，而且更在于认知意义上的感觉具有分析性的特点，感受则与之有异。相应于感官的不同功能，认知意义上的感觉方式及其内容，常分而别之：与耳相关的听觉、与眼相关的视觉、与口相关的味觉，等等，都彼此相分。比较而言，感受更多地呈现综合性的特点，其中不仅包含情感、意愿、理性、直觉、想象等意识形式，而且以理性与情意、体验与直觉、直观与想象、认知与评价之间的交融或交织为存在形态。情感、意欲、意愿、想象、感知、理性诸方面在感受中的相互关联既表现为不同规定之间的互动，也体现了感受本身的综合性。②

作为综合性的意识，感受具有意向性。以关乎对象为特点，感受所内含的意向性表现为二重形态。首先是面向世界或指向对象。感受虽以观念为形式并生成于内，但又同时指涉对象。以审美趣味为内容，美的感受关联审美对象；以爱或恨为形式，感受指向所爱或所恨的对象；在善言善行所引发的感受中，相关的言和行同时成为关涉的对象，如此等

---

① 黑格尔曾在人类学和灵魂的论域中讨论感受，这一意义中的感受主要被理解为直接的、孤立的、偶然的、片面主观的心理现象（参见黑格尔《精神哲学》，杨祖陶译，人民出版社 2006 年版，第 97—102 页）。本书所说的感受着眼于更广的哲学视域，从而不同于以上论域中的感受。

② 这里的"分析性"和"综合性"是在借喻的意义上使用的。如上所言，此所谓"分析性"近于"分而别之""区分"等，"综合性"则略同于"关联""整合"等。上述意义上的"分析"和"综合"有别于严格意义上"分析命题""综合命题"论域中的"分析"与"综合"。

等。在引申的意义上，感受所涉及的意向性进一步体现为源于对象。以"情"而言，中国哲学中的"情"既指实情、情境，又指情感，作为感受的个体情感并非凭空而起，它与具体的情境往往存在多方面的相关性，所谓触景生情、因境生情，便体现了这一点，情与景、情与境的这种关联，折射了感受因物而起的特点，后者从感受之源这一方面，展现了其意向性特点。

与意向性相联系的，是感受的返身性。意向性体现了感受与对象世界的关联，返身性则表现为个体自身的所感所悟、所知所觉。单纯的意向性，并不构成感受。按其本来形态，感受乃是"感"与"受"的结合：一方面，它涉及以"感"的形式表现出来的人与对象的相互作用；另一方面，它又包含返归和面向人自身的切己体验和所思所悟。也就是说，它总是既指向外在对象，又返身切己。黑格尔在谈到"精神的内在化"时，曾指出："在理智使对象从一个外在东西成为一个内在东西时，它内在化着自己本身。这两者，——使对象成为内在的和精神的内在化，是同一个东西。"① 这里同样涉及意向性与返身性的关系：意向性的特点在于指向对象，并进一步使之化为意象和意念；返身性则表现为意识的自我明觉，所谓"精神本身的内化"便涉及后一方面。

在诗所展现的意境中，感受的返身性得到了形象性的体现。"感时花溅泪，恨别鸟惊心"（杜甫《春望》），作为对象的"花"引发人之"感"，这种"感"并非仅仅表现为

---

① 黑格尔：《精神哲学》，杨祖陶译，人民出版社 2006 年版，第 251 页。

外在的作用，而是同时渗入了主体自身真切的体验，并相应地呈现为返身性的感受；同样，鸟的惊飞可以触发离情别意，但以离愁形式呈现的感受既非仅仅因物（鸟）而起，也非单纯指向对象。广而言之，从人与对象的关系看，人并非消极地受制于对象，如果缺乏返身性的意识内容，则物之所"感"将导致"人化而物"："夫物之感人无穷，而人之好恶无节，则是物至而人化物也。"（《礼记·乐记》）"人化物"即人的物化，自我本身则将由此趋于失落，后者意味着感受的主体被消解。以上关系从否定的方面表明了感受与返身性的关联。

黑格尔曾认为："感受更多地强调感觉活动中的被动性方面。"① 如后文所述，事实上，感受并非仅仅限于感觉。就其以对象的存在为前提而言，广义的感受无疑具有被动性，然而，前文已提及，感受既关乎"感"，也涉及"受"，无论"感"，抑或"受"，都包含能动性的一面，这种能动性不仅与意之所向（意向性）相联系，而且关联着渗入于感受中的返身性，上文提及的避免"人化而物"已从一个方面表明了这一点。如果说，意向性在指向对象的同时又涉及对外在影响的回应，那么，返身性则与内在的体验、反思、接受等相联系，二者从不同的方面体现了感受的能动性。概要而言，作为综合性的观念形态，感受具有受动与能动的不同规定性。

以意向性和返身性的交融为内容，感受同时展现为心物之间的互动。从人的日常存在看，觉得冷或热，是常见的感

---

① 黑格尔：《精神哲学》，杨祖陶译，人民出版社 2006 年版，第 117 页。

受，这里既有外部世界气温的变化，也有人自身之体验。外部世界的气温，可以用温度计加以测量，个体自身的冷热感受，却不能还原为对象性的规定，正如在光与视觉的关系上"目遇之而成色"，在空气与人之感受的关系上"身触之（空气状况）而成温（冷或热的感受）"。可以看到，指向物理层面空气状况（气温高低）的意向性与表现为个体自身冷热感的返身性在此彼此交错，感受则由此呈现二重性。在音乐中，以心物互动为形式的"感"取得了更具体的形态："乐者，音之所由生也，其本在人心之感于物也。""非性也，感于物而后动也。"（《礼记·乐记》）"人心之感于物"既以物的存在为前提，又以人心的作用为条件，它从音乐的层面表现了感受过程中心与物的相互作用。

当然，在感受中，意向性与返身性可以有不同的侧重。以同情（sympathy）和同感（empathy）而言，二者都是表现为情感的感受，但同情（sympathy）首先指向对象（对他人的情感态度），从而更多地表现为一种意向性；同感（empathy）则以感同身受为特点，从而较多地与返身性相联系。不过，两者并非截然相分：同情固然首先指向对象并相应地呈现意向性，但同时也以自我的情感体验为内容，从而包含返身性；同感诚然首先表现为感同身受、返身接纳，但同样涉及相关对象，并内含意向性。不难注意到，作为感受，同情和同感虽然有不同的侧重，但都包含意向性与返身性。宽泛地看，广义的意识既呈现意向性和返身性二重品格，又有不同的侧重。以内省意识而言，其内容固然关乎相关对象，但同时又更多地体现返身性的特点；比较而言，观察中所渗入的意识，则既与反思相关，又首先以意向性为内在趋向。感受（包括同情和同感）作为意识的具体形态，无疑也体现了意识的以上特点。

感受所内含的意向性与返身性二重品格，往往未能得到哲学家的充分关注。以黑格尔而言，在谈到感受时，黑格尔认为："感受的内容要么是一个来源于外界的，要么是一个属于灵魂内心的；因而感受要么是一个外部感受，要么是一个内部感受。"① 在以上区分中，所谓"外部感受"在逻辑上似乎主要与意向性相涉，"内部感受"则更多地关联返身性。这一看法显然既忽视了感受本身的统一性，也未能注意到其中意向性与返身性的相关性。现象学的奠基者胡塞尔也曾论及感受，与黑格尔有所不同，从总体上看，他延续布伦塔诺的思路，侧重于肯定感受与意向的关联："在我们普遍称之为感受的许多体验那里都可以清晰无疑地看到，它们确实具有一个与对象之物的意向关系。"② 由此，胡塞尔进一步对布伦塔诺的相关观点作了阐释："布伦塔诺就已经在阐释有关感受的意向性问题时指出了这里所讨论的歧义性。他将——尽管不是用这些表述，但根据其意义上是如此——痛感与快感（'感受感觉'Gefuhlsempfindung）区别于在感受意义上的疼痛和愉快。前者的内容——或者我干脆说，前者——被他看作是（在他的术语中）'物理现象'，后者则被他看作是'心理现象'，因而它们属于本质不同的更高属。这个观点在我看来是完全确切的。我只是怀疑，感受被

---

① 黑格尔：《精神哲学》，杨祖陶译，人民出版社 2006 年版，第 101—102 页。

② 胡塞尔：《逻辑研究》，倪梁康译，上海译文出版社 1998 年版，第 427 页。

这个词的主导含义趋向是否在于那种感受感觉,并且,那些被称之为感受的杂多行为是否是由于那些本质上与它们交织在一起的感受感觉才获得了这个名称。当然,人们不能把属于的合适性问题与布伦塔诺之划分的正确性问题混为一谈。"①在此,胡塞尔承继布伦塔诺,将感受的意向性与"感受感觉"联系起来,而后者又首先关乎物理现象。从逻辑上说,这里突出的主要是感受与对象的意向关系,而感受所内含的返身性,则未能获得实质上的定位。对感受的以上理解,似乎很难视为对其全部内涵的把握。比较而言,在广义的现象学系统中,海德格尔所说的畏、烦,等等,似乎同时体现了感受的返身性特点。

从言和意的关系看,感受与语言相涉,但比语言更丰富:语言往往无法表达感受的全部内容。以审美感受而言,不管个体获得何种审美体验和感受,常常都无法完全以语言的形式表达和传递。"山中何所有,岭上多白云。只可自怡悦,不堪持赠君。"(陶弘景《诏问山中何所有赋诗以答》)这里的"怡悦",可以视为自我的感受,它源于对象(白云)而又指向对象(白云),但对象(白云)作为感受的内容,却难以通过语言来传递。所谓"只可自怡悦,不堪持赠君",便表明了这一点:其中"不堪持赠"者不仅仅关乎作为对象的白云,而且包括相关感受中无法言传的方面。类似的看法也见于陶渊明的如下诗句:"山气日夕佳,飞鸟相与还。此中有真意,欲辩已忘言。"

① 胡塞尔:《逻辑研究》,倪梁康译,上海译文出版社 1998 年版,第432 页。

(《饮酒》) 这里的"真意"既关乎自然之境，也涉及人自身的真切感受，"欲辩已忘言"则表现了这种感受超乎语言的一面。同样，个体精神世界中喜怒哀乐等情感体验，虽有可描述、形容的一面，但它们作为特定个体在特定情境中的感受，同时又包含难以用语言传达和传递之维。引申而言，在生离死别之际，相关个体固然可以用诗文、书信等形式表达自己的内在感受，但这种感受对于特定个体所具有的切己性和独特内涵，却非言词所能完全传达。

进一步看，感受既无法限定于语言，也难以还原为语言。维特根斯坦对感觉层面的疼痛感的理解，已注意到这一点："'我疼'并不是指疼痛行为，而就是疼痛行为。"[1]"疼痛"属自我的感受，当个体处于疼痛状态时，"我疼"作为感受并非仅仅指称疼痛，而就是疼痛本身的显示。换言之，这里的感受已不同于语言行为，而是一种存在状态：以意义（疼）为内容的意识，在此与人的存在融为一体。从中，同时可以看到身与心之间的相关性：感受作为个体的意识，属广义之"心"，但作为人的存在状态，又与身无法相分。身与心在存在形态层面的关联，既展现了感受的个体性规定，也显现了其形而上的意义。

## 二　体验与评价

以意义和意味为内容，感受既关乎精神世界的不同形

---

① 维特根斯坦：《维特根斯坦论伦理学与哲学》，江怡译，张敦敏校，浙江大学出版社 2011 年版，第 53 页。

态，也涉及意识把握存在的不同方式。通过感受，存在进入人的意识，并呈现多样的意义或意味，意义的呈现方式与感受本身的形态之间具有内在的相关性。

宽泛而言，感受首先以体验的形式呈现。作为感受的初始形态，体验具有直接性、自发性。在感觉的层面，缘于内外原因的疼痛、劳累之后的休息所引发的舒适感、干渴之后饮水所获得的满足感，等等，其性质虽有否定（疼痛）和肯定（舒适感、满足感）等差异，但都表现为直接的体验。中国传统哲学所说的"好好色"（美丽的颜色引发的愉悦）、"恶恶臭"（难闻的气味引发的憎恶），也属这一类体验，其特点同样在于直接性、自发性。体验层面感受的直接性，意味着无理性推论等中介，自发性则表明未经反思。前面提到的疼痛感、满足感以及"好好色""恶恶臭"，都既无理性推论的中介，也非基于反思，其直接性、自发性亦体现于此。

感受以身心为一、心物交融的方式接纳存在，由此形成独特的意义世界。在"体验"这种自发的感受中，意义世界也呈现非反思的形式。对象层面的所"感"与自我之维的所"受"、存在的形态和内在的体验彼此合一，从另一方面展现了感受的综合性。体验所内含的这种综合性，使初始形态的感受具有某种模糊性或混沌性，后者同时构成了与体验相关的意义呈现和意义世界的特点。然而，对感受的以上特点，一些哲学家却未能予以注意。胡塞尔在谈到体验时，便仍以明晰性为其特征，认为在感受这一类体验中，"人们应当仍忠实于'一切原则中的原则'，即完全的明晰性是一切真理的尺度"①。这一看法似乎很难视为对以体验形式呈现的感受与意义之间关系的真切把握。事实上，感受的以上综合性与混沌性既体现了感受本身的真实形态，也展示了意义世界呈现方式的多样性和丰富性，肯定这一点，意味着更具体地理解感受以及与之相关的意义世界。

从心物关系看，感受往往因境而生。然而，在自发的形态下，感受与外在情境的关系常常并不以明晰的形式呈现，在忽然袭来的愁绪、莫名的忧郁等意识现象中，每每可以看到此类感受。这种"无缘由性"既从一个方面显现了自发形态感受的特点，也体现了感受与个体内在意识的切近性。不过，以上感受尽管似乎远离外部存在、纯然由内而生，但并非与个体的存在境域完全无涉。如果不限于当下或孤立的存在情境，而是从更广的存在过程和存在之境加以考察，那么，以上感受的根据便或多或少可以得到追溯。即使这类感受因个体心理原因而发生，也可以从相关个体的身、心以及所处社会环境等存在形态加以分析。可以看到，感受的自发性和感受的可理解性并非彼此相分：在自发的形态下，感受仍具有可理解性。

作为人的内在意识，感受当然并不仅仅以自发性为其形态。在谈到意识的不同形式时，《淮南子》曾指出："感乎心，明乎智，发而成形，精之至也。"（《淮南子·缪称训》）在引申的意义上，这里的"感乎心"可以视为直接的、自发形态的感受，"明乎智"则意味着超越自发而取得了较为

① 胡塞尔：《纯粹现象学通论》，李幼蒸译，商务印书馆1992年版，第193页。

自觉的形态。较之自发形态的体验，自觉形态的感受更多地以评价为其形式。从把握世界的方式看，评价不同于认知。认知以如其所是地把握存在为指向，评价则侧重于确认存在对人的意义和意味，在以对象对于人的意义为内容而非关注对象自身的规定这一方面，评价体现了感受的一般特点，不过，在评价这一层面，存在意义的显现与个体自觉的意义取向（包括肯定或否定、认同或拒斥，等等）之间已形成内在的关联，这种关联使之不同于初始的体验。

孟子在谈到理义与心的关系时，曾指出："口之于味也，有同耆焉；耳之于声也，有同听焉；目之于色也，有同美焉，至于心，独无所同然乎？心之所同然者何也？谓理也，义也，圣人先得我心之所同然耳。故理义之悦我心，犹刍豢之悦我口。"（《孟子·告子上》）"心之所同然"侧重于观念的普遍性，"悦我心"则关乎个体感受。声、色、味属感性规定，由此引发的感受，也具有自发的、感性的性质。相对于此，理义处于理性的层面，"理义之悦我心"也不同于感性之维的体验。需要注意的是，这里的"悦我心"并非表现为对外部世界的说明，而是侧重于个体自身的感受，以理义为所"悦"的内容，则使这种感受同时具有理性和自觉的形态。在孟子那里，与理义相联系的"心"也就是所谓"是非之心"，这里的"是非"首先具有价值意义，涉及价值层面的对错、善恶，"是非之心"则相应地主要涉及对相关对象价值意义的评价。在"理义之悦我心"的感受形式之后，便蕴含着上述意义上的评价：心之形成愉悦的感受，与形成合乎个体价值取向的评价彼此相关。宽泛而言，作为感受初始形态的体验也关涉评价性的内容，但这一形态的体验往往缺乏与"理义"相关的自觉内涵。

以道德感、审美意识等为形式，感受的自觉形态得到了更具体的呈现，而其实质内容则同样关乎评价。以道德感而言，作为超越了单纯感性体验的感受，道德感包含对道德行为以及道德规范的理性把握，渗入了向善的精神定势，并体现了对合乎道德之现象的情感接受和认同。在指向具体行为和人物的道德感中，理性的把握、向善的定势、情感的认同等之间的交融，乃是基于相关的道德评价。"贤哉，回也！"（《论语·雍也》）这是对颜回人格完美性的确认，其中同时渗入具体的道德感受，包括肯定、赞赏、认同，等等，后者与上述理性的把握、向善的定势、情感的认同具有一致性，并表现为综合的精神形态，这种综合的形态又通过评价而得到呈现："贤哉，回也"在形式上本身即表现为一种评价。

就道德领域具体的行为或现象而言，其本身并不直接地显现道德或非道德的性质，唯有从一定的价值取向出发，将道德原则或规范引用于其上，相关行为或现象才呈现正面或负面的道德意义，并进一步在主体中引发道德感。特定行为和现象与个体所接受的道德原则、已形成的道德取向之间的沟通和关联，往往基于道德的评价。这种评价不一定以明晰的形式呈现，其实际的形态常常取得简缩的形式。在对具体境域中的人与事的肯定、赞赏中，往往蕴含着"他人格高尚""这是正义之举"这一类评价，与之相关的道德感受，也由此获得了某种自觉形态。

在道德的层面，感受往往呈现近乎自然的形式，传统儒学一再肯定"好善当如好好色""恶恶当如恶恶臭"，便体现了这一点。如前所述，"好好色""恶恶臭"属感性之维的体验，具有直接、自发的特点，"好善""恶恶"则属道德的感受，要求"好善"如同"好好色"，"恶恶"如同"恶恶臭"，意味着赋予道德感以自然的形态。不过，应当指出的是，这里的"如好好色""如恶恶臭"不同于自发，它乃是以达到自觉为其前提，因而可以视为经过自觉而达到的自然。尽管这种感受没有以显性的形态呈现自觉品格，但其自然形态已扬弃自发的趋向。

同样，审美感受或美感也不同于自发的体验。黑格尔曾指出："美因此可以下这样的定义：美就是理念的感性显现。"[①] 这里的理念涉及理性的观念，理念的感性显现则既指理性观念体现于感性形象，也在更广的意义上关乎理性与感性的联系。这一视域中的美既不同于纯粹的理性形式，也有别于单纯的感性形象，美的感受或美感则与之相联系，有别于纯粹的感性体验。就审美感受而言，其形成不仅关乎外部对象，而且涉及审美意识：单纯的外部对象本身还不能视为审美对象，唯有与审美主体的审美意识（包括审美趣味）相涉，相关对象才呈现审美意义，并在审美主体中引发美的感受或美感。山中的花自开自落，本身并不发生美或不美的问题，只有在被人观赏，亦即进入人的审美意识之后，才成为审美的对象。对象与审美意识之间的这种沟通，乃是通过审美之域的评价而实现。与道德评价相近，审美评价也并非总是以明晰或显性的方式呈现，而是往往蕴含于审美意识之中。"长江悲已滞，万里

---

① 黑格尔：《美学》第一卷，朱光潜译，商务印书馆 1979 年版，第 142 页。

念将归。况属高风晚，山山黄叶飞。"（王勃《山中》）这里的江水、晚风、黄叶既是获得审美意义的对象，又寄寓着人的怆然之情；审美的评价（对审美意境的肯定）与审美的感受（触景而生情）交融在一起，渗入审美评价的这种审美感受显然有别于自发的体验。

　　广而言之，在日常的生活感受中，也不难注意到评价与感受之间的关联。对世界或外部存在而言，世界可悦与否、可欲与否，总是关乎人的感受，其中同时又蕴含对世界或相关对象的评价。就作为交往对象的人而言，其可亲与否、可敬与否、可爱与否，也涉及人的感受，这种感受也与评价相涉：正如对可悦与否、可欲与否的确认一样，对可亲与否、可敬与否等的断定，本身也具有评价的意义。生存过程中的意义感，包括人的存在是否有意义、生活是否值得过，等等，都表现为广义的感受，这种感受的背后，则总是渗入了相关的评价，后者包括对世界是否美好、社会是否合乎理想等的断定。更具体地看，与生存过程相联系的生存感受，每每包含个体内在的意向、欲求，这种意向、欲求凝结了人的生活理想，体现了个体对生活的不同追求，并使生存感受区别于空泛的形式。进而言之，生存感受又关乎人的情感体验。情感是人最真切的感受和体验，生存感受包含着对生活意义个性化的自我体验，这种体验以人的真情实感为内容，既具有个体性，也呈现切近性。与之相关的是人的价值信念，后者体现的是人对生活意义的一般看法。以上的意向、体验、信念与理性层面的评价相互融合，使生存层面的感受同时呈现自觉的品格。

从形式之维看，内在于感受的评价主要表现为判断。康德曾对判断力作了系统考察，这种考察首先侧重于审美过程，它同时也从审美这一层面涉及人的感受问题。如前所述，审美不仅仅关乎世界本身是什么，而且涉及世界对人意味着什么。当然，感受并非单纯地限定于艺术或审美的领域，宗教、道德、科学，乃至日常经验层面的喜怒哀乐，等等，都关联感的问题，与之伴随的判断也涉及相关的领域。较之"疼""痒""渴"等直接和自发形态的体验，渗入评价的感受往往蕴含判断：从"贤哉，回也"等道德层面的感受，到"天地有大美"等审美之域的感受，都以某种方式（包括蕴含或非显性的形式）涉及判断。判断本身无疑可以从认识论等角度加以分析，在此方面，它具体表现为人的认识能力和创造性思维的综合体现。[①] 在以评价为自觉内容的感受层面，判断首先体现于存在与人的意义关系，并以肯定存在对人的意义或意味为内容。同时，在体验这一初始形态中，感受首先内在于特定个体的意识，并与个体往往难以相分，后者赋予感受以个体性的规定。然而，以判断为形式，感受同时又呈现普遍性的一面。事实上，判断作为思维形式，本身便以沟通个别与一般、特殊与普遍为内在特点，后者既渗入康德所考察的审美活动，也体现于取得评价形式的感受之域。质言之，评价所揭示的存在意义和意味，既通过判断而得到自觉的确认，又基于判断而关联普遍的形式，后者使感受

---

① 参见杨国荣《成己与成物——意义世界的生成》，北京大学出版社2011年版，第110—116页。

超越了个体性而成为更广的社会观念形态。

当然，以自发的体验为特点的感受与渗入评价的感受并非截然相分，事实上，在现实的意识过程中，二者的界限并非判然分明。一方面，在逻辑的层面，可以从"分析地说"这一角度，对感受的不同形态加以区分；另一方面，在面向世界的现实过程时，又需要关注其互融相渗的特点。要而言之，在感受这一观念形态中，体验所内含的个体性规定和评价所渗入的普遍内涵既体现了意识的返身面向，也展现了其走向世界的可能趋向。

### 三 人与世界的三重关系

感受诚然呈现不同的形态，但在关联世界这一点上，其不同形态又具有相通性。无论是自发之维的体验，还是包含评价的感受，都不同于纯粹的内在意识，而是承诺人与世界的多样关系。事实上，在人与世界的互动中，感受构成了重要的方面。

当存在处于本然或自在形态时，人与存在之间的实质性联系便付诸阙如。感受由人与世界的互动而引发，同时又使世界与人由不相关而走向相关。人与世界的相关性，当然可以形成于不同的过程。人与世界之间的认知关系，便通过人的认识活动而形成，然而，在这种关系中，世界主要呈现为所知，由此展现的也首先是其外在性、对象性这一面。比较而言，在感受中，世界更多地呈现了对于人的内在关联。无论是初始形态的体验，抑或包含自觉内涵的感受，都具有心物相融、情境互动的特点。这种相融和互动不仅使世界对人呈现切近性，而且具有切己性：世界不再表现为"不关己"者，而是与人自身的存在息息相关。尽管感受并非都直接指向外部世界，但进入感受的世界，确乎更多地呈现了与人的相关性、切近性、切己性。

人与存在的关系不仅以人与对象世界的互动为内容，而且包括人与人之间的交往关系。在人与外部世界的相互作用中，物理对象、山川草木，都会给人以不同的意味；在人与人之间的交往中，多样的人与事，同样也会引发各种感受。感受既使人对世界的把握更为丰富多样，也使人对社会交往过程的认识更为深切。在认知中，对象所展现的主要是事实层面的规定，在感受中，对象同时进入人的生存过程，并呈现了与伦理取向、审美意识、情感认同相联系的价值意义和意味。感受同时赋予人的精神世界以多样的内涵，从日用常行，到伦理、审美的过程，从悲欢离合的日常情感，到好善恶恶的伦理情操、悦山悦水的审美趣味，感受的多样性同时规定了精神世界的丰富性。人不是机器，而是有血有肉的活生生的存在，与感受相涉的精神世界构成了其不可或缺的方面。感受的特点之一是内与外的交融、人与对象的互动。从感受所涉的情感、意欲、意愿、想象、感知、理性等方面看，其间的相互关联既使人自身融合于世界，也使世界本身的多样性与人的精神世界的丰富性彼此沟通。从总体上看，感受的多样性、丰富性、个体性，可以视为人与世界互动过程之具体性的体现。

作为综合性的意识，感受无疑与经验相涉，但感受往往又有超验的一面。从日常意识到宗教体验，都不难注意到对超验对象、神秘现象的感受。由所谓鬼神、灵异现象引发的体验，对奇迹、天国等的沉溺，便体现了这一类感受。从社会的层面看，这一类神秘体验无疑可以作理性的解释，但就具有这种感受的个体而言，相关体验又构成了其精神世界中有别于单纯理性的方面。这里既显现了精神世界的多重方面，也可以看到感受的复杂性。在形而上的层面，浩瀚的星空、无限的宇宙，也往往会引发人的敬畏之感，并使人体验个体的有限、生命的短暂，由此更深切地感受生命的意义。感受的这些形式从不同的方面赋予精神世界以多样性，并影响着人的所思和所行。

感受的更深沉的意义，需要从人与世界更广的关系加以考察。就最一般的意义而言，人与世界的关系体现于以下三个方面。

首先是对世界的说明。人总是追求对世界作各种形式的理解，与此相关的是"是什么"的问题。这一问题既可以从经验知识的层面去追问，也可以从哲学层面去加以思考。前者主要指向世界的某一方面、某一领域或某一特定对象，其内容也更多地体现于知识经验的层面；后者则跨越特定的界限而追问作为整体的世界，并从形而上的层面回应世界"是什么"等问题。

人与世界的关系的第二个方面涉及人对世界的感受。说明世界主要关乎广义上世界"是什么"，感受世界则以世界对人"意味着什么"为关切之点。如前所述，在人与世界的关联中，感受构成了无法忽视的方面。人既追问何物存在，也以不同方式感受世界对人的意义，这种感受的内容常常以"好或坏""美或丑""有利或有害"等形态呈现。对于具体的人来说，这个世界对他来说到底意味着什么？同样是无法回避的问题。同一对象或事件对不同的个体往往具有不同的意味，世界在总体上对不同个体呈现的意义，也存在差异，这一事实表明，感受有着多方面的个性差异。但如上所述，以评价性的判断为形式，感受并非仅仅表现为个体性的规定，而是同时包含普遍的内涵。换言之，在感受中世界所呈现的意义既具有个体性，又蕴含普遍性。正是感受的以上双重品格，使感受本身成为人与世界关系的重要之维。

人与世界的关系的第三个方面，关乎人对世界的规范。规范涉及当然，对世界的规范与世界应当如何的问题相涉。人不仅追问世界是什么，不仅以多样的方式感受这个世界，而且关切世界应当成为何种形态，这里的"应当"或"当然"既以现实为依据，又基于人的理想和需要。人不会满足于既成的世界，他总是以不同的方式来变革已然的存在，努力使之化为合乎理想的存在形态，这样的过程，即表现为广义上的规范世界或对世界的规范。①

在人与世界的以上三重关系中，对世界的说明侧重于对世界的理解（是什么），对世界的感受侧重于世界对人的意

---

① 应当将这里所说的"规范世界"与单纯的观念性活动区分开来。布兰顿曾认为，康德哲学中存在着"规范性转向"（normative turn）。就康德既注重范畴的建构性（constitutive）意义，又肯定理念的调节性（regulative）意义而言，康德确乎注意到了规范性问题，布兰顿的以上看法无疑也有见于此。不过，在康德那里，规范性主要与观念之域相联系，而没有进一步引向"改变世界"的广义实践过程。布兰顿本身也存在类似问题，他所确认的规范性，主要限于"概念性活动"（conceptual doing）。（参见 R. Brandom, *Perspective on Pragmatism*, Harvard University Press, 2011, pp. 1 – 4）上述意义上的规范性，有别于本文所论对世界的广义规范。

义（意味着什么），对世界的规范则致力于使世界成为当然的存在形态（应当成为什么）。可以看到，说明世界、感受世界、规范世界，分别关联世界是什么、意味着什么、应当成为什么。具体而言，说明世界以世界的真实形态为指向，这种形态非人可以随意创造或改变：从说明世界的角度看，世界是什么样的，就应如其所是地加以把握，在这一方面，人更多地适应于这个世界（human beings – to – world）。事实上，人与世界的理论关系，往往更多地表现为人对世界的适应。相对于说明世界，对世界的感受具有某种中介的意味：一方面，感受世界以对世界的理解、说明为前提，如果不了解世界的现实形态，便难以形成对世界的真切感受，就此而言，"意味着什么"基于"是什么"的追问；另一方面，对世界的感受也将引发人们改变这个世界的意向：如果世界不合乎人的理想，则如何改变这一世界就成为无法回避的问题。进而言之，即使世界给人以"好的"感受，也依然会面临如何达到"更好"的问题。最后，对世界的规范，进一步将说明世界所涉及的"是什么"与感受世界所蕴含的"意味着什么"引向"应当成为什么"的问题。荀子曾指出："感而不能然，必且待事而后然。"（《荀子·性恶》）在引申的意义上，这里的"感而不能然"，意味着"感"所涉及的意义尚未得到实现，"事"则可以视为规范世界、化意义为现实的具体形式。从人与世界的关系看，如果说，说明世界侧重于人对世界的适应（human beings – to – world），那么，规范世界便更多地表现为世界对人的适应（world – to – human beings）。

当然，在人与世界的互动之后，同时交织着人与人之间的交往，与之相联系，无论是对世界的说明，抑或对世界的感受，都蕴含着因人的存在背景、价值取向、知识结构等差异而形成的不同内涵。对世界的理解和感受所呈现的如上差异，使不同观念之间的对话、讨论成为无法回避的问题。尽管感受具有难以完全表达的一面，但同时又总是包含可交流和传达的内容，后者同样可以置于讨论和对话之域。人对世界的理解和感受诚然无法达到绝对的一致，但这种理解和感受又并非完全隔绝于具有历史内涵或相对意义的共识，而在一定历史条件下所形成的共识，又从一个方面制约着人对世界的规范，后者使规范世界的过程既具有历史性，又呈现具体性。

在哲学史上，康德曾表现出沟通知性和实践理性的取向。在他看来，人心的机能可以区分为知识机能（faculty of knowledge）、愉快或不愉快（faculty of pleasure and pain）、欲求机能（faculty of desire），"正如判断力构成了知性与理性的中介一样，在欲求机能与知识机能之间，存在着愉快的情感"①。相应于以上看法，判断力批判在其哲学系统中呈现中介或桥梁的作用。较之康德所说的判断力，感受在人与世界的以上三重关系中从更实质的层面展现了中介意义。在康德的判断力批判中，判断主要与审美领域相涉，作为人与世界互动的重要之维的感受固然也在评价的层面关乎判断，但感受本身却不限于审美之维而包含更为丰富的内容并指向更广的领域。从逻辑上看，由"是什么"的追问，经过中

---

① Kant：*Critique of Judgement*, Translated, with an Introduction, by J. H. Bernard, Hafner Publishing Co, 1951. p. 15.

介性的感受，引出"意味着什么"的问题，最后基于
"事"，指向"应当成为什么"的规范性维度，这一进展从
不同的方面体现了人与世界的内在关联。

（原载《社会科学》2018 年第 10 期）

# "四重"之界与"两重"世界

## ——由冯契先生"四重"之界说引发的思考

与熊十力、金岳霖、冯友兰等现代哲学家有所不同，冯契先生没有建构一般思辨意义上的本体论。他曾明确表示，其哲学兴趣"不在于构造一个本体论的体系"①。然而，以本然界、事实界、可能界、价值界作为基本范畴，冯契先生的智慧说无疑包含着关于本体论问题的思考。

按冯契先生的理解，自在之物在未进入认识领域前，属于本然界。在认识过程中，人通过作用于客观实在，在感性直观中获得所与，基于所与，进一步形成抽象概念，而后以得自所与还治所与，由此使本然界化为事实界："知识经验化本然界为事实界，事实总是为我之物，是人所认识到、经验到的对象和内容。"② 质言之，事实界是已被认识的本

---

① 冯契：《认识世界和认识自己》，华东师范大学出版社 1996 年版，第 311 页。

② 同上书，第 321 页。

然界。

从认识世界的角度看，在本然界中，存在尚未分化，事实界则分别呈现为不同的对象，作为分化了的现实，事实同时展现了对象的多样性。不同的事实既占有特殊的时空位置，又彼此相互联系，其间具有内在的秩序。冯先生考察了事实界最一般的秩序，并将其概括为两条：其一是现实并行不悖，其二为现实矛盾发展。现实并行不悖既表明在现实世界中，事实之间不存在逻辑的矛盾，也意味着事实之间存在着自然的均衡或动态的平衡，这种均衡使事实界在运动变化过程中始终保持有序状态。按冯契的理解，事实界这种并行不悖的秩序不仅为理性地把握世界提供了前提，而且也构成了形式逻辑的客观基础：形式逻辑规律以及归纳演绎的秩序与现实并行不悖的秩序具有一致性。

与现实并行不悖相反而相成的另一事实界秩序是矛盾发展。事实界的对象、过程本身都包含着差异、矛盾，因而现实既并行不悖，又矛盾发展。冯契一再指出，只有把现实并行不悖与现实矛盾发展结合起来，才能完整地表述现实原则。如果只讲并行不悖而不谈矛盾发展，"那便只是描述运动、变化，而未曾揭示运动的根据"①。正如事实界中以并行和均衡的形式表现出来的秩序构成了形式逻辑的根据一样，以矛盾运动的形式表现出来的秩序为辩证逻辑提供了客观基础。

事实界既有一般的秩序，又有特殊的秩序，这种秩序体

---

① 冯契：《认识世界和认识自己》，华东师范大学出版社 1996 年版，第327 页。

现了事实间的联系，是内在于事的理。事与理相互联系：事实界的规律性联系依存于事实界，而事实之间又无不处于联系之中，没有脱离理性秩序的事实。冯契上承金岳霖并肯定：理与事的相互联系，使人们可以由事求理，亦可以由理求事，换言之，内在于事的理既为思维的逻辑提供了客观基础，又使理性地把握现实成为可能。

对冯契而言，思维的内容并不限于事与理，它总是超出事实界而指向可能界。从最一般的意义上看，可能界的特点在于排除逻辑矛盾，即凡是没有逻辑矛盾的，便都是可能的。同时，可能界又是一个有意义的领域，它排除一切无意义者。二者相结合，可能的领域便是一个可以思议的领域。冯契强调，可能界并不是一个超验的形而上学世界，它总是依存于现实世界。"成为可能的条件就在于与事实界有并行不悖的联系。"① 可以说，可能界以事实界为根据。

进而言之，事实界中事物间的联系呈现为多样的形式，有本质的联系与非本质的联系，必然的联系与偶然的联系，等等，与之相应，事实界提供的可能也是多种多样的。在冯契看来，从认识论的角度看，要重视本质的、规律性的联系及其所提供的可能，后者即构成了现实的可能性。现实的可能与现实事物有本质的联系，并能够合乎规律地转化为现实。可能的实现是个过程，其间有着内在秩序。从可能到现实的转化既是势无必至，亦即有其偶然的、不可完全预知的方面，又存在必然的规定，因而人们可以在"势之必然处

---

① 冯契：《认识世界和认识自己》，华东师范大学出版社 1996 年版，第337 页。

见理"。可能与现实的关系本来具有本体论意义，然而，与事实界的考察一样，冯先生对可能界的理解，也以认识过程的展开为前提：本体论意义上的考察，始终基于认识世界的过程。

事实界的联系提供了多种可能，不同的可能对人具有不同的意义。现实的可能性与人的需要相结合，便构成了目的，人们以合理的目的来指导行动，改造自然，使自然人化，从而创造价值。按冯契的看法，事实界的必然联系所提供的现实可能（对人有价值的可能），通过人的实践活动而得到实现，便转化为价值界，价值界也可以看作是人化的自然："价值界就是经过人的劳作、活动（社会实践）而改变了面貌的自然。"① 价值界作为人化的自然，当然仍是一种客观实在，但其形成离不开对现实可能及人自身需要的把握。在创造价值的过程中，人道（当然之则）与天道（自然的秩序）相互统一，而价值界的形成则意味着人通过化自在之物为为我之物的实践而获得了自由。

以上考察无疑具有本体论意义，然而，它不同于思辨意义上的本体论，其目标不是去构造一个形而上学的宇宙模式或描绘一个世界图景，而是以认识世界为主线来说明如何在实践基础上以"得自现实之道还治现实"，从而化本然界为事实界。通过把握事实所提供的可能来创造价值，在自然的人化和理想世界的实现中不断达到自由。这一考察进路的特点在于基于认识过程来把握天道，并把这一过程与通过价值

---

① 冯契：《认识世界和认识自己》，华东师范大学出版社 1996 年版，第 344 页。

创造而走向自由联系起来，其中体现了本体论、认识论、价值论的统一。

<h2 style="text-align:center">二</h2>

然而，从形而上的视域看，对存在的以上理解同时包含需要进一步思考的方面。在本然界、事实界、可能界、价值界的表述中，首先值得注意的是：事实界和价值界被分别列为不同之"界"。尽管冯契先生肯定从本然界到事实界、可能界、价值界的进展表现为一个相互关联的过程，但是，从逻辑上说，"界"表征着本体论上的存在境域。与之相应，在事实"界"、价值"界"的论说中，事实和价值似乎呈现为本体论上的不同存在形态。就其现实性而言，当对象从本然之"在"转换为现实之"在"时，存在的现实形态或现实形态的世界不仅包含事实，而且也渗入了价值：在现实世界中，既看不到纯粹以"事实界"形式呈现的存在形态，也难以见到单纯以"价值界"形式表现出来的存在形态。以"水"而言，从事实层面来说，"水"的化学构成表现为两个氢原子以及一个氧原子（"$H_2O$"），但这并没有包括"水"的全部内涵。对水的更具体的把握，还涉及"水是生存的条件""水可以用于灌溉""水可以降温"等方面，后者（维持生存、灌溉、降温）展现了"水"的价值意义，它们同时从不同的方面展示了水所具有的功能和属性。水由两个氢原子及一个氧原子（"$H_2O$"）构成，无疑属事实，但在这种单纯的事实形态下，事物往往呈现抽象的性质：它略去了事物所涉及的多重关系以及关系所赋予事物的多重规

定，而仅仅展示了事物自我同一的形态，从而使之片面化、抽象化。从现实的形态看，前述维持生存、灌溉、降温等同时表现为"水"所内含的具体属性，后者作为价值的规定并不是外在或主观的附加。在现实世界中，对象既有事实层面的属性，也有价值层面的规定，两者并非相互分离，事物本身的具体性，便在于二者的统一。

作为与本然世界相对的存在形态，现实世界具有综合性。在这种具有综合品格的世界中，存在的可能趋向以及事实和价值更多地呈现彼此融合的形态，而并非以独立之"界"的形式相继而起或彼此并列。与之相对，把事实界、可能界、价值界等存在形态理解为具有独立意义（或相对独立意义）的存在之"界"，至少在逻辑上隐含着将其分离的可能：当事实界和价值界前后相继或并列而在时，事实和价值不仅很难以相互交融的形式呈现，而且容易在分属不同界域的同时趋于彼此相分。

在认识论上，冯契先生以广义认识论为视域。广义认识论的重要特点之一，是肯定认知和评价无法分离。从具体内涵看，认知主要指向事物自身的存在形态，其内在趋向在于以"如其所是"的方式把握对象，与之相应的是对事实的把握。评价则以善或恶、利或害、好或坏等判定为内容，所涉及的是对象对于人所具有的不同价值意义。按冯契先生的理解，认识过程既包含认知，也关乎评价，认知与评价在广义的认识过程中相互统一。从形而上的层面看，广义认识过程中认知与评价的如上统一，乃是基于现实世界中事实和价值的相互关联，与之相联系，以认识过程的广义理解为视域，便很难把"事实"这一存在形态和"价值"这一存在规定看作是二种相继或并列之"界",而应当更合理地将它们视为现实世界的相关方面。

以上是就"四界"并列的提法可能隐含的事实和价值之间的并列和分离而言。"四重"之界不仅涉及事实和价值,而且同时包含"可能界"。按照冯契先生的理解,"可能"可以从两个角度加以理解:其一,实在所隐含的可能趋向或可能性;其二,从逻辑的角度理解的可能,这一意义上的可能在于不包含矛盾:凡是不包含矛盾的都可以说是可能的。在其现实性上,前一种"可能"固然为现实存在所蕴含,从而有其客观根据,但却不同于实际的存在形态:作为可能的趋向,它尚未成为占有特定时间和空间的现实存在,就此而言,可能与本然以及事实显然并非处于同一存在序列。后一意义的"可能"(逻辑上的可能)则可以成为模态逻辑讨论的对象,作为逻辑论域中的模态,可能与必然、偶然等处于同一逻辑序列。在逻辑的层面,可以假设在现实世界之外还存在多个可能的世界,从莱布尼茨开始,哲学家们就对此作了多方面的讨论。可能的世界作为一种逻辑设定,同样不占有实际的时空,从而也有别于现实世界。

冯契先生曾肯定了可能与现实之间的关联,强调:"可能性依存于现实,是由现实事物之间的联系所提供的。"①然而,在本然界、事实界、可能界、价值界相继而起又彼此并列的表述中,"可能界"似乎也成为一种与本然、事实和价值处于同一序列的存在。就存在形态而言,"可能"与

---

① 冯契:《认识世界和认识自己》,华东师范大学出版社 1996 年版,第 337 页。

"本然""事实"和"价值"无法等量齐观。"可能"首先不同于"本然"，"本然"固然意味着存在尚未进入人的知、行领域，还没有与人发生实际的关联，不过，这种存在形态在具有实在性这一点上，与现实世界又具有相通性。"事实"作为进入人的知、行领域的存在，已取得"为人"的形态并与人发生多样的关系；以占有具体的时、空位置等为特点，"事实"同时呈现实在的形态。相形之下，"可能"在存在形态上既不同于"本然"，又有别于"事实"：无论是作为现实所隐含的存在趋向的"可能"，还是作为无逻辑矛盾意义上的"可能"，都不占有具体的时空，从而不具有本然世界和现实世界所内含的实在性。尽管冯契先生并未忽视"可能"的以上特点，但"四重"之界的表述，却似乎难以完全避免将相关之"界"引向并列的存在序列。

从逻辑上看，将上述在本体论意义上彼此相分的存在形态视为相继或并列之"界"，同时容易导致"可能"的实体化，后者又将进而引发理论上的诸种问题。首先是"可能"的存在形态和"现实"的存在形态之间界限的模糊：当"可能"与"本然""事实"被并列为存在之"界"时，它似乎也开始取得某种与"本然""事实"类似的实际存在规定。由此，"可能"便不再是可"然"而"未然"或将"然"而"未然"，它与现实存在之间的区分，因而也难以具体把握。进一步看，以"界"的形式将"可能"与"本然""事实"表述为同一序列，在逻辑上包含着将"可能"凝固化的趋向。在实质的层面，"可能"与未来的时间之维有着更为切近的关系，唯有将其放在面向未来的发展过程中，它才会获得实际的意义，事实上，谈到"可能"，人们总是着眼于对象在未来的衍化和发展趋向，一旦"可能"与"本然""事实"同属存在之"界"，则"可能"与过程的关联便容易被消解或忽视。

进一步看，冯契先生所提到的"本然界""事实界""价值界"同时都包含着不同意义上的"可能"。以"本然界"而言，它固然尚未进入人的知、行领域，也没有与人形成实际的关联，但却包含着进入人的知、行领域，与人发生各种关系的"可能"。在认识论和本体论上，"本然界"都存在向事实界或事实转化的可能。荀子曾指出："可以知，物之理。"（《荀子·解蔽》）此所谓"可以知"，是指物（包括本然之物）包含能够为人所认识的内在规定。当这种规定尚未被人认识时，它处于可能被知的形态，通过知行过程的具体展开，可能被知的规定便转化为现实的认识内容，亦即取得多样的认识成果的形态。"本然界"也可以包含与人的需要相关的价值规定，这种规定在尚未实际地满足人的需要之时，主要表现为一种可能的趋向，以人实际地作用于对象为前提，"本然界"所包含的可以满足人需要的规定便由可能的形态化为现实，并成为价值意义上的现实存在形态。从以上方面看，"本然界"本身无疑同时在不同意义包含着"可能"。

同样，冯契先生所提及的"事实界"也涉及多种"可能"趋向。引申而言，现实世界在形成之后，总是包含进一步发展的"可能"，后者既关乎事实之维，也与价值规定相涉。在认识论上，现实世界蕴含被更深入理解的"可能"，在价值之维，现实世界则"可能"在更广意义上满足人的需要。这样，从过程的角度看，不仅本然的存在形态包含不同的"可能"趋向，而且在本然存在转化为现实的存在之后，现实存在形态本身也包含新的可能性。然而，当"可能界"与"本然界""事实界"以及"价值界"并列为不同的存在之"界"时，"可能"在多重意义上为"本然界""事实界""价值界"所蕴含这一本体论的事实，似乎便容易被掩蔽。

由以上所述进一步思考，则可以看到，相对于"本然界""事实界""可能界""价值界"等"四重"之界的并立，更需要关注的是本然世界和现实世界这"两重"之界的互动。前文已提及，本然世界也就是尚未进入人的知行之域，也没有与人发生任何认识和评价关系的存在，现实世界则是一种具有综合意义的存在形态，它包含价值、事实等不同规定，也兼涉多样的发展可能。从人与世界的关系看，本然世界和现实世界的区分具有更为实质的意义，如上文分析所表明的，"本然界""事实界""可能界""价值界"等"四重"之界，事实上即内含于本然世界和现实世界这"两重"世界之中。

需要指出的是，从终极的层面看，只有一个实在的世界，所谓本然世界和现实世界，可以视为同一实在相对于人而言的不同呈现形式：如前所述，当实在尚未进入人的知行之域、没有与人发生实质关联时，它以本然形式呈现，一旦人以不同的形式作用于实在并使之与人形成多重联系，则实在便开始取得现实的形态。从人与世界的关系看，人通过知行活动化本然世界为现实世界，从而，"两重"世界归根到底指向现实世界或世界的现实形态。以此为视域，也可以说，对人呈现具体意义的实质上只是现实的世界。以不同存在规定的关联为具体形态，这一现实世界同时展现了存在的综合性和世界自身的统一性，后者为避免事实与价值以及事实、价值与可能之间的相分和相离提供了本体论的根据。冯契先生曾区分自在之物与为我之物，认为"自在之物是'天之天'，为我之物是'人之天'"①，这一意义上的自在之物和为我之物与本然世界和现实世界无疑具有实质上的相关性，同时，他也一再强调价值和事实的统一，并且反复肯定"本然界""事实界""可能界""价值界"之间的相互联系。然而，尽管如此，"四重"之界的提法在逻辑上又确乎隐含着不同之"界"并立甚而分离的可能性。在重新思考"四重"之界说时，以上方面无疑需要加以关注。

三

与"四重"之界说相关的，是对事实本身的理解。历史地看，从罗素、金岳霖到哈贝马斯，对事实的理解，整体上侧重于认识论之域。在谈到事实时，罗素曾指出："现存的世界是由具有许多性质和关系的许多事物组成的。对现存世界的完全描述不仅需要开列一个各种事物的目录，而且要提到这些事物的一切性质和关系。我们不仅必须知道这个东西、那个东西以及其他东西，而且必须知道哪个是红的，哪个是黄的，哪个早于哪个，哪个介于其他两个之间，等等。当我谈到一个'事实'时，我不是指世界上的一个简单的

---

① 冯契：《认识世界和认识自己》，华东师范大学出版社1996年版，第302页。

事物，而是指某物有某种性质或某些事物有某种关系。因此，例如我不把拿破仑叫做事实，而把他有野心或他娶约瑟芬叫做'事实'。"① 罗素的以上看法注意到"事实"不限于事物及其性质，而是首先指向事物之间的关系，这一理解同时侧重于"事实"的认识论意义：在认识论上，仅仅指出某一对象（如拿破仑），并不构成严格意义上的知识，唯有对相关对象作出判定（如拿破仑有野心，或拿破仑曾娶约瑟芬），才表明形成了某种知识，而这种判断又以命题的形式表达出来。与之相联系，认识论意义上的"事实"也不囿于事物及其性质，而是以命题的形式指向事物之间的关系。罗素诚然曾提及"事实属于客观世界"，并以所谓"原子事实"为最基本的事实，但其考察主要乃是在逻辑的视域中展开，罗素自己明确地肯定了这一点："在分析中取得的作为分析中的最终剩余物的原子并非物质原子而是逻辑原子。"② 与之相应，原子事实内在地关乎语言："每个原子事实中有一个成分，它自然地通过动词来表达（或者，就性质来说它可以通过一个谓词、一个形容词来表达）。"③ 这种与"逻辑""语言"相关的"事实"，更多地呈现了认识论层面的意义。在这方面，金岳霖的看法与罗素有相近之处，在谈到事实时，金岳霖便指出："事实是真的特殊命题所肯定的"④，此所谓"事实"，同样侧重于认识论的意义。

---

① 罗素：《我们关于外间世界的知识》，陈启伟译，上海译文出版社 1990 年版，第 39 页。
② 罗素：《逻辑与知识》，苑莉均译，商务印书馆 1996 年版，第 215 页。
③ 同上书，第 239 页。
④ 金岳霖：《知识论》，商务印书馆 1983 年版，第 755 页。

类似的视域，也存在于哈贝马斯，从其著作《在事实
与规范之间：关于法律和民主法治国的商谈理论》中便不
难看到这一点。如书名所示，在该书中，哈贝马斯亦论及
"事实"，尽管与罗素侧重于逻辑形式有所不同，哈贝马斯
主要关注事实与规范性的关系，但在将事实与语言联系起来
这一点上，两者又有相通之处。在哈贝马斯看来："借助于
名称、记号、指示性表达式，我们指称个体对象，而这些单
称词项占据位置的句子，则总体上表达一个命题或报告一个
事态。如果这种思想是真的，表达这个思想的句子就报告了
一个事实。"① 名称、句子、命题以不同的形式关乎语言，
与之相联系的事实，也首先涉及语言，事实上，哈贝马斯便
明确地将这类事实置于"语言之中"②。"语言之中"的这
种"事实"，无疑可以归入广义的认识论之域。

然而，"事实"不仅仅具有认识论意义，从现实形态
看，它同时包含本体论的意义。在人与对象的相互作用中，
人通过实践活动而改变对象，并在对象之上打上自身的印
记。这种打上了人的印记的对象，既可以视为"事实"的
事物形态，也可以看作是作为事物的"事实"。这一论域中
的"事实"，也就是人所面对的现实存在，其意义既体现于
认识论之维，也呈现于本体论之域。本体论意义上的"事
实"与认识论意义上的"事实"并非仅仅彼此相分，以人
的活动为现实前提，两者一开始便存在内在关联：可以说，

① 哈贝马斯：《在事实与规范之间：关于法律和民主法治国的商谈理
论》，童世骏译，生活·读书·新知三联书店2014年版，第14页。

② 同上书，第12—21页。

作为人之所"作"的产物，本体论意义上的"事实"与认识论意义上的"事实"构成了"事实"的不同形态。

"事实"的以上不同形态，往往未能得到充分的关注：如上所述，就总的哲学趋向而言，哲学家的注重之点，常常主要指向认识意义上的"事实"，从罗素、金岳霖以及哈贝马斯等对事实的理解中，已不难注意到这一点。在这一视域之下，"事实"主要表现为以命题形式呈现的观念形态，尽管这种命题被视为"真的特殊命题"，但作为认识论之域的命题，它毕竟有别于打上了人的印记之实在。"事实"形成于化本然存在为人化对象的过程，与之相联系，它无法限于认识形态：当人们强调从"事实"出发之时，便并非仅仅着眼于真的"命题"或"陈述"，而是要求基于真实的存在，这一实践取向从本源的方面展现了"事实"的本体论之维。同样，在通常所谓"事实胜于雄辩"的表述中，"事实"与"雄辩"构成了一种对照，其中的"事实"作为与"雄辩"相对者，也不同于主要表现为认识形态的"命题"，而是呈现为现实的存在。

与罗素等看法有所不同，冯契先生一方面上承了金岳霖的进路，肯定人通过知、行过程而化本然为事实，以命题概括由此所达到的认识成果，从而确认了认识论意义上的事实。然而，他并未因此忽视事实的本体论意义。尽管如前所述，在本然界、事实界、可能界、价值界的区分中，"界"在形而上的层面表现为存在的形态，以上之分相应地蕴含着事实与价值相分的可能，然而，就"事实"的理解和把握而言，对以上诸界的考察本身则不仅基于认识过程，而且内含本体论的进路。在谈到"事实"时，冯契先生便既将

"化所与为事实"与知识经验的形成过程联系起来，又强调："事实的'实'就是实在、现实的实。"① 后一意义的"事实"，无疑同时具有本体论意义。与之相联系，冯契先生区分了"事实界"与"事实命题"，认为："事实界是建立在具体化与个体化的现实的基础上的，事实命题归根到底是对具体的或个体的现实事物的陈述。"② 如果说，这里所说的"事实命题"侧重于"事实"的认识论内涵，那么，以"具体化和个体化的现实"为基础的"事实界"，则突出了"事实"的本体论意义。

就更本源的层面而言，肯定"事实"包含认识论与本体论二重内涵，以说明世界和变革世界的关联为其前提。说明世界关乎从认识之维把握世界，变革世界则涉及对世界的实际作用。认识论意义上的事实更多地与前者相涉，本体论上的事实则主要指向后者。变革世界意味着人化实在的生成，这种人化的实在，同时也具有事实的意义。如果仅仅关注认识论之维的事实，则事实与世界的变革之间的如上关联便可能被置于视野之外。以认识的形式呈现的事实与作为人化实在的事实之间的相互关联，折射着说明世界和变革世界的互动。相对于罗素等对事实的理解，冯契先生关于事实的看法，无疑为说明世界和变革世界的沟通提供了更现实的根据。从形上之维看，说明世界和变革世界的关联同时表现为本然世界向现实世界转化的前提，就此而言，对事实的以上

---

① 冯契：《认识世界和认识自己》，华东师范大学出版社 1996 年版，第 321 页。

② 同上书，第 330 页。

理解在逻辑上也蕴含了承诺"两重"世界的内在趋向，后者对前述"四重"之界内含的问题，无疑也从一个方面作了限定。

（原载《华东师范大学学报》2019 年第 3 期）

# 论伦理共识①

## 一

社会的凝聚和有序运行，离不开社会成员在相关问题上达成的一定共识。社会生活展开于不同方面，社会的共识也体现于多样向度。由于社会背景、地位、教育、利益等方面的差异，社会共同体中的成员对某些社会问题往往会形成不同的理解和看法，然而，社会的存在和发展，又需要不断克服这种差异和分别。所谓共识，也就是社会不同成员基于社会发展的现实需要，通过理性的互动、价值的沟通在观念层面所达到的某种一致。

如所周知，罗尔斯曾提到重叠共识。作为社会政治共同体中不同成员在观念层面达到的某种一致，这种共识主要存在于政治领域。罗尔斯虽然认为这一意义上的重叠共识并不排斥哲学、宗教、道德方面的价值，但同时又强调："为了成功地找到这样一种共识，政治哲学必须可能地独立于哲学

① 本文系作者于 2018 年 12 月在举行于南京的"伦理共识与人类道德发展"学术会议上的发言记录。

的其他部分，特别是摆脱哲学中那些旷日持久的疑难问题和争执。"① 对罗尔斯而言，达到重叠共识，需要与具有价值意义的宗教、哲学、道德等领域的论争保持距离："通过回避各种完备性学说，我们力图绕过宗教和哲学之最深刻的争论，以便有某种发现稳定的重叠共识之基础的希望。""我们应该尽可能把公共的正义观念表述为独立于各种完备性宗教学说、哲学学说和道德学说之外的观念。"② 从总体上看，罗尔斯所关注的，主要是如何在政治领域达到有关公平正义的共识，对他而言，具有不同宗教、价值取向的人们，可以暂时搁置他们在这些领域中的差异而在政治领域中达到某种意义上的共识。

政治领域的共识是否可以悬置价值等方面的关切，这无疑是一个可以讨论的问题，从现实的层面看，政治共识与价值关切似乎难以截然相分。由此进入伦理领域，则共识与价值关切之间便呈现更为切近的关系。以伦理关系、伦理原则、伦理实践等为关注之点，伦理领域所形成的具有一致性的看法，也就是所谓伦理共识，其具体内容则表现为一定社会共同体中的不同成员对于某些价值原则、道德规范的肯定、认同和接受。所谓肯定，主要指承认其正面意义；所谓认同、接受，则是以此作为引导实际行动的一般准则。

共识作为自觉的意识，总是渗入了对相关问题或对象的

―――――――――

① 罗尔斯：《政治自由主义》，万俊人译，译林出版社 2000 年版，第182 页。

② 同上书，第 161、153 页。

理性认识，正是基于理性层面的把握和理解，不同的个体才能形成对问题的某种一致的看法。在伦理领域，这种理性的认知同时又与价值的意识相互交融，与之相联系，伦理共识既有理性层面的认知内涵，又有价值的向度。

## 二

以上所论，主要关乎何为共识以及何为伦理共识。与之相关的问题是：在伦理领域，是否能够达到以上共识？以另一种形式表述，也就是：价值领域中达到伦理共识是否可能？这一问题可以从不同的方面加以考察。

在形而上的层面，伦理共识与人之为人的普遍规定无法相分。就现实的关联而言，伦理共识背后更根本的问题是"何为人"。历史地看，对于"人是什么"这一问题，往往存在着不同的理解，所谓人是理性的动物、人是语言的动物、人是制造工具和运用工具的动物，等等，都可以视为对人的不同界说。以伦理共识为视角，人之为人的基本规定可以从以下层面加以理解。首先是人的生命存在，这是人的一切价值追求的基本前提：失去了生命存在这一前提，所有其他价值追求也就无从谈起。其次是人的自由取向，它构成了人不同于动物的根本规定。如所周知，一方面，动物受制于外在必然性的限定：它们对外部环境更多地是适应，而不是变革，尽管一些动物似乎也呈现某种改变环境的趋向，但这种改变更多地表现为本能性活动；另一方面，动物又受制于自身物种的限定，这种限定从另一个角度看也就是受制于动物的本能。马克思曾指出："动物只是按照它所属的那个种的尺度和需要来建造，而人却懂得按照任何一个种的尺度来进行生产。"①"按照它所属的那个种的尺度和需要来建造"，表明无法摆脱相关物种的限制，与之相对，"按照任何一个种的尺度来进行生产"，则意味着超越以上限制而具有自由创造的能力，这种自由创造的具体内容，表现为变革对象和成就人自身。可以看到，外在必然的限定与内在物种的限制，使动物难以达到自由的形态，而在不同的历史层面走向自由，则在确证人的本质力量的同时，也从一个方面展现了人不同于动物的根本规定。其三是人的完美性（perfection）追求。人的完美背后所隐含的实质内涵，也就是人的多方面发展或全面发展，这种全面发展既基于人自身存在的多方面的规定，也以现实层面人的不同社会关系为背景，它既非一蹴而就，也不会停留于某种绝对或终极的存在形态，而是伴随着一定的历史过程，表现为一定历史时期达到的发展形态：人的这一发展过程，可以视为前面提到的成就自我的历史体现，其实质的内涵则表现为人自身不断地走向完美。比较而言，动物的存在更多地呈现既定的性质：其存在形态主要由它们所属物种所规定，并不经历超越既定存在形态这一意义上的发展过程。

尽管不同时期和不同背景中的人们对生命存在的价值、自由的内涵、完美意味着什么等的理解并不完全相同，但这些基本规定对人之为人的意义，则无法加以忽视。就生命存在而言，作为不同于抽象的精神规定而与人的现实存在息息

① 马克思：《1844年经济学哲学手稿》，人民出版社1985年版，第53—54页。

相关的具体形态，生命存在为包括伦理追求在内的价值追求提供了出发点。同样，如果否定了人变革对象、成就自我的自由的品格，则人与受制于外在必然和内在物种限定的动物便没有实质的区别。最后，离开了完美性的追求，人的存在便既失去了作为社会关系总和的真实规定，也无法呈现为历史演进中不断展开的过程，而关系性和过程性规定的失落，则将使人自身进一步被限定于某一个方面或某一种存在形态，难以实现其多方面的发展。

以上涉及的存在规定，构成了追求普遍伦理共识的形上基础和根据。伦理共识以人的存在为本体论的前提，而人的存在内含的普遍性规定，则为价值层面形成某种普遍或一致的观念提供了内在可能。从这方面看，在形上之维达到伦理共识，离不开对什么是人的理解。

在更为具体或更为现实的层面，伦理共识又以一定历史时期的历史需要为其根据。以传统社会而言，其存在和运行同样需要建立一定的社会秩序、形成一定的社会凝聚力，在前现代的历史条件下，社会秩序的确立，主要基于包含等级差异的社会结构。荀子以"度量分界"为礼制的核心内容，便涉及以上结构。所谓"度量分界"，也就是把社会成员区分为不同等级和角色，并为各个等级和多样的角色规定各自的义务和权利，使不同的社会成员都各安其位、互不越界，由此达到一定的社会秩序。传统社会中的"三纲五常"，在一定意义上即体现了以上的历史需要："三纲五常"本身可以视为前现代历史时期的伦理共识，这种共识从根本上说又以当时历史条件下的具体历史需要为其根据。

近代以来，随着社会在经济、政治等方面的发展，等级制逐渐趋于消解，人和人之间平等关系的建立成为一种新的历史要求，后者同时也构成了那个时期形成新的社会共识（包括伦理共识）的前提，这种新的社会共识（包括伦理共识）的具体内容，则表现为平等、民主等价值取向。不难注意到，作为近代以来的伦理共识或价值共识，平等、民主等观念并非凭空而起，而是以近代社会的平民化走向对传统社会等级制的超越为其历史前提。

在当代中国，同样面临如何达到社会凝聚、怎样使社会保持健全的发展方向等问题。与这种历史需要相关的伦理共识，具体即体现于目前所倡导的核心价值体系之中，这一价值体系既上承传统，又兼容近代以来的价值观念，其中包含不同的社会要求，而这些要求的背后，则是当代中国多方面的历史需要：就其实质内容而言，核心价值体系并不是一种空洞抽象的价值观念，在顺应人类文明发展趋向的同时，它也表现为基于当代社会凝聚及当代社会健全发展这一历史需要的价值取向和伦理共识。

可以看到，伦理共识的形成既以形而上的存在规定为前提，也需要现实的社会根据，前者主要涉及人之为人的普遍品格，后者则关乎社会的历史变迁。存在形态的普遍性，为价值层面趋向一致提供了可能；现实的社会根据，则使伦理共识同时表现为历史的选择。

伦理共识不仅关乎如何可能，而且涉及何以必要的问题：为什么需要形成伦理共识？这一问题引向对伦理共识的进一步考察。从观念层面看，达到伦理共识或价值共识，首先与避免道德相对主义和虚无主义相联系。道德相对主义往往导致价值取向的迷茫，道德虚无主义则每每引向意义的失落，对社会的健全发展和人的健全发展而言，以上趋向显然更多地呈现负面意义。相对于此，伦理共识以承认价值取向内含普遍的规定、共同体可以在这方面达到一定程度的一致为前提，这一意义上的伦理共识同时为克服上述道德相对主义和道德虚无主义提供了可能。

就实践层面而言，伦理共识首先从一个方面为社会秩序的建立提供了担保。从消极的方面看，一定历史层面上所达到的伦理共识，可以在观念上克服人们因价值取向差异而引发的彼此紧张和对峙，并避免由相争进一步走向冲突。从积极的方面看，伦理共识又使人与人之间在社会中的和谐共处以及行为协调、相互合作成为可能：缺乏伦理和价值层面基本的共识，人与人之间的协调、人与人在行动实践过程中的合作便很难想象。进而言之，晚近以来有所谓文明冲突之说，文明冲突表现为更广意义上不同文化传统和文明传统之间的紧张关系，这种冲突的根源之一，在于文化、价值观念上的差异。通过文明对话以达到一定层面上的伦理和价值共识，则有助于避免世界范围之内不同文明形态之间的冲突。从这方面看，伦理共识无疑又构成了不同文明形态共存共处的观念前提。

三

作为社会有序运行、文明和谐演进的观念担保，伦理共识在社会生活中显然有其不可忽视的意义。进一步的问题是：如何达到以上视域中的伦理共识？与前述伦理共识之所以可能的基本之点相关联，这里同样涉及不同的方面。

如前所述，伦理共识基于人之为人的普遍规定，相应于此，伦理共识也涉及对人自身的认识。认识人自身，这是古希腊哲学家已提出的要求，中国古代哲学对类似问题也作了多方面的讨论和辨析。儒家的人禽之辩，指向的便是何为人以及如何把握人之为人的根本之点等问题。对人自身的这种认识，对今天达到伦理共识同样不可或缺。前面已提及，解决人是什么的问题、把握人之为人的普遍规定，是达到伦理层面共识的形而上前提。人本身总是处于历史发展的过程中，对人的认识、把握人之为人的根本规定，相应地也展开为一个历史过程。当代社会的发展，已从不同方面为更深入地理解何为人的问题提供了新的背景。如所周知，随着人工智能的发展，人机之辩的问题也开始突出起来。前一段时间AlphaGo 和围棋高手对弈，围棋高手屡屡落败，这一现象使理解和把握人机之间的关系（包括智能机器是否将超越于人）成为无法回避的问题。从传统意义上的人禽之辩，到现代背景下的人机之辩，其背后都涉及如何理解人、认识人的问题。此外，生物技术，包括克隆、基因编辑等技术，使人究竟将趋向什么样的存在成为需要思考的问题，技术的这种发展同时也对如何理解人提出了新的挑战。生物技术的进步，使通过作用于基因以影响人的发展成为可能，生物技术和人工智能的进一步结合，则或将引向人工智能芯片和人脑的某种连接，等等。这一类前景，在某种意义上提出了如何在新的历史背景中理解人的问题。

在以上情形中，人似乎呈现两种形态：其一是"自然之人"(natural human being)，其二是"人工之人"（artificial human being），后者在某种意义上与"人工智能"（artificial intelligence）呈现彼此呼应的历史关系。所谓"人工之人"，也就是受到人工智能、生物技术（包括基因工程）等影响的人，这一意义上的人已因"人工"作用而改变了其自然形态。确实，从逻辑上说，在技术不断发展的时代，不仅有"人工智能"，而且可能存在"人工之人"。"人工智能"可以视为人脑的延伸，其形成主要基于计算机、心理学、认知科学以及大数据等科学技术的发展，"人工之人"则不同于作为人的智能与器官双重延伸的机器人（robot）：他涉及人自身的存在形态，并相应地在更普遍的意义上关乎对人的理解。作为有别于自然形态的存在，"人工之人"从出生到尔后发展，都包含着某种人为的干预，其性质、意义都需要在新的历史背景中加以认识。

历史地看，与天人之辩的展开相联系，人本身也形成了自然（天）意义上的存在与人化意义上的存在的区分。前者关乎人的生物学属性：自然意义上的人，也可以视为生物意义上的人；后者（人化的存在形态）则主要以广义的社会或文明属性为其品格：人化意义上的人，也就是社会化或文明化的存在。在新的历史背景下，与自然（natural）相对的，不仅仅是广义的社会化（social）或文明化（cultural），而且进一步涉及人工或人的作用（artificial），后者对人的理解，无疑提出了新的问题。尽管"人工之人"目前尚未成为人的普遍存在形态，但从历史发展的趋向看，更准确地把握新的历史背景中的人，无疑将成为达到伦理共识的现实前提。人工形态下的人是不是具有传统意义上的生命存在的价值？是否还以自由的追求为其内在规定？是不是仍以走向完美为其价值理想？这都是无法回避的问题。前面提到，伦理共识的形上前提在于：人之为人的基本存在规定包含普遍性。在"人工之人"的形态之下，这些普遍规定是否还依然存在？如果它们已经不复存在，或者发生实质性变化，这对于达到伦理共识将会发生何种影响？凡此种种，都需要加以思考。这里再一次回到了"何为人"这一根本性的问题。什么是真正意义上的人？人工意义上的人是不是真正意义上的人？新的历史条件下伦理共识的形成，以回应这一类问题并把握人的各种可能形态为前提。

从价值层面看，问题不仅涉及价值取向、价值立场，等等，而且关乎价值态度。布兰顿曾区分了规范状态（normative statuses）与规范态度（normative attitude）①，宽泛而言，价值取向和价值立场与"规范状态"相一致，价值态度则近于"规范态度"，具有规范性，其具体意义在于引导人们在价值领域作合理的选择和沟通。就伦理共识而言，价值态度具体表现为求同而存异。求同存异的价值态度与中国传统儒学所说的"道并行而不悖"具有一致性。这里的"道"以不同的价值理想、价值取向为内容，所谓"道并行而不悖"，意味着这些不同的价值理想、价值取向可以彼此共存而不相互排斥。与之相近的"求同存异"，同样是在承认多样性的前提之下，达到观念层面的共识和一致。在价值和伦理的领域，正是通过求同而存异的过程，社会共同体中的不同成员逐渐走向伦理的共识。不难看到，在价值态度方面，达到共识所需要的是兼容，而不是排他。

---

① Robert Brandom, *Making it Explicit: Reasoning, Representing, and Discursive Commitment*, Harvard University Press, 1994, p. 33.

　　进而言之，伦理共识同时涉及理性的对话和讨论。以求同存异的价值态度为视域，则不同观点、价值取向和价值原则之间，便需要通过相互对话和讨论，以达到彼此之间的理解和沟通。这里的重要之点在于说理或讲理。说理或讲理既要求持不同价值立场并具有不同价值取向的社会成员表达各自价值取向及其意义、提供所以可能的根据，也需要其给出接受或主张相关价值原则的理由：说理总是既要求合乎逻辑的准则和规范，又意味着基于实然与当然而提供相关的理由。这种理性的讨论过程，同时蕴含着程序层面的条件，包括保证具有理性能力的人都能够参加讨论，凡参加讨论者都有权利表达自己的意见，等等。在实质性的层面，价值领域的理性讨论同时应当排除理性之外的权力、金钱（资本）等的干预，亦即既需要在外在层面防范以势压人，也应在内在层面避免以自我意见和观念迎合权力和金钱。从更为内在的方面看，这里涉及哈贝马斯所提到的真实性、可理解性、正当性、真诚性等要求。宽泛而言，真实性意味着相关意见与实然或真实状况具有一致性，正当性表明这种意见合乎一定社会时期普遍接受的规范，真诚性以如实地表达自己的观念、意愿为指向，可理解性意味着所说内容能够为共同体其他成员所理解。以上方面可以看作是对话、讨论合理而有效展开的形式之维或程序性的要求。

　　与理性层面的以上讨论相关联的，是认同和承认之间的统一。所谓承认，也就是对差异的容忍和宽容；所谓认同，则是对普遍性的肯定和接受。从前述共同体成员之间的对话和讨论这一角度看，对话和讨论不仅仅限于理解：理解仅仅是对话的阶段性结果，对话在更实质的层面指向承认和认同。这一意义上的承认意味着视相关看法为多元中的一元，也就是将其作为观念的"他者"而平等地对待，所谓"对差异的容忍和宽容"，也以此为内容。认同则意味着接受相关观念或将其纳入自身所认可的观念系统，亦即以王阳明所说的"自家准则"来看待相关观念，所谓"对普遍性的肯定和接受"，同时以此为前提。真正的共识，意味着由理解走向承认、由承认又进一步趋向于认同。广而言之，这里涉及个体的自觉以及个体间在此基础上的互动，包括不断提升个体自身的理性认识，在知与行的互动中深化对普遍伦理原则的理解，由此逐渐趋向不同个体之间对相关问题的共识。对差异的容忍和对普遍性的肯定，从不同方面构成了达到伦理共识所以可能的条件。

当然，需要注意的是，走向伦理共识并非仅仅建立在语言和观念层面上的相互理解和沟通：单纯关注于语言或观念之域的相互理解和讨论对于达到伦理共识是不够的。哈贝马斯等哲学家将语言层面的讨论、理解、对话视为达到一致所以可能的主要条件，似乎过于强化基于语言的沟通，这一进路既呈现片面的趋向，也游离于现实而表现出某种抽象性。

在语言层面的理解和沟通之外，存在着历史发展所提供的更为现实的基础。从现实的层面看，当历史尚未进入世界历史之时，不同的文化传统往往处于各自相对独立发展的形态，由此相应地形成了不同的文化历史背景以及多样的价值原则和伦理原则。随着历史走向近代，真正意义上的世界历史开始逐渐形成。马克思曾指出：随着资本主义生产方式的发展，"人们的世界历史性的而不是地域性的存在同时已经是经验的存在了"①。在近代以前，不同的文化传统之间更多地表现为空间上的并存关系，而没有完全融入世界历史意义上的文化发展进程。近代以后，世界范围内的文化互动逐渐展开，不同文化传统开始彼此相遇并在政治、经济、文化层面上逐渐走向相互之间的交往、关联和沟通。在世界历史业已形成这一大背景之下，人类发展过程中的经济、政治、文化层面的相近和相通这一面也逐渐呈现出来，这种相近和相通同时为一定层面上达到具有普遍意义的伦理共识和价值共识提供了现实的可能，随着全球化进程的展开，如上趋向也愈益突显。与世界在各个方面日益紧密的联系相应，经济的盛衰、生态的平衡、环境的保护、社会的稳定与安全，等等，愈来愈超越地域、民族、国家之域而成为全球性的问题，人类的命运也由此越来越紧密地联系在一起。普遍伦理、全球正义等观念和理论的提出，既从不同的方面体现了普遍的价值关切，也为人类在伦理层面形成共识提供了现实的前提。相对于语言层面上的对话沟通，世界历史的以上演进，无疑为伦理共识提供了更为深沉的根据和基础。

从广义的社会背景看，一定社会形态之中宽松的思想空间、良好的社会风尚、健全的伦理机制的形成，对达到伦理的共识同样不可或缺。宽松的思想空间与前面提到的"道并行而不悖"相联系，表现为对不同观念的兼容；良好的社会风尚和健全的伦理机制则包括社会舆论的正面引导、以道德谴责为形式的道德制裁，等等，这种引导和制裁既在肯定的意义上表现为对合乎道德原则的行为的赞扬，也在否定

---

① 《马克思恩格斯选集》第一卷，人民出版社1972年版，第39页。

的意义上体现于对违背一般普遍道德原则的行为之抨击。就其现实作用而言，以上伦理机制主要从社会精神氛围的层面，为伦理共识的形成提供了现实的前提。不难注意到，宽松的思想空间，良好的社会风尚，健全的社会伦理机制，对于达到一定层面上的社会伦理共识都有着不可忽视的意义。

伦理共识同时涉及普遍原则与个体选择之间的关系。伦理共识所侧重的主要是价值取向上的统一性和普遍性，然而，人的伦理实践所由展开的具体情景以及伦理实践本身往往具有多样性，普遍的伦理原则无法穷尽存在于不同时空中的特殊情境，它们与多样的道德行为之间也常常存在某种距离。一方面，为避免道德相对主义和虚无主义，道德行为需要基于普遍的伦理原则，与之相联系，应当对伦理共识给予重视：否认伦理领域中具有普遍意义的共识，便容易滑向道德相对主义和虚无主义。另一方面，过分强调伦理共识，仅仅追求价值取向上的一致，也可能走向权威主义或道德独断论。历史地看，在人伦关系上强化"三纲"等价值原则，曾使传统社会在一定程度上引向了道德权威主义，今天同样也需要对此给予充分警惕。从总体上看，在注重伦理共识的同时，不能完全排斥道德主体的个体选择，对伦理共识和道德主体的个体选择，需要予以双重的关注。中国哲学中的经权之辩、理一分殊之说，已在某种意义上涉及普遍的道德原则与个体的自主选择及多样行为情景之间的沟通问题。"经"与"理一"关乎普遍的伦理原则，其中蕴含着对宽泛意义上伦理共识的肯定；"权"和"分殊"则与道德实践情境的多样性、差异性相联系，其中包含着对个体权衡和选择的确认。在此意义上，"经"与"权"以及"理一"与

"分殊"的相合，对应于伦理共识与个体选择的统一，后一意义上的统一，则进一步使我们在防范道德相对主义同时，又避免走向道德权威主义。

（原载《探索与争鸣》2019 年第 2 期）

# 信任及其伦理意蕴

随着社会的变迁，人与人之间的交往形式也发生了多重变化。一方面，从经济活动到日常往来，主体之间的彼此诚信都构成了其重要前提；另一方面，现实中诚信缺失、互信阙如等现象又时有所见。从理论的层面看，这里所涉及的，乃是信任的问题。宽泛而言，信任是主体在社会交往过程中的一种观念取向，它既形成于主体间的彼此互动，又对主体间的这种互动过程产生多方面的影响。作为人与人之间的关联形式，信任同时呈现伦理的意义，并制约着社会运行的过程。信任关系本身的建立，则既涉及个体的德性和人格，也关乎普遍的社会规范和制度。

一

作为观念或精神的一种形态，信任包含多重方面。与随意的偏好不同，信任首先与认识相联系，涉及对相关的人、事的了解和把握。在认识论上，知识往往被视为经过辩护或得到确证的真信念（justified true belief），在相近的意义上，信任可以视为基于理性认识的肯定性观念形态。

以对事与理的把握为依据，信任不同于盲从或无根据的相信。《论语》中曾有如下记载："宰我问曰：'仁者，虽告之曰：井有仁焉，其从之也？'子曰：'何为其然也？君子可逝也，不可陷也；可欺也，不可罔也。'"（《论语·雍也》）孔子以仁智统一为主体的理想人格，"仁者"在宽泛意义上便可以理解为仁智统一的行为主体，"欺"基于虚假的"事实"，虚假的"事实"在形式上仍是"事实"，就此而言，人之被欺，并非完全无所据，这一意义上的"可欺"，也不同于盲从。"罔"则以无根据的接受为前提，与之相对的"不可罔"，则意味着不盲目相信。在引申的意义上，主体（仁者）以信任之心对待人，但这种信任不同于无根据的相信。

不过，与单纯认知意义上的相信不同，信任以人和关乎人的事为指向，并相应地包含着某种价值的意向。从最一般的意义上说，信任的对象总是具有可靠性或可信赖性，这种可靠性与可信赖性既呈现为某种事实层面的特点，也包含着价值的意蕴：它意味着对于一定的价值目的而言，相关对象具有积极或正面的作用。引申而言，信任往往与主体的价值观念或价值取向相关联：从正面看，坚持正义、仁道等价值原则的主体，对具有相关品格的对象便会形成信赖感，并由此进而给予信任，而对持相反价值取向的人和事，则难以产生信任之感。在此意义上，也可以说，信任基于一定的价值信念。

作为对待人和事的观念取向，信任的内在特点之一在于不仅关乎当下，而且与未来相涉。当主体对相关的人物形成信任之心时，他并不仅仅对其当下的言与行加以接受，而且

117

也同时肯定了其未来言与行的可信性。在此意义上，信任包含着对被信任对象未来言行的正面预期，并相应地具有某种持续性。从现实的形态看，如果仅仅对当下的行为予以接受和肯定，则这种肯定便类似基于直接观察而引出结论。信任虽然关乎经验的确证，但不同于基于直接观察的经验确证，信任本身的意义，也需要通过其中包含的预期或期望而得到体现。如果单纯限于当下行为，则信任对主体未来的选择和行动，便失去了实质的意义。

信任以人与事为指向，它本身也基于主体间的交往，在此意义上，信任并不仅仅表现为个体的抽象意识，而是自始便关联着现实的社会生活中人与人之间的相互作用。无论是宽泛意义上的个体间互动，抑或经济、政治、教育、文化等领域的活动；不管是商品流通过程中的交易双方，还是就医治疗过程中的医患之间，信任体现于不同的社会关系。与信任相涉的人与人的关系可以有不同的形式，而关系中的人所具有的可信赖、真诚等品格，则同时具有伦理的意义。从伦理学的视域看，信任既涉及道德规范，也关乎道德品格。事实上，前面提及的真诚性、可信赖性，便内含道德的意蕴。在信任的发生和形成过程中，无论是信任的对象，还是信任的主体，都以不同的方式关联着广义的道德规定：就对象而言，如前所述，其内含的真诚、可信赖等品格具有道德的意义；就主体而言，以什么为信任的对象（信任什么），也关乎道德的立场：若以危害社会、敌视人类者为信任的对象，便表明该主体与相关的对象具有同样或类似的道德趋向。具有道德意义的规范和品格，与信任所涉及的价值取向和价值观念呈现一致性，不妨说，内含于信任之中的道德规范和品格，从一个方面将信任所涉及的价值取向和价值观念具体化了。

二

信任既是一种在社会中形成和发生的观念取向，也是社会本身运行、发展的条件。从本体论上看，相信人生活于其间的世界具有实在性，是人生存于世的基本前提。如果一个人对满足其衣食住行等生存需要的各种对象都持怀疑的态度，那么，他就无法运用相关的现实资源来维持自身的生存。进而言之，如果对足之所履、身之所触的一切对象之真切实在性缺乏必要的确信，则人的整个存在本身也将趋于虚无化。怀疑论者固然可以在观念上质疑世界的实在性，但如果将这种态度运用于现实生活，则他自身的存在便会发生问题，从而，其怀疑过程也失去了本体论的前提。

从社会的层面看，人与人之间基于理性认知和一定价值原则的相互信任，是社会秩序所以可能的条件。康德曾对说谎无法普遍化问题作了分析，① 其中也涉及诚信及广义的信任问题。一旦说谎成为普遍的言说方式，则任何人所说的话都无法为他人所信，如此，则说谎本身也失去了意义。尽管在康德那里，说谎无法普遍化的分析侧重于形式层面的逻辑推论，但形式的分析背后不难注意到实质的关联：说谎的普遍化导致的是信任的普遍缺失，后者又将使社会生活无法正

---

① Kant, *Grounding for the Metaphysics of Morals*, Hackett Publishing Company, 1993, pp. 14 – 15.

常展开。这一关系从反面表明：社会秩序的建立、社会生活的常规运行，难以离开人与人之间的社会信任。从正面看，在相互信任的条件下，不同的个体往往更能够彼此交流、沟通，并克服可能的分歧、形成相互协作的关系，由此进而建立和谐、有序的社会共同体。

如前所述，信任内含预期或期望。预期不同于当下的态度和取向，而是具有未来的指向性，这种未来指向涉及的是社会信念的延续性或持续性。与之相联系，包含预期的信任，同时关联着社会秩序的持续性和稳定性。社会由具体的个体构成，社会秩序的形成，也离不开个体之间的交往和联系。作为个体交往的一种形式，信任无疑通过确立比较稳定的个体间关系，为社会秩序的建立和延续，提供了某种担保。

在观念的层面，信任既与一定的知识经验、价值观念相涉，又构成了进一步接受已有知识经验、价值观念的前提。个体之间的社会交往过程，往往涉及知识经验的掌握和积累，信任在这一过程中有其不可忽视的作用：以信任为前提，个体对他人所提供的知识经验，常常更容易接受。知识经验的这种传授过程，可以使个体无须重复相关的认识过程。同样，对相关个体的信任，也会兼及其价值取向和价值观念，并相应地倾向于对这种价值观念持肯定或正面的态度。

信任同时具有实践的指向，其意义也在不同形式的社会实践中得到体现。从经济、政治、军事领域，到教育、文化等领域，实践参与者之间的互信，对于相关社会实践的有效展开，具有不可忽视的作用。从积极的方面看，个体对其他实践参与者的信任，有助于彼此之间的协调、合作，在做什么、如何做等方面形成共识，这种协调和共识从一个方面为实践活动的成功提供了担保。就消极的方面而言，参与者之间的互信，可以防止不必要的误解或误判，由此进一步避免对实践活动产生消极影响。在市场经济的背景下，个体之间的相互信任，可以通过降低交易成本、减少违约风险，等等，而使商品流通过程顺利展开。

就个体而言，信任构成了其行为系统的重要环节。在行为目标的确定、行为方式的选择等方面，信任对个体的影响都渗入其中。按其现实形态，个体的行为总是发生并展开于社会共同体之中，其行为过程也以不同的形式受到共同体的制约。这里既有认知意义上的相信，也有评价意义上的信任；前者主要指向事，后者则关联着人。现代行动理论常常以意欲加相信来解释行动的理由，根据这一观点，则当行动者形成了某种意欲，同时又相信通过某种方式可以满足此意欲，则行动便会发生。这种行动解释模式是否确当无疑可以进一步讨论，但它肯定相信在引发行为中的作用，显然不无所见。行为过程不仅涉及事，而且关乎人，后者与信任有着更为切近的联系。接受某种行动建议、参与一定共同体的实践过程，通常都基于对相关主体的信任。可以看到，认知层面的相信与评价层面的信任，从不同的方面影响着个体的行为选择。

从个体与社会的关系看，信任内含信赖，对他人的信任，以他人的可信性和可依赖性为前提，他人的这种可信性和可依赖性，同时赋予个体以存在的安全感。前面曾提及，在本体论的意义上，对世界实在性的确信，是人存在于世的前提，不过，这种本体论意义上的信任，还具有形而上的性质。社会领域的信任，则体现了人与人之间的现实关系，它扬弃了个体面向他人时的不确定性，使人能够相互走近并在一定程度上跨越彼此之间的距离感，从而既赋予个体存在以现实的形态，又使这种存在形态不同于"他人即地狱"的异己性。当然，基于信任的这种主体间关系，并不意味着消解个体的自主性和独立性，如上所述，以理性认知为前提，信任不同于随波逐流式的盲从，这一意义上的信任与个体自身的独立判断相联系，既具有自觉品格，也体现了个体的自主性。

三

作为社会本身运行、发展的条件，人与人之间的信任关系如何建立？这里既涉及信任主体，也关乎信任对象；既与社会规范和体制相涉，也与主体人格和德性相关。

在信任问题上，个体总是涉及两个方面，即为人所信与信任他人。就前一方面而言，如何形成诚信的品格，无疑是首先面临的问题。《论语·阳货》中有如下记载："子张问仁于孔子。孔子曰：'能行五者于天下为仁矣。''请问之。'曰：'恭、宽、信、敏、惠。恭则不侮，宽则得众，信则人任焉，敏则有功，惠则足以使人。'"这里可暂不讨论恭、宽、敏、惠，而集中关注其中的"信"。这里的"信"，主要表现为守信或诚信，所谓"信则人任焉"，意味着如果真正具有诚信的品格，便能够为人所信并得到任用。也正是在同样的意义上，孔子强调"与朋友交，言而有信"（《论语·学而》），孟子则进而将"朋友有信"（《孟子·滕文公上》）规定为人伦的基本要求之一。儒家视域中的朋友，可以视为家庭亲缘之外的社会领域中人与人之间的一般关系，在引申的意义上，这种关系具有普遍的社会意义。与朋友的这种社会意义相应，"朋友有信"也意味着将诚信和守信视为人伦的普遍规范。在有序的社会交往结构中，以诚相待和言而有信，既是这种交往秩序所以可能的条件，也是交往双方应尽的基本责任，一旦个体置身于这种交往关系，则同时意味着承诺了这种责任。

就个体自身而言，作为信任条件的诚信关乎内在德性或人格。中国哲学对"信"与德性及人格的关系很早就予以较多的关注，儒家提出成人（成就理想人格）的学说，这种理想人格便以实有诸己（自我真正具有）为特点。孟子强调"有诸己之谓信"（《孟子·尽心下》），信与诚相通，有诸己即真实地具有某种德性。《中庸》进而将"诚"视为核心的范畴，以诚为人格的基本规定。《大学》同样提出了"诚"的要求，把"诚意"规定为修身的基本环节。与德性培养相联系的"信""诚"，首先意味着将道德规范内化于主体，使之成为主体真实的品格。这种真实的德性、真诚的人格，为人与人之间交往过程中达到诚信，提供了内在的担保。

当然，儒家对仅仅执着于信，也曾有所批评。孔子便指出："言必信、行必果，硁硁然，小人也。"（《论语·子路》）从形式上看，将"言必信"与小人联系起来，似乎对"信"表现出贬抑之意。然而，以上批评的前提在于将"信"与"必"关联起来，而此所谓"必"，则与绝对化、凝固化而不知变通相涉。"信"本身是一种正面的品格，但一旦被凝固化，则可能走向反面。以现实生活中可能出现的情形而言，如果一名歹徒试图追杀一位无辜的人士并向知情者询问后者的去向时，如果该知情者拘守"信"的原则而向歹徒如实地提供有关的事实，便很可能酿成一场悲剧。当孔子将"言必信"与小人联系起来，其中的"必"便类似以上情形。

伦理意义上的信任，体现于人与人之间的关系。从关系的层面看，信任以对象的可信性为前提。前面提及的"信则人任焉"中的"信"，也蕴含着可信性。信任固然表现为主体的一种观念取向，但这种取向的形成，本身关乎对象。在消极的意义上，当对象缺乏可信的品格时，便难以使人产生信任之感，老子所谓"信不足焉，有不信焉"（《老子·第十七章》），便表明了这一点。尽管老子的以上论述首先涉及统治者与民众的关系，但"信不足"与"不信"的对应性，并不仅仅限于上述政治领域。在积极的意义上，如果相关对象的所作所为都始终诚信如一，那么，人们对其后续的行为，也将抱有信任之心。对象的可信性与信任的以上关系表明，信任并非仅仅源于主体心理，而是同时具有与对象、环境相关的客观根据。

在商业活动中，人们常常以"货真价实"来表示某种商品的可信性，它构成了商业活动经营者取信于人的条件。从否定的方面看，经商过程中的这种诚信，还表现在不欺诈；商业活动中的欺诈行为，总是受到普遍的谴责，而这种活动所推崇的正面原则之一，便是以诚信的态度对待一切人。直到今天，反对假、冒、伪、劣仍是商业活动的基本要求，而与"假""伪"相对的，则是真实可信。从形式上看，假、冒、伪、劣似乎主要与物（商品）相关，但在物的背后，乃是人：产品的伪劣、商品的假冒，折射的是人格的低劣、诚信的阙如，而商业活动中诚信的缺乏，则将导致这一领域中的信任危机。

前文曾提及，信任既涉及为人所信，也关乎信任他人，前者意味着个体自身具有可信性，后者则表现为给可信者以信任。就个体而言，在与人交往的过程中形成并展现可信的品格，这是可以通过自身的努力而达到的，但他人是否信任自己，则无法由个体自身所决定。荀子已注意到这一点："能为可信，不能使人必信己。"（《荀子·非十二子》）不过，从信任关系的角度看，他人是否信任自己，固然无法由具有可信品格的个体自身所左右，但对可信的他人予以信任，则是个体自身可以决定的。孔子曾指出："君子不逆诈，不亿不信。"（《论语·宪问》）依此，则一个有德性的人（君子）既不应无条件地预测他人为欺诈之徒，也不可无根据地妄疑（臆想）他人不可信。在这里，同一个体处于双重位置：作为信任关系中的对象，他无法支配他人如何对待自己；作为信任关系中的主体，他则可以自主地决定如何对待他人。更具体地看，以理性意识为内在规定，信任不同于无根据的盲从，但在对象的可信品格已得到确证、从而可以有充分的根据予以信任的条件下，却依然拒绝信任，这种态度便走向了与盲从相对的另一极端。从伦理学上说，妄疑一切、无端臆测他人的不诚，并对可信的对象始终缺乏信任感，这同样也是一种道德的偏向。这种偏向不仅常常伴随着过强的怀疑意识，而且在片面发展之下，容易引向"宁

125

我负人"的异化形态，从而既使人与人之间的日常沟通成为问题，也使社会领域中的信任关系难以建立。

从更广的社会层面看，社会成员之间的互信，并不仅仅基于个体的德性和人格。韦伯在谈到信任问题时，曾认为，中国传统的信任以血缘性共同体为基础，建立在个人关系或亲族关系之上，而新教背景中的信任则基于信仰、伦理共同体，后者超越了血缘性共同体，并在后来逐渐以理性的法律、契约制度为保障。① 韦伯对中国传统信任形式的具体判断是否确当，无疑可以讨论，但以上看法所涉及的信任与制度的联系，则值得注意。历史地看，儒家所说的"信"，事实上便与礼相联系，在仁、义、礼、智、信的观念中，即不难注意到这一点，而其中的礼则既表现为一种普遍的规范系统，又涉及政治、伦理的体制。在此意义上，广义之"信"已与体制相关联。近代以来，制度或体制在社会交往过程中的作用，得到了更多的关注。从现实的存在形态看，信任关系的建立固然有助于人们之间的沟通、协调、合作，并由此担保实践活动的有效和成功；但在某些情况下，失信也会给失信者带来益处，并使之趋向于作出与失信相关的选择，后一行为如果缺乏必要的制衡，将引向社会交往过程的无序化。在这里，公共领域中的制度便展现了其不可或缺的作用。以一定的程序和规范为形式，制度既为人的行为提供了引导，也对人的行为构成某种约束。就信任关系而言，通过契约、信用等制度的建立，失信便不再是无风险的行为，相

---

① 马克斯·韦伯：《儒教与道教》，王容芬译，商务印书馆1995年版，第289—296页。

反，失信者将为自己的相关行为付出沉重代价。在这方面，相关制度无疑展现了一定的惩戒和震慑作用。如果说，个体的人格和德性从内在的方面为社会信任关系的建立提供了某种担保，那么，公共领域的制度建设则在外在的方面构成了信任关系形成的现实根据；考察社会领域中的信任问题，需要同时关注以上两者的相互关联。

（原载《中国社会科学》2018 年第 4 期）

# 伦理学视域中的共同体、心态、真假

## 一 共同体的伦理意义

共同体伦理关乎共同体的伦理意义。这里所说的共同体，在宽泛意义上可以是集体、集团或团体。以上视域中的共同体既不同于个体，也有别于一般的人群；既不同于传统的天下之人，也有别于现代意义上的公民：后两者虽有基于情理（天下之人）与基于法理（公民）之别，但同时又主要表现为空间上共在的群体。比较而言，共同体包含更具体的规定。

从其自身存在形态来看，人总是既以个体方式存在，又处于一定社会关系之中，共同体从一个方面突显了人的社会性的品格。在较为严格的意义上，共同体可以看作是一种有组织的人群，其中的成员之间具有多样的关系，包括纵向层面上下之间的关系，横向层面相关成员之间的关联。作为有组织的人群，共同体包括政党、军队、企业，以及宽泛意义上的学术团体、文化协会，等等。在现代社会中，军队便往往被视为执行政治任务的武装集团（特定的共同体）。从更为内在的层面看，共同体中的成员总是具有共同或相近的价值取向、利益关切，没有共同或相近的价值取向和利益关切，便很难构成有组织的群体。

从伦理学上说，行为的主体常常表现为个体，在什么意义上，共同体可以成为道德行为的主体？这一问题当然可以从不同的角度考察，而从社会实体与社会主体的关联这一角度理解共同体，则是其中一种可能的思路。从现实的层面看，共同体承担着行动主体的功能。作为伦理的存在，共同体既与 agency 相关，也与 agent 相涉，agency 可理解为机构、组织这一类社会实体，agent 则是行动的实施者或行动主体，而在共同体中，agency 和 agent 似乎融为一体，它从一个方面体现了社会实体与社会主体之间的统一：仅仅关注其中一个方面，都不足以把握它的本然形态。正是社会实体与社会主体的统一，从一个方面赋予共同体以行为主体的品格。

进一步看，社会实体与社会主体，本身在不同意义上涉及不同的社会关系：无论是社会实体，抑或社会主体，都是关系中的存在。以机构、组织这一类社会实体而言，作为一定的共同体，它们既面临自身不同成员之间的相互作用，又彼此之间存在多样的关联。同样，以共同体形式呈现的行动实施者或行动主体，也在行动过程中涉及不同的社会关系，后者以动态的形式具体表现为参与者之间的彼此协调、行动主体与作用对象的互动，等等。可以说，正是这种现实的社会关联，为共同体融合社会实体与社会主体提供了前提。

社会行动与社会责任相互关联。作为行为主体，共同体同时又是责任的承担者。不过，与单一的行为主体不同，共同体作为涉及多重关系的有组织的群体，包含着不同的成员和个体，这些不同成员和个体在共同体行动中的作用并不完全相同，所承担的责任也相应地各有差异。考察共同体的责任，尤其需要关注共同体行动的一般参与者和共同体行动的主导者之间的区分，二者的分别与具体成员在共同体中的不同地位具有某种对应性。如后文将进一步提及的，作出以上区分，对于评价共同体的伦理行为十分重要。

共同体及其行动同时涉及多样的关系。道德主体总是需要面对不同的伦理关系，在共同体的层面，具体而言，涉及集团与集团之间，如政党之间、企业之间、文化团体之间、军队之间等关系。共同体是具有共同的价值取向、相同的利益关切、相似的行动方式、一定的责任承担的群体，共同体与共同体关系的背后，蕴含以上的不同内涵，而共同体之间的关联，则表现为具有共同的价值取向、共同的利益、相近的行为方式的有组织人群之间的交往和互动。共同体同时涉及与共同体之外的个体的关系，如作为共同体的政府机构与这些机构之外的社会成员之间的关系，具有社会服务功能的这些机构是否为不同的社会成员提供良好的服务，直接关系机构之后的政府形象。在更广意义上，还可以看到共同体与社会之间的关系，如企业和消费群体之间的关系，便具有宽泛的社会意义，假冒伪劣产品危害消费者的权益，所涉及的便是共同体和社会之间的关系，其影响所及，往往关乎社会秩序及稳定发展。

在共同体内部，存在着共同体成员（个体）和共同体之间的关系。一方面，个体总是被要求服从于共同体、忠诚于共同体、维护共同体利益和共同体的形象。宽泛而言，从企业中的上下协力、爱厂如家，到更普遍意义上的爱国情怀、社会担当，实质上都关乎个体与共同体之间的一致。共同体是通过个体呈现出来的，离开了一个一个的个体，共同体就是抽象的。作为共同体的成员，个体需要注意维护共同体的形象、保持对共同体的认同。另一方面，就共同体对于个体的关系而言，重要的是对个体的自主性、独立性的尊重，避免将个体湮没于共同体之中，或者说，防止使个体趋向于普遍化。

从伦理的角度看，共同体所要处理的问题，主要是不同的关系，包括共同体与共同体、共同体与共同体之外的个体等关系。在交往和互动过程中，需要遵循普遍的伦理原则，如相互尊重、公平公正、互惠互利，等等。从共同体内部来看，应当关注认同与承认的统一。一方面，共同体的成员或共同体之中的个体对共同体应形成认同意识，将自身融入共同体，形成对于共同体的归属观念，注重维护共同体的形象，等等。另一方面，就共同体与个体之间的关系而言，则需要对个体的权利、个体的多样存在形态予以承认，警惕个体的大我化、普遍化以及忽略个体的自主性、独立性。质言之，不能以共同体消解个体。

在社会发展的过程中，个体的社会担当、家国情怀所体现的主要是认同意识，以奉献精神、爱国情操等为具体的表现形式，这种意识对于社会的凝聚不可或缺。与之相辅相成，共同体对个体的承认，则需要通过切实地提高个体在经济、政治、文化等各个方面的存在境遇，使之与社会的发展同步地形成某种具体的"获得感"，由此进一步深化对共同体的归属意识。

认同与承认同时关乎共同体与个体更为深层的关系，后者首先体现于避免共同体的个体化。在经济层面上，共同体的个体化意味着把共同体、共同体的利益变成个体的私利，以个人侵吞或占有整个共同体的利益，等等。在政治方面，这种个体化则表现为通过不当手段实现对共同体的个人化控制，使共同体成为被个人或少数人所支配的工具。对共同体的以上理解和利用，本质上同样是缺乏对共同体的认同：它所引向的，不是对共同体的肯定和维护，而是对其消解和架空。对于共同体之中的一般成员来说，认同主要表现为对共同体的忠诚和服从，而对于共同体的主导性人物来说，认同则同时体现于避免对共同体的过度控制，防止共同体的个体化。

　　进一步看，这里同时关乎责任问题。共同体中的不同成员对于共同体的责任往往也存在差异，共同体的一般成员与共同体的主导者对于共同体的行为需要承担不同的责任。相对于共同体行为的一般参与者，共同体的主导者对共同体的行为及其结果应当承担更多的责任。这里，重要之点在于不能以共同体来掩盖共同体一般成员以及主导人物的不同责任，如"二战"时期纳粹对犹太人的屠杀活动，其中既有一般的参与者，也有为首或主导的人物，对其后果，一般参与者应当承担责任，主导者更应负责，既不应将账仅仅算在某一为首者之上，也不能为主导人物随意开脱，而在更一般的意义上，则不能单纯关注共同体（如纳粹组织）的过失而忽略其中不同个体的责任。

　　以上主要侧重于从消极的方面，即避免利用共同体来掩盖个体的责任。与之相反相成的是在积极的意义上承认个体在共同体中的不同贡献，避免无视共同体之中的个体成员在具体作用方面的差异。这一点在科学研究等活动中体现得尤为明显。科学研究需要集体攻关，但在一定的科学共同体中，个体在探索、解决问题方面，往往扮演不同的角色，其中的核心或领军人物，在科学探索的方向、途径、方式等方面，每每展现独特的视域，后者同时具有引导性，如实地肯定科学家在科学探索活动中的不同作用，不仅是对事实的正视，而且也体现了对科学家个体的尊重。以青蒿素的发现过程而言，其中既有研究团队的集体配合与协调，也体现了科学家个体的多样才智和不同贡献。它从一个具体的方面表明，在共同体与个体的关系中，既需要注重个体对共同体的认同，也不能忽视共同体对于个人的承认。

## 二 作为精神取向的心态

共同体首先与群体相关，从个体的层面看，同时需要关注心态及其伦理意义。以精神取向为其现实内容，心态内在于人的在世过程，并影响着人的行为，制约着个体与社会关系的协调。在社会的变革时期，心态的以上影响和制约，往往显得更为突出。与以上特点相联系，心态既是一个可以从哲学层面加以讨论的问题，也是一个关乎现实的话题。

心态内在于个体，但又具有社会的内涵，就此而言，它既关乎个体的心理，也是一种社会现象。从总体上看，心态可以视为一种综合性的精神形态。

作为综合性的精神形态，心态的内容至少包含以下方面。首先是相关的知识经验。心态的形成，离不开对于外部世界的理解、对人自身处境的把握以及对个体与社会、个体与个体之间关系的认识，其中总是包含相关的知识经验。其二是一定的价值取向，包括价值原则、价值理想等。价值理想关乎什么值得肯定、什么应当追求、什么是好的生活，等等。对于价值原则、价值理想的不同理解，往往制约人的不同心态。单纯的知识经验还不足以形成相关的社会心态，知识经验只有与一定的价值观念相结合，才能生成为具体的社会心态。其三，心态总是和一个个的个体联系在一起，从而，它又与心理层面的个性特点相关联。人的个性具有多样性，有的可能比较内向，有的则也许更趋向于外向；有的比较执着，有的则比较随意，等等，这些差异也会影响个体的心态。如内向者相对于外向者而言，或许更容易引发忧郁甚至悲观的心态。

以知识经验、价值观念以及心理个性为内容，具体的社会心态同时表现为人们对待世界的一种精神取向以及个体独特的生活态度，后者又进一步影响着人们的行为取向和行为方式。

心态属广义之"心"，心态和现实世界之间的关联，也与更广意义上心和世界的关系呈现某种相关性。从宽泛的意义上说，人心和世界之间的关系可以表现为两种形态。首先是认识之维，在这一关系中，人心和世界的关联具体表现为人心适应于世界：认知关系以人把握、认知世界为指向，在如上关系中，认识这个世界构成了具体的目标。尽管在这一过程中，人们同样需要发挥主观能动性，心也会从观念的层面对认识过程发生影响，但其终极的指向是如其所是地把握世界，后者在总体上表现为人心对世界的适应。

人心和世界的关系还涉及实践的层面，在实践层面上，两者关系更多表现为世界适应人心。在实践关系中，人们总是把认识的成果和自身的价值追求、价值理念结合起来，形成一定的理想、计划、蓝图，并通过多样的实践过程使之付诸现实。这是一个改变世界的过程，从宽泛意义上来说，改变世界也就是让世界适应人心。尽管在这一过程中，人也要遵循自然的法则，但从其最后的指向看，则是让世界合乎人的价值追求。

人心与世界的以上关系，也体现于心态和世界之间。宽泛而言，心态既制约自我，也影响世界。作为影响世界的一种精神形态，心态内含价值创造的意向，后者同时隐含着让世界适应人心的趋向。从具体个体来说，让世界适应人心意味着努力地去改变个体的处境和现状，使现实更符合自身的人生追求。心态同时又包含着对世界的把握，包含知识经验，这种知识经验与个体自身的价值观相结合，又会进一步引导人们去进行自我的调节，这种自我调节包括协调人与外部世界的关系，其中隐含着要求人心去适应这个世界：在很多情况下，欲协调好人与外部存在之间的关系，便需要人去适应外部的现实世界。

心态与世界的以上两重关系各有其独特的意义。从创造的意向出发，让世界适应心态所包含的价值要求，意味着积极地从事各种形式的价值创造活动，以改变世界，实现人的理想，从终极的层面看，这种理想的社会表现为马克思所说的为每一个人的自由、全面发展提供前提。通过自我的调节，让人心去适应世界，则可以使人避免走向负面意义上的否定性心理趋向，不断调整和外部世界之间的积极关联。可以看到，广义的心态，并不与通常所说的人心完全相分离，人心和世界的两重关系也同样制约着心态和世界之间的关系。

心态作为对待世界的一种精神趋向，总是表现为人对外部世界、外部现实的相对稳定的精神形态。人对一定时期的现实，包括自己的生活处境的把握和认识，总是包含确定的内容，人的价值趋向也具有相对稳定性。与之相联系，心态不同于偶然的意念或一时的心理波动，而是呈现比较稳定的特点。

然而，心态又是可以转换、可以改变的。心态转换的根源，可以从两个方面去理解。一是外部现实的变化，这种变化包括自身处境的改变，即在自身的发展过程中，个体自身的境遇得到某种改善，或者相反，变得不如人意。处境的变化，常常会影响个体心态：如果个体处境呈上升形态，则心态往往呈现积极的趋向；反之，则容易走向消极。从更广的意义上来说，公正的社会秩序的存在或阙如，也会影响个体的心态。当外部社会环境体现了公正的社会要求，个体的权利得到充分保障，个人既有发展的机会，也有发展的空间或前景时，个体的心态更容易获得正面的内容，反之，缺乏公平正义的社会环境，则往往对人的心态产生负面性的影响。以上事实同时表明，建构公正合理的社会秩序对形成健全的个体心态，具有不可忽视的意义。

心态转换的另一侧面，关乎个体自身精神世界的提升，后者涉及社会教育、个体自身的实践、修养、涵养，等等。在同样的社会境遇中，具有不同精神境界的个体，往往会形成不同的心态。当外部环境不如人意时，一些人可能会形成消沉、不满的心态，另一些人则可能进一步坚定改良社会的信念，与后者相联系的是积极乐观的心态。心态的以上差异，关乎精神境界的高下。与之相联系，如何通过个人的自我涵养、自我修养来不断提升自身的精神世界，由此进一步形成具有正面意义的心态，这是讨论心态问题时难以回避的问题。

心态作为一种社会性的意识，植根于一定社会现实，并相应地涉及多重的社会关系、社会角色。心态的发生首先关乎自我和社会、自我和他人之间的关系。心态总是在与他人的现实交往过程中逐渐地生成起来，其内容与个体自身在社会中所占据的地位难以分开。在社会发展过程中，有些人可能会成为弱势群体，而所谓弱势，便是与一定社会共同体中的其他个体比较而言。当个体在社会中身处以上境域时，常常容易形成某种失落的心态。反之，当个体在一定的社会共同体中的地位优于其他个体时，往往更容易形成所谓成功者的心态。如果缺乏交往、比较的对象，相关的心态便无从形成，这一事实也从一个方面体现了心态的社会意识特点。

个体在社会中的不同处境，大致可以区分为顺境和逆境。对于个体心态来说，在处于以上两种境遇时，都面临如何自我调节的问题。处于顺境之时，从消极方面来说，应当如儒家所说，做到"富而无骄"，亦即防止产生过分的自我优越感或骄横的心态等；从积极方面来说，则应该有一种"兼济天下"的胸怀。在身处逆境的情况下，心态的调整则面临不同的问题。从正面来说，此时需要有"独善其身"的境界，即虽处于逆境，依然保持积极向上、自我完成、自我提升的精神和志趣；就消极的方面而言，则应避免由失落、不满走向怨恨他人、敌视社会。以上的心态调整与个体适应社会的过程相一致，对社会的和谐与有序发展，都有重要意义。

　　心态同时涉及利和义的关系。心态包含对现实的感受，这种感受说到底总是关乎名和利。处于逆境中的人容易心怀不满，甚至心理失衡，这种失衡最终也根源于名和利。从心态调整的角度来看，如何合理处理利和义之间的关系问题，对于个体来说是无法回避的问题。在市场经济时代，个体的权利常常变得更为突显，维护个体的正当权益，避免侵犯这种权益，是社会实现公平正义的基本要求。但同时，也应避免一味地追逐名利甚或不择手段去谋取个体利益。孔子在肯定"富而可求也；虽执鞭之士，吾亦为之"的同时，又强调"不义而富且贵，于我如浮云"（《论语·述而》）。这种"富而可求"则为之、"不义而富且贵"则视如浮云的观念背后，蕴含着对待义和利的合理心态。

　　进一步看，心态问题还涉及淡泊和进取的不同人生取向。淡泊主要表现为儒家所肯定的心态，相关的心态在道家那里呈现为知足，在佛教那里则展现为放下（所谓"一切放下"）。与淡泊、知足、放下相对的是进取、不知足、更上层楼。心态的调节，同样关乎以上不同人生取向的定位。过分强调淡泊、知足、一切放下，常常会抑制进取、奋斗、创造的精神；过分地执着于不知足、强调进取，则在实践上容易以合目的性压倒合法则性：对价值目标的追求，往往导致忽视尊重存在法则的问题。同时，相对于一个人已经取得的成就和达到的成果而言，他的理想目标总是会显得相对遥远，二者之间的距离，往往容易引发个体的失落感。这里，如何在淡泊、知足、一切放下与进取、奋斗、创造的精神之间把握适当的"度",对于形成健全的人生取向和健全的心态,无疑十分重要。

心态问题对个体来说同时涉及开放宽容和现实批判之间的关系。开放宽容意味着接受不同的意见,以健康的心态对待他人(包括他人取得的成就)、对待社会(包括社会发展和进步所达到的新的形态),等等。现实批判则意味着拒绝随意地去迎合他人或在生活中随波逐流。开放宽容和现实批判之间的关系,与前面提到的人心与世界的二重关系具有对应性:如果说,开放宽容体现了人心适应世界的这一面,那么,对现实的批判可以看成是改变现实、让世界适应人心的引申。

综合起来看,社会心态既是一种社会意识,又是个体的精神取向。在心态背后,一方面,存在着社会现实、社会关系;另一方面,又隐含着个体精神世界、个体精神境界。与此相应,在研究社会心态的过程中,一方面,需要考察、把握心态背后多样的社会关系、社会现实,这种考察可以从社会学、心理学、哲学等不同学科的角度加以展开;另一方面,从个体精神世界的角度看,在心态的引导转换过程中,自我的涵养、境界的提升,同样具有不可忽视的意义。

## 三 伦理意义上的"真"与"假"

由心态进一步考察个体的道德意识,便涉及伦理意义上的"真"与"假"。广而言之,作为一个哲学问题,"真"与"假"的关系可以从不同的方面加以考察。在认识论上,真假关乎知识与事实的关系,命题性知识,便被视为包含真假的陈述；在伦理或价值的层面，真假则常常与诚伪相涉，并具体表现为真诚与作假或伪善之间的关系。比较而言，中国哲学对后者更为关注，以中国哲学中的是非之辩而言，其中固然包含认识论意义上的真假问题，但更多地侧重于价值意义上的正当与不正当或善与恶，后者在广义上关乎真诚（正当、善）与伪善（不正当、恶）之别。

真诚与作假或伪善之间的关系，逻辑上关乎"假装的真诚"与"真诚的假装"二重形式。假装的真诚，属道德上的作假，其性质近于伪善。孔子区分了为己与为人，为己即培养真诚的德性，造就一个真实的自我；为人则是为了获得他人的赞誉而刻意矫饰，其结果往往流于虚伪。从真假之辩的角度看，上述意义上的为人，主要以做给别人看为特点，它在实质上表现为假装认同一定历史时期的道德原则并依此而行，以求获得社会的肯定。这一类假装的真诚，每每被视为伪君子或假道学。

相对于"假装的真诚"，"真诚的假装"可以区分为二重形式。其一，尽管其依循道德原则的行为主要是"为人"（做给别人看），但又"真切地"希望在这方面装得像一点（给人以似乎"真实"的外观），这一意义上的"真诚的假装"，在实质上近于"假装的真诚"，从而，与伪善无根本的不同。其二，真实地融入某种所扮演（假装）的角色，力求如其所是地接近于所假装人物的形态。后一意义上的"真诚的假装"，既包含真假交融的一面，也在逻辑上包含弄假成真的可能：一个人想扮演（假装）有德性的人，如果其言行确实如同有德性的人，并且保持一生，则在他人的眼中，他与有德性的人便无根本不同。

基于诚的原则，儒家对"伪"意义上的"作假"持否定的态度。在儒家看来，道德以诚为前提，孟子肯定"有诸己之谓信"，"有诸己"即真正拥有，对孟子而言，德性唯有真正拥有，才是真实的。如上所述，儒家区分为己与为人，并否定缺乏成己的真诚意愿、仅仅形之于外的"为人"，也从一个方面体现了以上立场。同样，孔子将作为真诚德性的"仁"与"巧言令色"对立起来："巧言令色，鲜矣仁。"（《论语·学而》）"巧言"与"令色"，都具有刻意矫饰的性质，其中包含作假之维：虽并未在内心真正接受和认同，但却在言词上曲意迎合，即属"巧言"；实际并无敬重等意，但却装出敬重等神色，便属"令色"。对"巧言令色"的摒弃，也意味着在道德的层面否定作假。

从个体或自我的侧面看，作假或假装还涉及自欺或欺人。以自欺而言，尽管个体不希望发生的事已经发生，个体也清楚地了解这一点，但他却拒绝承认或不愿相信这一情形，这种明知事情已发生、却依然拒绝承认已发生的事情的现象，通常被归属于自欺。以上的拒绝承认或不愿相信，可以是因为无法接受既成事实，也可以是因为希望事情发生某种转机。从"明知"某种事实已发生、却仍认为它"没有发生"这一角度看，以上情形也似乎近于假装——"真诚的假装"。就此而言，上述形态的所谓"自欺"，也相应地涉及假装。

然而，严格而言，以上情形的自欺，还需作进一步的分析。按其实质的内涵，自欺更多地关乎自我的立场和态度。这里需要区分事实性知识与自我的信念。一个人虽已具有某种事实性知识，但却想使自己对这种事实处于无知状态，这是试图"自欺"，然而，这种自欺通常无法真正实现。某人虽有某种知识，但却不愿意相信，这则属于另一种情况。后者具有非理性的特点（如受情感等支配而无视事实），在严格意义上，此类现象也与自欺有所不同：自欺乃是自己无法不信，却试图让自己不去相信，或者自己无法相信，却试图强使自己相信。在以上意义中，作为自我的一种立场或态度，自欺内在地蕴含以下悖论：自觉地（理性地）相信自己在自觉和理性层面无法相信者，或者自觉地（理性地）不信自己在自觉和理性层面不能不信者。与之相对，"欺人"则表现为假装相信自己实际上不相信者或假装不信自己实际相信者。不难看到，自欺关乎自我，欺人则以他人为指向。在严格意义上，自欺的实质不在于作假或假装，唯有欺人才真正涉及作假或假装——如前所述，"真诚的假装"形态的"自欺"虽被视为自欺，但实质上已并非本来意义上的自欺。

（本文的部分内容刊于《光明日报》2016 年 6 月 22 日；《社会科学报》2019 年 4 月 11 日）

# 学术与思想之辩①

　　学术与思想的关系有其历史演化的过程。晚近而言，20世纪八九十年代间的变化尤为引人瞩目。如所周知，20世纪 90 年代出现了各种关于学术与思想关系的论说，其中既有"思想家淡出，学问家凸显"这样的描述性判断；也有对"有学术的思想，有思想的学术"的规范性呼吁，等等，凡此都涉及学术与思想的关系问题。无论是进行历史的回顾，抑或对学术与思想关系的合理规定，都要求我们对两者关系作进一步的反思。

## 何为学术？何为思想？

　　何为学术？何为思想？在考察两者关系时，首先需要对此有一大致理解。作为两种既相互关联，又彼此区分的观念形态，学术与思想都涉及人文社会科学领域，这可以视为两者的共同特点。然而，比较而言，学术较多地侧重于把握人

　　① 本文系作者于 2017 年 9 月在北京师范大学举行的"学术与思想四十年"名家圆桌会上的发言记录。

文社会科学领域中事实性的方面。以表现为文献考证的学术形态而言，其中涉及的事实性的方面包括：相关文献中文字的本来含义和它的历史演变，文献自身的本然形态和它的变迁沿革（包括其真实作者，出现年代，传承过程出现的不同版本），等等。学术研究如果指向更广意义上社会领域中的一些事件或现象，则其主导性的工作便关乎这些事件或现象的真实状况，后者同样涉及事实性的方面。与之相对，思想更多地指向社会、人文领域中的价值取向和价值选择，它所关切的问题包括：什么是理想的社会形态？什么是好的生活？如何实现这种理想的社会和人生？等等。如果涉及历史上的相关现象或具体事件，那么，思想往往与这些事件和现象所隐含的价值意义相联系。

与前述方面相联系，学术比较注重的是经验性的研究，包括具体材料的搜集、考订，以及对这些材料可靠性的核证，等等。思想则更多地关注理论的分析和理论的建构，包括对事实所蕴含的因果关联的追溯和把握。与上述分别相关，学术通常侧重于描述，后者指向的是人文社会科学领域中特定的对象、事件的实际状况，这种描述性的方式所追求的是如其所是地把握相关对象。相对于此，思想更多地关注于解释和规定，解释试图解决的问题包括某种现象为什么会出现、它何以形成某种形态，规定则指向其当然的形态（它应当取得何种存在形态），等等。要而言之，解释主要分析已经出现的现象产生的根源（通过因果分析以说明其何以会出现）；规定更多地关乎尚未出现的现象（包括对未来发展应当如何的要求）。

以事实为关注之点，学术同时注重相关事实的完整性。

从中国传统学术的演化来看，一方面它追求"无征不信"，肯定立论需要以事实为依据；另一方面则要求"孤证不取"，强调作为依据的事实需要具有融贯性。在这方面，乾嘉学派的学术工作具有一定的典型意义。以考据为主要的学术旨趣，乾嘉学者主张在考证的过程中应力求"遍收博考"，亦即尽可能穷尽相关的文献材料。可以说，追求事实的完整性或充分性，构成了学术活动的内在要求。与此相较，思想更多地追求观念的系统性。以理论的建构为其内在旨趣，思想往往不限于提出个别的观念，也不仅仅满足于罗列不同的论点，而是同时涉及观念之间内在逻辑关联的论证，并以系统性的考察，提供对相关现象的解释。从思想的本身来看，言之成理、持之有故，并达到观念的前后自洽，这是其基本的要求，而这一过程往往便以观念的系统化形式呈现出来。

再进一步看，学术和思想同时也体现了人与世界不同的关联。学术所体现的，首先是事实层面对世界的认知，思想所体现的，则是理论层面和价值层面对世界的关切。这里所说的事实、理论、价值，分别地与哲学意义上的实然、所以然、所当然相关联。事实更多地涉及"实然"，与之相关的是世界实际如何，或者世界（包括人文社会科学领域中的各种现象）以什么样的形态存在和出现。理论所关注的往往是"所以然"：从终极的层面来说，世界为何如此；就具体现象、事件而言，这种事件或现象为什么会出现，其前后之间到底有什么样的因果关联，等等，这些问题都关乎所以然。比较而言，价值更多地与"所当然"相联系，"所当然"涉及的，是世界应当如何的问题。质言之，事实体现了世界的实然性（世界实际如何），理论追问世界的所以然（世界为什么如此），价值关切世界的所当然（世界应当如何）。这里所说的事实、理论、价值，以及与之相应的实然、所以然、所当然，都是人和世界互动过程中无法回避的方面。这些方面之间的相关性，制约着思想和学术本身的关联：学术所涉及的事实层面与思想所相关的理论、价值层面在人和世界的关系中都不可或缺，后者同时从本原的层面上规定了学术和思想无法相分。

## 汉宋中西：历史的变迁

然而，尽管学术和思想具有内在的相关性，但从历史的演化来看，两者往往并未以合而不分的形态出现。在中国文化的演进中，学术思想之间比较明显的张力，首先表现在汉学与宋学的对峙上。汉学和宋学分别地体现了学术和思想的不同关注。宽泛地说，汉学是指从汉代到唐代经学中主流性的或主导性的学术研究趋向，尽管它并非完全不涉及义理，但其注重的首先是考据，宋学则主要指宋元明时代所形成的主流的思想流派，它的关注之点更多地指向义理，汉宋之学的背后，蕴含着对考据和义理不同的侧重。汉学与宋学既有着前后相继的演化过程，也常常在同一历史时期以彼此对峙的形态出现，有清一代，便可看到后一情形。一方面，清代主流的学术是朴学或乾嘉学术；另一方面，清代又存在宋学的研究取向，方东树便是清代宋学的主要代表。他曾撰《汉学商兑》，对当时主流的汉学倾向提出各种批评。在他看来，以汉学为进路的学人"毕世治经，无一言几于道，无一念及于用，以为经之事尽于此耳矣，经之意尽于此耳矣。其生也勤，其死也虚，其求在外，使人狂，使人昏，荡天下之心而不得其所本"①。所谓"几于道"，也就是近于道或合于道。从今天来看，关于"道"的讨论即涉及思想层面的内容。按方东树之见，治汉学者完全忽略了思想，仅仅专注于孤立、单一的事实问题。

近代以来，学术和思想的关系在中国呈现比较特殊的形态，两者的关系问题常常和中学与西学的关系关联在一起。从近代以降中学和西学的区分来看，中学和西学各有自身的学术和思想：中学有中学的学术和思想，西学也有西学的学术和思想。然而，中国近代还有一种值得注意的区分，那就是国学和西学之别。当我们谈国学和西学的关系，而不是在宽泛意义上谈中学和西学时，这里的"国学"往往主要偏重于文献的考证和诠释，而西学则与新的思潮、新的理论、新的概念系统相联系。与之相联系，在西学与国学的比较中，中西之间的差异常常以学术和思想的分野这一形式呈现出来。这是中国近代以来非常独特的一种现象。确实，历史地看，"国学"的考察和回溯从19世纪末、20世纪初便受到关注，在新文化运动前后则得到了进一步的发展，其研究常常与整理国故联系在一起：国故每每被视为国学的主要内容。与整理国故相关的国学，更多地体现了学术的进路，与新思潮相涉的西学则常常与新的观念、新的概念、新的主义联系在一起，从而更多地呈现思想的品格。在国学与西学之别的背后，学术与思想的分野取得了独特的形态。

---

① 方东树：《汉学商兑·重序》，商务印书馆1937年版，第2页。

　　至 20 世纪 80 年代，学术与思想的关系又出现了一些新的变化。在一定意义上可以说，20 世纪 80 年代西学以新的形式再次东渐：大致而言，近代以来西学东渐曾出现两次高峰，19 世纪末到 20 世纪初，西学曾出现东渐的高峰，与此形成相呼应的是 20 世纪 80 年代，西学东渐在此时再次走向高潮。20 世纪 80 年代，与西学东渐又一次趋向高潮相关联的，是整个文化领域中对思想的注重，与之相伴随的，是学术的相对忽视和某种意义上的边缘化。20 世纪 90 年代，这种情况开始发生明显的变化：国学热渐渐取代了西学热。与国学热相联系的是对学术的注重，前面提到的所谓"学问家凸显，思想家淡出"，便与国学热这一文化趋向紧密联系在一起。从 20 世纪 80 年代到 90 年代的以上文化转向，也从一个侧面折射了中国近代以来思想和学术的关联与中西之学关联之间的相关性：思想走向前台常常和西学的注重联系在一起，而学术的凸显又往往和国学的复兴彼此关联。以上关联本身似乎也是一种值得思考的文化现象。

　　从前面的简单勾勒中可以注意到，思想与学术的关系在历史上呈现多样的形态，近代（包括 20 世纪 80 年代）以来，这种形态以不同的方式得到了延续。进入 21 世纪以后，一方面，出现了注重思想创造的现象，在人文社会科学的各个领域中，都可以注意到试图进行理论构建的趋向；另一方面，一头扎到故纸堆里，沉浸于文献梳理或考据的现象也比比皆是，后者体现的是学术为重的取向。两者彼此相异，又同时并存。然而，注重思想创造者虽然想有一个理论、希望构建一种系统，但又常常缺乏比较深厚的学术底蕴，由此其理论构建不免显得空疏。他们致力于搭建某种理论的框架，而其中的学术内涵则往往显得略为单薄。反过来，注重学术考证又常常与忽略或轻视思想联系在一起：对注重学术者来说，相对于学术，思想空洞无物，没有切实的意义。以上现象似乎以另一种方式再现了学术与思想彼此分离的格局。

就学术研究而言，在国学领域中，时下对经学的重新注重，甚而将汉以后整个中国学术思想的主流理解为经学，已蔚为一时之风气。经学的复兴包括对"公羊学"的热衷，公羊学与政治哲学存在某种关联，经学热与政治哲学的显学化彼此相遇，使公羊学也由此得到特别多的青睐。公羊学原是西汉今文经学的一个学术流派，具有注重微言大义的特点，从内涵看，这种微言大义本来更近于思想的品格，然而，在今日的经学研究者那里，公羊学却或者主要与经学史的材料相联系，或者成为借题发挥的凭藉。前者注重的是学术层面或历史层面上的材料考订，它使原以思想的阐释为特点的观念系统变成了单纯的学术研究对象；后者所致力的则是思想的发挥，历史的原貌则非其所关切。以上现象从一个方面展现了学术和思想之间的隔阂。

从中西之学来看，大致而言，以中学为业者往往侧重于历史文献的梳理和考订，其中展现的首先是学术的关切；由西学转入中学者，则常常以理论的阐释为主要关注之点，其研究往往并不是从中国本有的学术中去阐发相关的问题，而是借助于某种理论框架去解释传统中的一些思想材料。在此形态下，思想和学术依然呈现彼此分离的格局。

## 超越分离：可能的沟通

以上现象既构成了时下引人瞩目的文化景观，也要求人们进一步反思学术和思想之间的关联问题。前面曾提及，20世纪 90 年代，"有思想的学术"和"有学术的思想"已成为学界的一种主张或愿望。然而，更为实质的问题在于：怎么样达到"有思想的学术"？如何实现"有学术的思想"？

从学术和思想的协调和整合来看，首先需要注意的是史和思之间的互动问题。在人文社会科学领域，学术首先总是与一定的文化积累、文化传统相联系，这种文化传统、文化积累同时可以视为广义之"史"，后者构成了思想的内在根基和出发点。从以上前提看，注重学术，特别是注重以"史"的形态呈现出来的学术，同时也意味着注重思想的基石。比较而言，思想主要表现为学术的内在灵魂。从观念形态的对象来说，学术史研究所指向的史料、文献，在其形成的时候，本身已内在地包含着思想，而并不仅仅是一堆材料。这一事实从本原意义上决定了对历史材料作重新考释、研究时，不能忽视"思"的进路。与思想脱节的历史材料本身并没有什么生命力，正是历史材料中所隐含的思想使之具有了内在生命，与之相联系，在面对以往的人文社会科学的文献材料之时，需要同时关注其中隐含的深层思想，而这种关注和把握便与"思"紧密相关。在此意义上，"史"与"思"无法相分。

这里可以简略地以中国哲学为例作一说明。从哲学的领域来说，诸子百家，老子、孔子、庄子、墨子等哲学家的思想，现在通常被作为历史考察的对象，然而，这些对象在出现之时，首先是以理论和思想的形态呈现出来的。老子、孔子、庄子，等等，同时是他们所处的那个时代的创造性的思想家，其思想创造的成果即凝结在现在作为史料的原典之中。要深入地理解这些文献，便必须有哲学理论的视野，否则，它们便仅仅是缺乏思想生命的过往陈迹。历史地看，不同时代的哲学家对以往经典往往展现了不同的理解，这种不同，与他们不同的理论视野具有内在的相关性，从中也不难看到史和思之间的不可分离性。

以中国传统的学术范畴或概念为考察对象，这里同时涉及义理和考据或汉学和宋学之间的关系问题。义理和考据在历史上曾经出现过彼此对峙的形态，但如前所述，从其本来的内涵来看，两者并非截然分离：义理中包含考据，而考据之中也隐含着义理。在同样的意义上也可以说，汉学中有义理，宋学中有考据。就历史层面而言，汉宋之学之间确实曾存在着张力，如前面所提到的清代汉宋之学的对峙、方东树对当时汉学家的尖锐批评就是一例。但另一方面，两者也存在着实质上的沟通。以清代重要的学人戴震而言，作为乾嘉时代皖派的代表人物，他在学术归属上被划入汉学，但戴震同时又往往寓义理于考据，或者以考据的形式阐发义理。他的代表著作之一为《孟子字义疏证》，从书名来看，以字义疏证为形式，无疑合乎汉学家的旨趣，但从实质的内容看，通过字义的考证工作，戴震同时又比较系统地阐发他自己的哲学义理，并由此对以往的哲学观念提出了批评。可以说，他既站在汉学的立场，同时又接纳了宋学研究的进路。另一方面，从宋学本身来看，通常认为宋学以注重义理为特点，然而，宋学在阐发义理的过程中，也并非完全忽略文献考证。从朱熹的学思进路中便不难看到这一点。朱熹的代表性著作是《四书章句集注》，该书可以视为比较集中阐发其思想的文献。然而，该书关于义理、思想的阐发并没有离开文献的考释：书名中的"集注"，便蕴含对以往文献研究的综合，事实上，在该书中，确实也可以看到朱熹对之前的各家各派相关文献以及其中所涉及的注释、考订的关注。在此意义上，朱熹对义理的阐发在相当程度上也基于已有的考据工作，或者说，其义理中包含考据。以上现象表明，汉学和宋学、义理和考据在历史中本身并不是截然相分的，它同时也昭示，今天从事思想学术领域的工作，亦不能以非此即彼的态度对待两者。

进而言之，思想与学术的互动，同时涉及技和道之间的关系。离开了思想，仅仅关注学术层面的考察，往往容易导致人文研究的经验化、技术化趋向。以哲学领域的分析哲学而言，在其发展过程中，随着语言分析越来越趋向于技术化，对于哲学思想本来应当关切的宇宙人生等根本性的问题，每每愈益疏远。事实上，离开智慧追求的思想进路，单纯注重经验层面的问题，确实难以避免技术性的走向。反之，离开学术的积累，仅仅关注于抽象层面的思想，则人文社会科学领域的研究往往会引向"游谈无根"，并趋于思辨化。从哲学的层面看，这里涉及技和道之间的关系。此处之"技"与"道"，都属传统的术语，庄子提出"技进于道"，其中的"技"涉及技术领域或经验领域的研究，"道"则是形而上层面思考的对象。一方面，"道"应基于"技"，"道"如果离开"技"，便意味着脱离经验世界，由此容易流于空疏、抽象。另一方面，"技"又必须进于"道"，如果仅仅停留在技术层面上，完全限定于枝枝节节的问题，便会使人文社会科学的研究失去其本来应有的意义。

从事人文和社会科学的研究，当然可以根据个性的不同、兴趣的差异，在具体进路方面有所选择，或侧重于"技"或学术性的考察，或侧重于"道"或思想性的探究。但从总体上来说，"道"与"技"、学术与思想不能截然分离。

前面提及的义理和考据、"道"与"技"，大致属于传统的概念系统。从现代的研究形态来看，在人文社会科学领域中，同时又涉及实证与思辨的关系问题。这里的"实证"主要指基于事实，对材料加以把握和考订、对观点加以验证。"思辨"则呈现两种形态，一种是抽象的思辨，其特点是疏离于事实根基，作空泛的形上玄思；另一种是具体思辨，其特点是基于现实，注重普遍和特殊之间的沟通，并肯定逻辑分析与理论思维之间的统一，与实证相关的思辨，主要是后一形态的思辨。清代学者曾提出"虚会"和"实证"之辩，所谓"虚会"，近于这里所说的思辨，"实证"则涉及对具体材料的把握和考订以及以事实验证观点。"虚会"和"实证"的统一，与实证和思辨的统一具有一致性，它表明，与之相关的研究方式在学术史和思想史的演化过程中已经受到了某种关注，今天从事人文社会科学领域的研究时，比较自觉地致力于实证和思辨之间的沟通，同样有其不可忽视的意义。大致而言，学术比较侧重于实证方面的研究，思想则更多地关注理论的思辨，与之相联系，实证和思辨之间的沟通同时也从一个方面为学术与思想的统一提供了具体的进路。

从更为哲学化的角度看，这里进而涉及知性思维和辩证思维之间的关系。知性思维是德国古典哲学的概念，它以感性、知性、理性的区分为前提。这一意义上的知性总体上侧重于"分"，其特点具体包括两个不同的方面：一是把整体分解为不同的方面，二是把过程截断为不同的片段。以区分或划界为趋向的知性活动对于比较细致、具体地把握对象，是不可或缺的。与之相对的所谓辩证思维，则要求将知性所分解的各个方面重新整合起来，把为知性所截断的片段重新还原为一个过程，由此再现对象的具体性。从人文社会科学领域的研究来看，上述论域中的知性思维和辩证思维不可偏废。时下主流的趋向表现为注重分离，由此往往对知性思维给予过度的关注。前面提及，知性思维对于达到认识的清晰性、准确性，是必不可少的。但是，如果仅仅停留在这一进路，则不免流于枝节化、片面化、抽象化。另一方面，辩证思维对于超越界限、再现整体、把握过程无疑不可或缺，但是，如果完全撇开知性思维，则所谓辩证思维常常会变得空洞化、笼统化、程式化。人们批评辩证思维，其实往往不是辩证思维本身的问题，而是辩证思维游离于知性思维之后所发生的问题。宽泛而言，学术研究追求的是确定性，达到这种确定性，离不开辨析（分），由此，它首先也更直接地关乎知性思维；思想活动或理论探索则关注解释的普遍性或涵盖性，达到这种普遍性或涵盖性，需要跨越界限、走向整体，从而，它与辩证思维比较容易形成亲和性。在此意义上，知性思维与辩证思维的统一，也从一个方面为学术与思想的统一提供了某种担保。

近代以来，思想和学术的互动，与中西之学有着不解之缘。前面曾提到，中西之学各有自身的学术方面和思想方面：中学有中学的"思"与"学"，西学同样也是如此。然而，即使在广义的西学研究中，也存在学术与思想的分野：一些治西学者偏重学术，注重学术史层面的变迁沿革，西学领域中各种专家，如所谓亚里士多德专家、柏拉图专家、康德专家，等等，便每每表现出此倾向。与之相对，另一种倾向则是撇开整个西方思想发展的背景，抽取其中的所谓理论、方法、概念，这种抽象甚至采取寻章摘句的方式，往往并不能真正把握相关思想的内涵。如果说，前一趋向的特点在于重学术的历史而不重思想的逻辑，那么，后一趋向则相反，以思想的逻辑消解了学术的历史。事实上，把握西学同样离不开思想与学术的互动。以康德的思想而言，理解其哥白尼式的革命，需要从学术的角度，对此前哲学的历史衍化，包括经验论与唯理论之间的关系，加以考察。另一方面，如果仅仅限于学术的视域，如康德《纯粹理性批判》第一版和第二版在若干文字上的表述差异，等等，则同样难以深入地把握康德哲学的思想内涵。

进一步看，如前面已提及的，在"国学"和"西学"之辩中，思想与学术往往被分离开来：国学偏重于学术，西学往往和思想有着更多勾连。与之相联系的是不同的偏向，包括"以中释中"和"以西释中"。所谓"以中释中"，也就是限定于中国本身的传统文献，拒绝运用传统之外的其他观念，这种进路往往蕴含重学术而轻思想的趋向。"以西释中"虽然注意到西学的观念在理解中国思想中的意义，但常常由此走向极端，甚而以中国的思想迎合西方的观念，后者在实质上表现为重思想而轻学术。在这里，中西之学与学术和思想紧密地联系在一起，而处理好学术和思想之间的关系，则离不开对中西之学的合理定位。要而言之，从中西之学的关系看，一方面应关注中西之学各自所具有的思想和学术以及两者的沟通，另一方面又需要注重中学所具有的学术内容和西学所隐含的思想、理论、概念的框架，既以开放的视野看待二者的关系，又基于切实的考察以实现二者的合理互动。

从事人文社会科学的研究，无疑可以根据性之所近而在学术与思想方面有所侧重，但就总体而言，学术和思想，包括前面提到的义理和考据、实证和思辨、知性思维和辩证思维，中西之学，等等，无法截然相分。仅仅限于一端，往往导向学术和思想的歧途，两者之间的融合，则展现了更为合理的取向。

（原载《探索与争鸣》2017 年第 12 期）

# 历史中的经典[①]

## 一

谈到经典，首先涉及经典本身的内涵问题。在比较宽泛的意义上，可以将经典看作思想的载体，与承载思想相应，经典同时表现为文化或观念形态文化的核心。如所周知，中外历史上曾经出现过无数的典籍文献，但是并不是每一种典籍文献都可以成为经典，成为经典需要时间的检验和历史的选择。经典之成为经典，重要的原因在于它们以某种方式真切地反映了人对这个世界、对人自身的深沉认识和多样理解，并从不同的方面实际地影响文化的历史演进。

以上述认识和理解为内容，经典所包含的思想不同于一般意义上的知识，而是更多地表现为智慧的凝聚。这里涉及知识和智慧的关系。知识从宽泛的意义上说主要以经验领域的事与理为指向，所把握的是世界的各个特定领域或特定方面，所提供的主要是经验性的认识。这一意义上的知识都有自身的界限：如一般所知，现在自然科学的各个分支，从数

① 本文系作者于 2017 年在华东师范大学的演讲记录稿。

学、物理、化学，到天文、地理、生物，等等，每一学科都有自身的领域，并分别指向相关的对象，与此同时也形成自身的界限。

然而，世界在被各种知识形态分解为不同的领域之前，本身是一个相互关联的整体，世界的实在性无法离开其具体性、关联性。这样，要真切地认识和把握这个世界，仅仅停留在具有分解性、界限性的知识之上，显然是不够的。这里需要跨越知识的界限，由分门别类进一步合而观之。智慧的特点首先便体现在对知识界限的跨越，这种跨越与以道观之相联系，进一步引导人们走向真实、统一的世界。

知识的特点往往体现于对"是什么"的追问，在知识领域，"是什么"的追问同时与事实层面"真"的追求联系在一起。比较而言，智慧则不仅仅限于事实层面"真"的追求，而是在更广的意义上表现为对真善美的关切，后者同时又包含价值的内涵。在智慧的层面，人们常常会关心什么是好的生活，什么是人的理想存在形态，如何达到这样一种好的生活、理想的存在形态，等等，其中涉及成己与成物，包括成就何种自我、成就何种世界。以智慧为内涵，经典既注重"成就什么"，也关注"如何成就"，两者都包含规范性内涵：把握真实的世界关乎对世界的说明，而成就理想的世界则指向对世界的规范。由此，经典所凝结的智慧也从不同的方面切入了宇宙人生的深处。

如果仅仅从知识的层面看，则经典中所包含的若干内容在今天看来也许显得层次不高，有些方面甚至不免过时。事实上，在自然科学的知识领域如物理、数学、化学等方面，今天中学生所达到的知识水平可能已超过了以往一些思想家。但是，在智慧的层面，却显然不能这样说。以往的思想家通过深层的洞察、创造性的想象，以及基于自身的知和行而达到的对世界的理解，往往包含着创造性的智慧内涵，这种具有原创意义的智慧总是给后人以无尽的启迪。经典的意义正在于包含着上述丰富的智慧内涵。

与以上分疏相联系，今天重返经典，主要不是表现为获取某些特定的知识信息，而更在于回溯前人所经历的智慧历程。具体而言，通过阅读经典，人们可以了解以往的思想家如何提出问题、思考问题、解决问题，由此提升自身理解世界的能力。同时，所谓重回经典，也不是简单地返归某种静态的文本。在阅读经典之时，我们总是和经典背后的作者，也就是历史上重要的思想家，展开某种形式的对话，也就是说，通过阅读经典，我们同时穿越历史的时空，直接面对思想家本身。在这里，一方面，经典包含着解决今天所面临问题的思想资源，事实上，在人类的历史发展过程中，每每会面对一些共同的问题，经典则从不同的方面对这些普遍、共同的问题作了独特的回应，后者进一步为解决今天面临的问题提供了启示。另一方面，经典本身也蕴含着今天依然需要面对的问题：以往的思想家通过文本提出了后世需要面对的问题，这种问题同时又激发我们更深入的思考。可以看到，经典的意义不仅仅在于给我们提供某些现成的结论，在解读经典的过程中，我们一方面领略以往思想家的心路历程，另一方面又与历史上的思想家展开独特的对话、形成思想的互动。这里不仅有文字的解读，而且更有观念的激荡。在与以往思想家的这种沟通、互动中，可以不断走向智慧的深层，并由此推进对于世界以及人自身的理解。

从具体的解读过程看，这里涉及文本意义的再现与逻辑关联的重构之间的互动。解读与诠释经典既需要努力把握文本自身的意义，也离不开诠释过程中的逻辑重构。以儒家经典《论语》中讨论的"仁"和"礼"的关系而言，孔子所说的"人而不仁，如礼何"，"礼云，礼云，玉帛云乎"，等等，既在文本的意义上表述了"仁"和"礼"之间的不可分离性，又在逻辑的层面涉及价值观念的内在性和外在性的关系："仁"更多地侧重内在的实质，礼则同时指向外在形式。仁和礼之间的以上关系同时关乎实质层面的价值内涵与形式层面的规范意义之间的关系问题。当我们从以上角度去解释、分析仁和礼以及两者关系时，同时也在进行逻辑重构。儒家另一经典《孟子》中提出的性善说，从直接的文本涵义看，其中表达了对人性的理解：人性本善，或至少具有向善的可能，这一看法属广义上的人性论。但是，就内在的理论层面而言，孟子提出人性论并不仅仅是对人性作某种规定或解说，这些解说与他对成人过程的理解密切相关，并构成了其成人学说的出发点。从后一方面看，性善说的主要意义在于肯定人格的培养需要以内在的根据为出发点，不能将其单纯地视为外在强加的过程。与之相对，《荀子》一书对人性的讨论以人性本恶为预设，后者与荀子强调礼法对人的教化、约束在理论上彼此一致。从逻辑上说，既然人性本恶，所以人格的成就无法从内在根据出发，唯有通过外在的礼义教化，才能将人纳入合乎规范的形态之中。当我们从成人的整个过程去理解《孟子》的"性善说"和《荀子》的"性恶说"时，同时也就是在进行逻辑的重构。与文本的历史诠释一样，这种重构对于深入地理解经典，也不可或缺。

# 二

从其形成来看，经典总是与一定的文化背景、一定的民族、地域相联系，就此而言，经典呈现一定的空间性或地域性，后者赋予经典以某种特殊性的品格。但是，经典所包含的智慧内涵，同时又具有普遍意义：真正的经典总是同时构成了世界文化的共同财富，并呈现世界性的意义，这一点，中外经典，概莫能外。柏拉图的《理想国》是西方文化中的经典，其中讨论的重要主题是正义的问题，而对于社会正义的关切、对于个体权利的尊重，显然不仅仅对西方的古希腊有意义，而且也具有普遍的世界意义。孔子的《论语》是中国文化的经典，其中讨论的首先是仁道的原则，仁道的内涵在于肯定人之为人的内在价值，其意义同样不仅仅相对于中国的先秦时代而言，而是同时具有世界性。在不同的文化尚未相互作用的时候，这样的意义也许隐而不彰，但是，当不同的文化彼此相遇之时，历史就使我们有可能从更普遍的、世界性的层面，揭示不同经典所蕴含的意义。

从价值内涵来看，以往经典总是内在地隐含着多样的取向，其表达方式也带有历史的印记。这些价值取向和表达方式同时呈现特殊的形态。以《论语》中"君君、臣臣、父父、子子"的表述而言，从具体的内涵来看，这里体现了春秋时代政治体制及伦理关系中的内在价值取向，其中打上了历史的印记。然而，它同时也蕴含从普遍的文化层面加以阐释的可能。例如，可以从责任意识、义务意识的层面阐发以上表述内含的价值取向，揭示其中关于如何使个体充分地履行各自所承担的义务等看法。就具体概念而言，《孟子》一书中有"大体""小体"的表述，它们在形式的层面展示了具体的历史印迹。从现代的概念系统看，"大体"主要与"心之官"相联系，引申而言，与现代语境中的"理性"等范畴具有相通之处。相对于此，"小体"则更多地与人的感官相关联，在引申的意义上，它同时涉及感性等方面的规定。从以上方面看，"大体""小体"的关联，近于现代概念系统中理性与感性之间的关系，并关乎普遍意义上对人的理解，所谓"从其大体"，便意味着赋予理性以优先性，其蕴含的前提之一则是将人视为理性的存在。对这一类概念以及它所蕴含的意义，需要从历史性和普遍性两个层面加以理解。

从更广的视域看，在新的历史时代，一方面需要引入和借鉴西方历史演化过程中积累的文化成果，另一方面中国文化本身也要走出去，并进一步参与世界范围内的百家争鸣。不管是西方文化的引入，抑或中国文化的走出去，都既以其中内含的特殊内涵为背景，也以它们所具有的普遍意义为前提。

承认经典具有普遍的世界意义，同时也要求在阅读、理解经典的过程中形成开放的视野。眼界的封闭，常常会对经典的理解带来多方面的限定，而视域的扩展，则有助于更深入地敞开经典的意义，思想史发展的过程也昭示了这一点。如所周知，佛教的传入是中外文化史上的一件大事，佛教传入的意义有多重方面，从经典理解的角度看，则可以注意到，佛教传入之后和传入之前，中国思想家对经典的理解存在比较明显的差异。一方面，佛教进入东土之后，一些思想家往往有排佛的倾向，但另一方面，即使是排佛的思想家，自身也常常受到佛教的影响，后者具体地渗入于他们对以往经典的诠释之中。以佛学为背景的经典阐释，同时使经典本身获得了更多的意义向度。这种现象从历史的角度表明：外来的文化和民族文化之间的相互作用，可以深化和扩展对经典的理解。

不同文化之间的互动及其对经典理解的影响，今天依然可以看到。当然，今天所面临的问题已不是单一的佛教文化的引入，而是更广意义上西方文化的东渐。西学东渐这一思想背景，使我们可以在更广的文化参照视野之下，反观经典自身，从经典中读出以往的思想家们未能读出的新的意义。这里包含两个相互关联的方面：一方面，需要揭示经典中实际内含的世界意义或普遍意义，另一方面，又应以世界文化为视域，理解经典内涵。仅仅封闭、限定于单一传统，无助于理解经典的深沉内涵。

基于上述前提，对时下一些流行看法显然需要再思考。这些看法之一，即所谓"以中释中"，其内在意向在于以所谓纯粹传统的中国概念去理解中国的问题，净化一切其他观念。这种进路如果推向极端，无疑将形成自身的内在偏向，它与历史已经进入了世界历史这一背景，也彼此相悖。宽泛而言，理解和诠释与语言相联系，经典的现代诠释则离不开现代汉语，而在中西文化的互动中，外来语已逐渐输入并融入现代汉语。作为语言的特定形态，外来语并非仅仅是形式的符号，而是同时表现为思想的载体，其中多方面地渗入了外来的思想和观念内容，当我们用现代汉语去理解经典的时候，相应地也受到这种语言背后的深层观念和思想的影响，从而，试图以"纯而又纯"的中国已有观念去解释以往的经典，事实上已缺乏可能性。与狭隘的"以中释中"相对，王国维在20世纪初所倡导的"学无中西"观念无疑更值得我们关注。"学无中西"所体现的是世界文化的视野，它要求在世界文化的背景之下反观和理解多样的文化传统，包括历史上形成的不同经典。近代以来，中国的思想家在学术上的重要建树，与这一视野无法相分。从康有为、梁启超、严复、章太炎，到熊十力、梁漱溟、冯友兰，等等，其思想系统的形成，都在实质上基于"学无中西"的文化意识，尽管其中的一些人物以回归或延续儒学为学术旨趣，并对西方文化有各种批评，但他们对以往经典的诠释，在不同层面上都受到外来观念的影响，他们之被称为"新儒学"，缘由之一，也在于这种影响。

三

经典的世界性品格，同时又与其时代性特征联系在一起。如前面所提到的，经典本身构成了文化的重要方面，对经典的诠释则构成了文化沉积、文化再创造的内容。就中国历史中的经典而言，从先秦以后，对以往经典的解释便没有中断过，这样的回顾和诠释，在相当意义上构成了秦汉以后文化延续和生成的重要方面。这里可以一提的是朱熹的《四书章句集注》。一方面，该书表现为对《论语》《孟子》《大学》《中庸》等历史经典的解释，而在经典的这一解释过程中，解释经典的文献，即《四书章句集注》，本身也获得了经典的意义，并在相当程度上成为新的经典。在此，解释经典成为经典再创造的方式。作为新的经典，《四书章句集注》对尔后中国文化的发展产生了深远的影响。历史地看，中国文化本身并不是既定或一成不变的，而是具有生成性和开放性，其内容乃是不断地在历史过程中丰富和发展，而经典的诠释与新经典的生成，则构成了文化发展的重要形式。

中国文化今天依然面临进一步发展和创造的问题，在这一过程中，经典同样具有不可或缺的作用。从个体层面来说，经典具有人格塑造的意义，所谓通过经典阅读提高人文素养，便从一个方面反映了经典对人格的塑造作用。一方面，经典不仅为我们敞开了世界的图景，而且也赋予我们以进一步把握、理解世界的能力，另一方面，经典又不断引导我们形成合理的价值观念，由此进一步形成健全的人格取向。关注人文教育与经典的联系，无疑具有十分重要的意义。人文教育并不仅仅在于简单地增加某些方面或某些领域的知识，其意义更在于经受智慧的洗礼，这种洗礼既促使人在更广的视野中认识世界和人自身，也引导人基于更为深沉的价值意识去追求、创造真、善、美的世界，由此提高自身的综合素质。

从更广的社会层面看，经典构成了中国文化进一步发展、延续的思想前提。任何时代的文化发展都不可能从无开始，而是需要以已往的发展成果作为出发点。蕴含于经典之中的思想内容，便构成了我们今天生成中国文化新形态的重要思想资源。经典从过去延续、传承到现在，很多已逾千年历史，但对于生活在现代的人来说，它们却依然在不断展示其思想的魅力。作为历史智慧的沉淀和结晶，经典也构成了现时代文化发展与思想创作的背景和前提。经典之所以不断吸引我们加以回顾，其内在的原因之一，就在于它为每个时代新的文化创造提供了智慧之源。

从文化建构的层面理解经典，具体涉及学与思的关系。孔子很早就说过："学而不思则罔，思而不学则殆"，这里涉及的便是学和思的关系。所谓"学"，更多地表现为对已有认识成果的接受和掌握。相对于此，"思"更多地与创造性的探索相联系。在此意义上，学和思的统一，表现为接受、掌握已有文化成果与创造性探索的结合。在解读经典的过程中，我们不仅需要了解以往思想家们的思想和智慧，也需要在新的背景下展开创造性的思考。走向经典，既不同于无思考的被动接受，也有别于离开文本的悬思，如何将"学"和"思"结合起来，是回到经典的过程中需要时时关注的问题。

随着科学技术的发展和信息社会的到来，现代社会正在走向技术化、信息化。从日常生活到不同领域的社会实践，人们几乎处处面对技术及其多样产物，需要不断和各种技术及产品打交道，并受到这些技术及其产物的多方面制约。就信息之域而言，对各种数据、信息的关注，已逐渐成为日常生活和各类工作中的重要方面。技术的影响，往往容易产生对技术的依赖性，而信息的不断膨胀，又可能使人淹没在海量的数据中。从文本解读的角度来看，信息的这种不断膨胀，常常使这种解读走向实用化、碎片化。人们曾经赞美"手不释卷"的苦读，然而，现代人似乎更多地表现为"手不释机"（计算机、手机），其日常所知也主要不是来自书卷，而是源于各类电子信息，人自身则往往为这些数据所左右。

基于大数据，由某一关键词引出相关的信息，逐渐成为人们解决各类问题的日常习惯。在学术研究的领域，这样的习惯延续之后，容易使人成为按图索骥、寻章摘句的文化工匠，而不再是自由的思想者。从更广的视域看，对数据的依赖，则往往使人成为信息的附庸。概而言之，现代社会往往面对如下的历史张力：一方面，新的历史时代不断呼唤各种真正具有智慧的创造者，这种创造者不仅需要拥有某一或某些方面的专门知识，而且应当具有深层智慧。另一方面，技术化、信息化的膨胀发展，又常常使人追求各种实用性的知识和信息；网络、手机的阅读方式，则进而使人习惯于实用化、碎片化的阅读，这种实用化、碎片化的信息获取方式，往往压倒了智慧之思。

化解以上张力的可能途径之一，是重新关注经典。前面已提到，经典本身包含某种规范性，其中蕴含的观念具有引导性的意义，这种引导作用既体现于日常生活以及前文所说的成就人格，也体现于引导人不断回应时代的问题。在技术化、信息化的背景下，经典可以让人们知道，在外在的纷繁现象之后，还有着更为深层、更为丰富的存在，同时，它也可以引导人们逐渐摆脱信息、技术的支配，真正成为信息和技术的主人。这一过程既以走向经典为形式，也以回归智慧为实质的指向。

（原载《贵阳学报》2018 年第 3 期）

# 浙学概说

一

　　考察浙学，首先需要对"浙学"这一概念作必要的分梳。所谓"浙学"，大致可以从狭义和广义二重维度加以理解。狭义上的"浙学"与朱熹提出的"浙学"概念相关，这一视域中的"浙学"所涉及的主要是宋代的特定学派。广义上的"浙学"则既在时间上不限于宋代（不仅应向前追溯，而且需往后延伸），又在内涵上更为宽泛。这里需要将广义的"浙学"与"浙东学派""浙东史学"等学派形态作一区分："浙学"首先关乎地域性，可以视为"浙"地形成的各种学术和思想的统称，相形之下，"学派"则有自身的宗旨、学脉的前后传承，所谓"浙东学派""浙东史学"以及"永康学派""永嘉学派"等，便属于后一意义上的学派。章学诚在《文史通义》中谈到"浙东学术"时，主要便着眼于其在学派意义上的内在脉络："浙东之学，虽出婺源，然自三袁之流，多宗江西陆氏，而通经服古，绝不空言德性，故不悖于朱子之教。至阳明王子，揭孟子之良知，复与朱子抵牾。蕺山刘氏，本良知而发明慎独，与朱子不合，亦不相诋也。梨洲黄氏，出蕺山刘氏之门，而开万氏弟兄经史之学；以至全氏祖望辈尚存其意，宗陆而不悖于朱者也。"[1] 不难看到，这里的浙东之学，一方面被赋予兼容并包的学术取向：朱陆之学皆为其所纳，另一方面又主要以心学为其思想主脉，后一意义上的浙东之学，与基于地域的广义"浙学"形成了某种对照。

如上所述，朱熹与"浙学"这一概念具有比较独特的关系，一方面，他比较明确地提出"浙学"这一概念，另一方面又对其作了狭义的理解，认为"浙学却专是功利"[2]，这一理解中的"浙学"，指向的主要是宋代事功之学。不过，从地域性的角度看，"浙学"的内涵显然不限于朱熹所界定的与事功相关的学术思想。事实上，即使在宋代，"浙"地除事功之学之外，还有吕祖谦、张九成等具有理学趋向的思想家，在宋代之前以及宋代之后，"浙"地之学更呈现复杂多样的形态。就此而言，"浙学"显然并不限于事功之学。

从时间之维看，"浙"地之学并不限于某一个特定的历史阶段。"浙学"的开端可以追溯到汉代的王充：王充无疑可看作是"浙"地之学早期的重要代表人物。王充之后，"浙学"又经历了相当长的演化过程，至近现代，"浙"地之学依然代有人出，诸如章太炎、王国维、马一浮等，均为其选，到晚近，尚有金岳霖、冯契等当代学人。尽管与近现

---

① 章学诚：《浙东史学》，《文史通义校注》，中华书局 1985 年版，第523 页。

② 朱熹：《朱子语类》卷一百二十三，《朱子全书》第十八册，上海古籍出版社、安徽教育出版社 2002 年版，第 3873 页。

代学术活动在空间上的扩展和地域性的突破相应，近现代及当代"浙"地学人的学术活动在地域上已不限于"浙"地，但从其学术风格上，仍可以看到"浙学"的某种印记。

就历史的角度而言，"浙"地的学术衍化有其独特性。如所周知，齐鲁之地在孔孟荀之后，似乎既没有出现气象和格局较大的学派，也未能持续不断地产生具有创造性、系统性和广泛影响的思想家。宋代后，洛学、闽学、关学、蜀学、湖湘之学等先后而起，但其关注之域较为限定，而且除开创者之外，后续也较少形成重要的、有原创性的思想家。与之有所不同，"浙"地之学呈现某种持续发展的态势。除了宋代的婺学或金华学派、永康学派、永嘉学派、张九成的横浦心学以及杨简、袁燮、舒璘、沈焕等所代表的四明学派等之外，宋以后，明代的王阳明以及浙中王门，明清之际的刘宗周、黄宗羲，清代的章学诚，近代的章太炎、马一浮，直到金岳霖、冯契等具有现代意义的重要学者，都可以视为广义的"浙学"的不同代表，这样不绝如缕、代有人出、延至现代和当代的地域性学派，确实较为少见。从气象的博大、学术的创造性、延续的历史持久性以及涉及的广度等方面看，"浙"地之学在整个中国文化演进中无疑具有独特的地位。

## 二

当然，以"浙"这一地域来命名"学"，还只是以地域性概念涵盖学术思想，仅仅关注这一方面，往往会显得头绪纷繁。历史地看，在学术思想的衍化中，地域性与学派性常常彼此重合，如宋代理学的关、闽、洛之学，其形成之初便既涉及相关地域，也关乎同一学脉，尽管其后学未必在地域上同属一地，但学脉上却前后相续，与之相应，对以上诸种学派的考察，也较易把握其学术理路。"浙学"与上述学派显然有所不同，它在呈现地域性品格的同时，并不存在单一的学派传承。从学术趋向看，同为"浙"地之学，有的侧重于哲学，有的偏向历史，其中的学术进路、学术方向也各有不同，即使在哲学之域，也有理学、事功之学等分野。这样，从什么方面把握"浙学"的内在脉络，使之呈现多样而不杂乱的形态，便是需要关注的问题。这里，可以从浙学的为学特点或精神取向上，对此作一大致的考察。概要而言，从王充到现当代的"浙学"人物，其总体的学术特点体现于如下几个方面。

首先是批判意识。对以往思想，"浙学"往往不是简单地认同，而是注重批判性的回顾，从汉代的王充开始，便展示了这一学术进路。王充著有《问孔》《刺孟》，对当时已被奉为正统的孔孟之学提出种种质疑。在王充看来："伐孔子之说，何逆于理？"[1] 而他确实也根据事实和逻辑，对孔子的诸种言论提出了种种异议。宋代的陈亮与叶适，对同时代的理学同样也有多方面的批评，如叶适便责难理学"专以心性为宗主，致虚意多，实力少，测知广，凝聚狭，而尧舜以来内外交相成之道废矣"[2]。明代王阳明的心学虽然也属广义的理学，但对正统的理学却呈现不同的哲学立场：其

---

[1] 王充：《问孔篇》，《论衡》卷九，岳麓书社 2006 年版，第 114 页。
[2] 叶适：《习学记言序目》卷十四，中华书局 1977 年版，第 207 页。

心学事实上已偏离了以朱熹为代表的正统理学。黄宗羲不仅对宋元明的思想史作了反思，而且提出了工商皆本的观念："世儒不察，以工商为末，妄议抑之。夫工固圣王之所欲来，商又使其愿出于途者，盖皆本也。"① 以上看法无疑包含着对传统儒学思想的某种责难。章学诚在乾嘉考据学盛行的清代，另辟思想路径，其中也蕴含对当时主流学术的不认同。同样，章太炎对维新派的批评，构成了近代思想的重要景观，直至现代，金岳霖对西方哲学史上的"唯主"观念以及休谟因果观的质疑，也成为其自身哲学创造的前提。批判性和创造性往往联系在一起，浙学以注重学术创造性为进路，这种学术创造同时以对以往思想的批判为前提。

"浙学"的第二个特点是注重理论的思辨。王充尽管常常被称为经验主义的代表人物，但是在其哲学中，同时也可以看到对多样问题的理论分疏，如以天道自然无为驳斥目的论，主张"不徒耳目，必开心意"②，肯定认识过程中感性与理性的互动，都展现了独到的见解。宋代的事功学派同样不是简单地提出功利的观念，而是形成了一套理论的系统，从政治的运行，到社会的演化，都作了理论上的说明。王阳明心学在理论的建构和理论的思辨方面，达到了更为显著的深度，他在心物关系上实现的形而上学转向，以良知融合心与理，从过程的层面肯定知与行的统一，可以视为哲学思辨的不同体现。清代的章学诚、近代的章太炎所展示的学术与

① 黄宗羲：《明夷待访录·财计三》，《黄宗羲全集》第一册，浙江古籍出版社1985年版，第41页。

② 王充：《薄葬篇》，《论衡》卷二十三，岳麓书社2006年版，第296页。

思想的统一，金岳霖所建立的现代哲学体系，当代冯契以智慧说对马克思主义哲学、中国哲学以及广义西方哲学的会通，都从不同方面展现了"浙学"的以上特点。

"浙学"的第三个特点，呈现为现实的关切。从思维趋向看，"浙学"注重理论思辨，但并未由此导向抽象的玄思。王充的"疾虚妄"[①]，陈亮、叶适对经世致用的注重，都体现了现实的关切。即便在王阳明那里，其思想似乎主要呈现为抽象形态的心学，但其中依然可以看到多重意义的现实关怀。王阳明不仅实际地参与了事功的现实活动，而且提出了"事上磨练"的涵养观念，肯定知与行的统一，强调真知需落实于行，等等，都从不同方面展现了现实的关切。章学诚将经理解为器，以为道即内在于六经之器中："圣人即器而存道。"[②]"道不离器，犹影不离形。"[③] 与道不离器的观点相应，章学诚强调即器而明道，而由器言道的逻辑前提，则是确认道内在于现实存在。章太炎对近代社会变革的关注，也从不同维度体现了现实的指向。可以说，理论的思辨和现实的关切相结合，构成了浙学的特点。

"浙学"的第四个特点，体现于历史的观念。王充的哲学系统在逻辑上发端于对以往思想包括先秦儒学的反省，这同时也从思想史的层面，展现了历史的意识。陈亮等对历史上的英雄豪杰一再推崇和赞赏，王阳明、章学诚提出六经皆史之说，黄宗羲对宋元明儒学历史的梳理，以及后来进一步

---

① 王充：《佚文篇》，《论衡》卷二十，岳麓书社 2006 年版，第 266 页。
② 章学诚：《原道下》，《文史通义校注》，中华书局 1985 年版，第 138 页。
③ 章学诚：《原道中》，《文史通义校注》，中华书局 1985 年版，第 132 页。

发展出来的浙东史学，等等，都从不同角度体现了"浙学"中的历史意识。现实的关切既与理论的思辨意识相关，也与历史的观念相关，在浙学中，以上方面内在地关联在一起。

要而言之，批判的意识、理论的思辨、现实的关切、历史的观念，从总体上构成了"浙学"的内在特点。不同历史、不同时期的"浙"地学人尽管学术面目各异，思想兴趣不同，所致力的具体学术思想领域也不尽一致，但在其思想系统中都或多或少体现了以上四重特点。当然，"浙学"中的人物往往也呈现自身的学术侧重：一些学人可能突出了上述诸种特点中的某一方面，另一些人物则或许更为侧重其中的另一方面，但从总体上看，他们在展现某一方面特点的同时，并不完全忽略其他方面。这里既有不同的理论侧重，又有共同的理论关切，或者说，在呈现各自特点的同时，又具有共同的理论趋向。

前面已提及，"浙学"涉及多样的人物和学术进路，并且派中有派，其形态复杂而多样。要将如此纷繁的"浙学"加以整合，使之呈现具有内在学术脉络的系统，便需要揭示其中内含的共同的学术精神，展现其"家族相似性"，以避免因简单罗列而引向理解方面的杂乱无序。就实质的方面而言，以上所论"浙学"的特点，在一定意义上体现了"浙学"之为"浙学"的内在风格，关注这些普遍特点，同时也为展示其学术脉络提供了可能的进路。

进而言之，就"浙学"与中国文化或中国思想的关联来说，中国文化或中国思想不仅有主流，而且有支脉，在总体上呈现多重面向的结构，这种多重性同时展现了中国文化的丰富性和多样性。"浙学"所包含的诸种学派和人物，从中国文化或中国思想的角度看，常常处于边缘性的地位；同时，它往往挑战主流思想，呈现某种异端色彩，在整个"浙"地之学中的重要人物或其中的不同派别中，都可以看到以上这一点。事实上，作为主流中的支脉，"浙学"每每通过挑战主流思想的方式，显示自身的学术品格：王充挑战当时主流的经学，事功学派挑战主流的儒学，王阳明挑战正统的理学，章学诚挑战主流的乾嘉学派，等等。直到近现代，马一浮的思想也蕴含着对西学思潮的某种挑战。可以看到，以有别于主流的独特方式延续中国文化和中国思想，构成了浙学的个性特点。综合而言，异于主流之学的取向与批判性、理论思辨、现实关切、历史观念的相互融合，使"浙"地之学的学术进路具体地突显了其自身的学术品格，后者同时也从一个侧面展现了中国文化或中国思想的丰富性、多样性。

# 再思中国哲学[①]

宽泛而言，理解中国哲学与理解广义的哲学无法分离，"何为中国哲学"与"何为哲学"也构成了在逻辑上彼此相关的两个方面。在面向智慧的多样探索中，哲学同时又呈现不同的形态，中国哲学既包含作为哲学的普遍形态，也内含自身的特点。与之相联系的是认同与承认的互动。认同以肯定中国哲学的普遍性品格为指向，承认则侧重于把握中国哲学的独特形态。从具体的进路看，对中国哲学的理解，同时涉及史与思以及中西古今的关系，后者也是中国哲学在今天延续和发展过程中所无法回避的问题。

一

以智慧为把握世界的形式，哲学首先相对于知识而言。在形式的层面上，哲学则具体展开为运用概念的理论性活动。德勒兹在《何为哲学》（*What is Philosophy*）一书中指

---

① 本文系作者于 2017 年 6 月在"全球语境下的中国哲学范式与价值国际学术研讨会"上的发言记录。

出："哲学是涉及创造概念（creating concepts）的学科。"①
诺齐克也提到，哲学家总是偏爱推理，② 而推理的过程便包
括运用概念进行论证。这些看法从形式的层面，注意到了哲
学的特点。

中国哲学虽然没有 philosophy 意义上的"智慧"这一概
念，但是很早就有了关于性与天道的探索，这种探索后来被
概括为性道之学，并与专门之学相区别。专门之学主要以
"器"和"技"为追问对象，性道之学则更多地表现为对形
而上之"道"和人自身存在的思考。在超越以分门别类的
方式从事技术、器物层面的研究这一点上，性道之学和智慧
的追问无疑具有相通性。历史地看，儒家讲道器之辩，认为
"形而上者谓之道，形而下者谓之器"（《易传·系辞上》）。
这里的"器"是经验领域的对象，与之相对的"道"则不
限于经验层面，无法以分门别类的方式去把握。道家肯定
"技进于道"，其中的"技"也主要与经验之域相联系，所
谓"技进于道"，则意味着对世界的理解应从经验领域的
"技"，提升到"道"的层面。"器"与"道"之辩、"技"
与"道"之别，都包含着知识性或经验性探求与"道"的
追问的区分。

从形式层面说，一般认为中国哲学比较注重直觉、体
验，这种看法当然并非毫无根据，但从更普遍的层面看，中
国哲学同样未离开运用概念的过程。从中国哲学不同学派的

---

① Gilles Deleuze and Felix Guattari, *What is Philosophy?*, Translated by Graham Burchell and Hugh Tomlinson, Columbia University Press, 1991, p. 5.

② R. Nozic, *The Nature of Rationality*, Princeton University Press, 1993, p. xi.

区分中，便不难注意到这一点。如所周知，中国哲学从先秦开始，便形成了不同的学派，而学派的区分往往基于其核心的概念。以先秦的儒家和墨家而言，《吕氏春秋》已提到，"孔子贵仁"，"墨翟贵兼"（《吕氏春秋·不二》）。"仁"和"兼"即属儒、墨两家的核心范畴，正是这种核心范畴，赋予儒、墨以不同的思想品格。从学派内部来说，其不同人物之间的区分，也与基本概念的运用难以分开。儒家之中有孟、荀的不同进路，而其思想的分野，便与他们运用的不同概念，如性善、性恶等相联系。从更宽泛的意义上说，从"道器"到"理气"，从"有无"到"体用"，从"心性"到"知行"，等等，中国哲学所运用的概念展现于不同的方面。同样，先秦的名实之辩，魏晋的辨名析理，佛教传入之后的名相辨析，等等，这些思想衍化和传承都与概念的运用相关联。

以上考察从正面或肯定的方面表明，中国哲学在形式层面和实质层面上，都与哲学之为哲学的一般品格之间具有相通性。从反面或否定性的方面看，同样可以注意到以上的相通性。所谓反面或否定性的方面，主要关乎哲学可能出现的不同偏向。中国哲学衍化过程中出现的某种偏向，与一般意义上的哲学可能出现的偏向，每每呈现相通性。前面提到，哲学从形式层面来说，表现为运用概念的活动。然而，如果把注意之点仅仅集中于运用形式层面的概念之上，而对哲学之为智慧之思或性道之学所具有的内在特点缺乏充分的关注，便可能使哲学等同于语言分析，这一趋向在 20 世纪初以来的分析哲学中，便表现得十分明显。尽管分析哲学有其值得重视的方面，但就总的进路而言，它往往限定于语言之域而或多或少悬置了智慧的追问这一实质层面的哲学品格。历史地看，这种趋向在中国哲学中也不难注意到。中国哲学之中很早就存在注重名物训诂的进路，从汉代的经学到清代的学术都可以看到这一点。这一路向在关注名物训诂的同时，往往与性道之学彼此悬隔，从某种意义上说，它与前面提到的分析哲学以语言分析为主要内容而疏离智慧之思，具有相通之处。在时下的中国哲学研究中，也经常可以看到追溯语义的趋向，如谈到某一概念，便动辄回溯相关语词的原始语义，其具体方式包括考察金文、甲骨文（如果有该字）中的构字形态、本来涵义，等等。语义回溯当然不失为理解中国哲学某些概念涵义的一个重要方面，但是如果整个研究过度依赖这种语义分析和语义追溯，甚而由此将此种方式作为研究的主要进路，则显然容易导致类似分析哲学的问题。

在实质的层面，如前所述，哲学以智慧追问作为其进路，而智慧的探索与严密的概念辨析和逻辑的推论又难以分离，智慧的追问如果脱离了概念的辨析和逻辑的论证，往往可能导向思辨化，在今天现象学的某些研究趋向中，便可以看到这一点。中国哲学的研究中也每每存在类似的倾向。以道家的考察而言，其中一些哲学概念如"无"常常被置于现象学的视域之下，与之相联系的是所谓"无之无化"这一类探究，这种讨论常常显得玄之又玄，看似高深莫测，实则近于概念游戏。中国的艺术有烘云而托月的表达方式，在借用和引申的意义上，哲学研究领域中的"烘云"可以视为思辨的渲染，"托月"则应表现为哲学真实意义的展示。然而，在脱离了概念辨析和逻辑论证的研究中，往往有"烘云"而无"托月"：思辨的渲染固然常常浓墨重彩，但真正的哲学意义却难以使人了然。这种趋向从一个侧面展现了哲学的思辨化趋向，它与前面提及的形式上的偏向相反相成，从实质的层面表现了中国哲学研究中的某种歧途。要而言之，从正面说，中国哲学具有哲学的普遍性品格；从反面看，它也内含哲学可能导向的某种限度或某种偏向，后者从反面或者否定性的方面表现了中国哲学所具有的普遍的哲学品格。

二

当然，中国哲学既包含哲学之为哲学的普遍性品格，也有自身的独特形态。从实质的方面看，不管以智慧之思为形态，还是表现为性道之学，哲学都关乎天道和人道。但比较而言，中国哲学更多地关注人道这一层面，往往由人道而把握天道，即使是考察天道，也每每是为了给人道提供某种形上的根据。同时，哲学都关切真善美，并追求真善美的统一。但相对地看，在中国哲学中，真与善之间的统一得到了较多的肯定，儒家讲"仁智统一"，便从一个侧面表现了沟通真和善的趋向。与之相联系，中国哲学很少在纯粹理性意义上追问普遍必然的知识如何可能这一类的问题。

从形式层面的推论方式和表现形态看，可以区分形式的推论和实质的推论、形式的系统和实质的系统。形式的系统和实质的系统的区分是冯友兰提出来的，从这一区分着眼，则如一般所注意到的，中国哲学比较注重实质的系统，而相对忽略形式系统。就推论方式的分别而言，形式推论主要是基于命题之间的逻辑蕴含关系而展开的，实质的推论则更多地根据相关对象实质的关联，它所关注的，也主要是对世界的实质层面的说明。关于实质推论的形态和意义，当代的一些哲学家，如塞拉斯、布兰顿都有所讨论。相对来说，中国哲学更注重实质的推论，而不是形式的推论，在中国哲学的具体论辩中，也常常可以看到这一点。如孟子曾认为，"无恻隐之心，非人也"，从单纯的形式层面看，"恻隐之心"在逻辑上并不蕴含"人"的概念。但是从实质层面看，按照儒家的理解，"恻隐之心"是人之为人的本质规定，相应地，如果缺乏这种规定，便不成其为人。这种推论，显然更多地侧重于实质的层面。从推论的意义看，这里同时可以对实践意义上的有效性（practical effectiveness）与逻辑意义上的有效性（logical validity）作一区分。逻辑意义上的有效性一方面表现为命题的可讨论性和可批评性，另一方面又体现于前提与结论、论据与论点等关系，并以论证过程之合乎逻辑的规范和法则为其依据。实践意义上的有效性（effectiveness）则以实践过程所取得的实际效果来确证，并主要通过是否有效、成功地达到实践目的加以判断。中国哲学更多地注重推论的实践效果，墨家在谈到论辩时，便认为其目的主要在于"明是非之分，审治乱之纪，明同异之处，察名实之理，处利害，决嫌疑"（《墨子·小取》）。这里所说的明是非、审治乱、处利害、决嫌疑所指向的，都属论辩的实际社会效应。对推论、辩说的如上理解，从形式的方面构成了中国哲学的重要特点。

可以看到，中国哲学内含自身的独特品格，需要从其自身系统出发去加以理解，仅仅以抽象的普遍范畴谈中国哲学，往往既无法把握中国哲学的本来形态，也难以理解中国哲学自身的内在特点。

三

　　与中国哲学所具有的普遍性与独特性两重品格相联系，在如何对待中国哲学的问题上，也涉及两个方面，其一为认同，其二是承认。

　　所谓认同，就是肯定中国哲学中内含哲学之为哲学的一般品格，并注重从中国哲学的特殊表述方式以及中国哲学特有的概念、命题中，揭示其蕴含的普遍哲学意义。以"命"这一中国哲学的概念而言，其中既涉及必然性或必然的趋向："制天命而用之"（《荀子·天论》）中的"命"，便有必然之意；又与偶然遭遇相涉："节遇之谓命"（《荀子·正名》）中的"命"，即内含偶然之维。与"命"的以上二重涵义相应，中国哲学对"命"的讨论，也关乎必然与偶然的关系。

　　在中国哲学中，"命"同时又与人的存在相涉。孟子曾指出："莫非命也，顺受其正，是故知命者不立乎岩墙之下。尽其道而死者，正命也；桎梏死者，非正命也。"（《孟子·尽心上》）在此，一方面，"命"展现为某种具有必然性的一般趋向，站在将要倒塌的墙之下，便有危险，违反法规，便将受到惩处，等等，这是一般的存在趋向，懂得以上趋向，便不应故意站在危墙之下，也不应有意触犯法规。所谓"尽其道而死者，正命也"，也就是顺乎命所蕴含的普遍趋向；"桎梏死者，非正命也"，则是无视这一点，从而"死于非命"。对中国哲学而言，"命"作为必然趋向，为人自行选择合理的存在方式提供了根据；"命"作为偶然的遭遇，则非人能左右：人在何时何地将有何种遭遇，这既无法事先预料，也非人能完全控制。以命解释社会变迁和个人的境遇，既关乎必然与偶然的相互作用，也涉及人的力量及其限度，后者同时关乎人的自由。可以看到，"命"这一概念固然呈现独特的中国哲学形态，但其中又蕴含着必然、偶然以及人的自由等普遍的哲学内涵。

以上考察从一个方面表明，在中国哲学的研究过程中，应关注其独特概念中蕴含的普遍内涵，而非自我划界、自我悬离、自我隔绝，以特殊拒绝普遍，使中国哲学游离于哲学这一共同体之外。"认同"所肯定的，便是以上方面。与"认同"相联系，需要将前述"性道之学"所内含的哲学意蕴，以现代可以理解的方式展示出来，使之成为在世界哲学的视域中可以理解、讨论、批评的对象，并进一步参与世界哲学的建构。

相对于"认同"，"承认"更侧重于把握中国哲学所具有的个性特点。以智慧为指向，哲学同时表现为对智慧的多样化、个性化追求，中国的"性道之学"作为智慧之思的独特形态，同样包含内在的个性品格。在考察"性道之学"时，需要特别关注其中哲学问题的具体内涵、表达的特定形式、讨论时所运用的名言和概念所具有的独特意义和意味，等等。所谓"承认"，既意味着哲学可以取得多样的形态，也意味着充分地注意以上的独特性。质言之，它要求在肯定智慧探索的多样性的同时，揭示中国哲学的独特品格。

在中国哲学的研究过程中，"认同"和"承认"不可偏废。一方面，需要把握中国哲学之为哲学的普遍品格，另一方面，又应当揭示哲学在中国哲学中的特定表现形态。认同和承认的统一，可以视为对待中国哲学的合理取向。

四

与普遍性的品格和独特形态相联系的，是中国哲学所内含的既成性和生成性的统一。所谓"既成性"，主要涉及中国哲学在历史上已取得或已经完成的历史形态，今天经常讨论的先秦哲学、两汉哲学、魏晋玄学、隋唐佛学、宋明理学，等等，都呈现为在历史上已经完成了的既成形态。但是，另一方面，中国哲学又具有生成性，即它不是一开始就已经存在的形态，而是在历史过程中经历了不断生成、发展、演化、丰富的过程。历史中的哲学思想在成为特定的历史形态之前，首先是一种创造性的哲学理论，是一定时代的哲学家通过创造性的思考建构起来的理论系统，这一点也与中国哲学所具有的普遍的哲学品格相呼应。先秦的儒家、道家、墨家等中的代表性人物的思想系统现在固然被视为历史对象，但这些思想系统最初乃是作为理论形态而呈现，这样的理论生成在整个历史过程中没有中断过：在前面提到的两汉哲学、魏晋玄学、隋唐佛学、宋明理学中，中国哲学都以新的理论形态出现，尽管这种建构通常通过解释以往哲学的方式来展示出来，但这并不妨碍其中包含创造性的思想。哲学历史本身是哲学理论的一种延续，而哲学理论又以历史的发展作为前提，这两者在历史上总是相融、交织在一起，对真正意义上的中国哲学而言，哲学理论和哲学历史总是不能截然分开。不断生成的理论在历史长河中逐渐凝结为既成的形态，这在广义上表现为史和思之间的相互作用，与之相应，既成性和生成性之间的相关性，也可以看作是史和思两者之间的互动。

以中国哲学的以上品格为背景，对中国哲学的理解也需要有两种视野，即哲学家的视野和历史学家的视野。广而言之，在哲学研究中，历史视野和哲学视野都不可或缺。作为对象的中国哲学本身首先是理论，是历史过程中不断生成的创造性思想系统，与之相联系，如果研究者缺乏一定的理论视野，那么，对哲学系统内在理论意义的理解就会受到限制。同时，中国哲学又是呈现于历史过程的既成形态，对其理解相应地也需要历史的视野。传统的中国思想史有"六经注我"和"我注六经"两种进路，从现实的研究过程看，在考察以往思想学术之时，这两种进路并非截然分离，而是相互联系。两者的这种相关性，与前面提到的哲学家的方式和历史学家的方式之间的互动，在实质上彼此呼应。

如前所述，中国哲学本身具有生成性，这种生成过程在今天并没有中断，而是依然在延续。这一事实表明：不能仅仅将中国哲学史作为一种既成或已经完成了的形态来对待，而是应同时关注中国哲学在今天的生成和延续，后者具体表现为中国哲学的当代建构。中国哲学的这一建构过程，始终包含着史和思、既成性和生成性之间的互动和交融。

历史地看，不管哪个时代的哲学家，其建构自身哲学系统的过程总是交织着上述既成性和生成性、史和思之间的互动。以朱熹的哲学而言，一方面，朱熹注重对以往经典的整理、注解，其中包括对历史中既成理论系统的理解以及对历史上各家注疏的消化、吸纳和回应；另一方面，他又对相关哲学问题作了独特的阐发，对儒家思想也作了新的推进。正是在史与思的以上互动过程中，形成了朱熹哲学的独特的形态。这一事实从一个方面表明，中国哲学的生成过程本身就是在史和思、以往思想的传承和新的创造性思考之间的互动中展开的。今天，在新的历史背景之下延续中国哲学，同样也需要以史和思的互动为进路。具体而言，这一过程既应对以往的哲学认真对待、深入地思考和消化，又要以此为前提，进行创造性的、新的哲学思考。中国哲学以往的历史是这样衍化的，今天延续中国哲学的以上衍化过程，依然需要基于以上视域。

以上两个方面的统一，既意味着使中国哲学的研究成为"有哲学"的历史，从而不同于单纯的思想史，也意味着使中国哲学的研究成为"有历史"的哲学，从而不同于疏离传统的思辨构造。

## 五

近代以来，西学的东渐以及与之相关的中西之辩，逐渐成为考察中国哲学的基本历史背景。从思想演化的角度看，"中西"关系的背后，实质上是"古今"关系。"中西"是一个地域性的观念，执着于"中西之辩"，便难以摆脱带有地域性的理论视野，而当我们仅仅局限于地域性的观念时，则容易徘徊于"以中释中"和"以西释中"之间。"以西释中"往往引向以西方哲学的概念和理论框架裁套中国哲学，"以中释中"则意味着将中国哲学本身凝固化、绝对化并使之限定于这种被凝固化的形态之中。

从中国哲学本身具有生成性并不断面向未来这一角度看，更值得关注的是"今"的问题。在观念的层面，"古今"关系中的"古"，可以看作是思想形成的历史背景和思想本身的历史延续，"今"则表现为在一定的历史背景和历史延续中形成的新的理论形态，这种历史背景和历史延续在当代的表现形态涉及中西哲学的交汇。在中西哲学的交汇中所形成的理论形态一方面关乎多方面的哲学智慧和哲学资源的运用，另一方面在其形成之后，又构成反观以往哲学的前提。这一意义上的"今"，既是一个具有综合性的概念，也是一个历史的概念，而古今的互动则同时取得了"以今释古"的形式。此所谓"以今释古"，也就是从哲学理论在今天所呈现的形态出发考察以往哲学。广而言之，研究哲学应以今天达到的理论思维成果为反思的前提，同样，考察以往的哲学（包括中国哲学的历史），也需要基于今天达到的理论思维成果。以中西哲学的交融为前提，以上论域中"以今释古"的内在意义，在于以融合中西为哲学视域理解历史中的哲学。

从中国哲学的演进看，每一时代事实上都有每一时代的"今"：先秦有先秦之"今"，两汉有两汉之"今"，魏晋、隋唐、宋明也都有自身之"今"。在隐喻的意义上，一定时代的"今"，可以视为那个时代的理论资源以及运用这种资源进行创造性研究而形成的某种理论形态。佛教传入之后，佛教的一些理论观念曾构成了此后各个时代之"今"生成的思想资源。相对于以往不同形态的"今"，现时代之"今"的特点就在于同时受到西方哲学的影响。对现时代之"今"的这一特点，可以从历史的角度从容面对，而无须执着于"中西之分""中西之辩"。事实上，如何从"中西之辩""中西之分"这种带有地域性的视野进一步转向更广背景下的哲学思考，关注于理论本身的古今延续和转换，乃是今天需要进一步思考的问题。

从世界范围看，中西哲学之间目前可能存在某种不对称或不平衡。就本然而言，二者的相遇既是中国哲学面临的背景，也是西方哲学需要面对的问题，而通过中西哲学的交汇在理论上形成当代之"今"，则应当是中西哲学共同的历史使命。然而，当中国哲学以不同方式关注西方哲学时，西方的主流哲学却基本上将中国哲学置于视野之外，其所理解之"今"，也并没有在实质的意义上包含中国哲学的资源。在未来的哲学演进中，当西方的主流哲学家真正意识到东方哲学包括中国哲学内含不可忽视的哲学智慧之时，其理解的哲学之"今"，也将相应地包含中国哲学的理论资源，而中西哲学则由此可在更广的意义上成为哲学之思的共同资源。

从"古今之辩"的角度去理解中西哲学，同时蕴含着"学无中西"的观念。"学无中西"由王国维在 20 世纪初明确提出，这种观念在今天依然有其意义。就哲学之维而言，"学无中西"同时可以理解为"世界哲学"的视域。这里所说的"世界哲学"，并不是某种单一的哲学形态，而更多地指哲学的世界意义。从实质的层面说，每一种真正的哲学，都具有世界性的意义。历史地看，柏拉图、亚里士多德的哲学便包含世界意义，孔子、庄子、老子的哲学也内含同样的意义，今天在回溯这些哲学系统时，揭示其中具有普遍的世界性意义的内容，无疑也是题中应有之义。当然，在不同的文明形态、不同的哲学传统尚彼此隔绝的时候，这种世界性的意义往往难以真正彰显，但在历史进入世界历史之后，哲学的世界意义便开始逐渐敞开。从今天的哲学衍化看，通过创造性的思考而形成的哲学思想，也具有世界意义，这种世界意义同时又通过多样的形态表现出来。在这里，哲学的世界意义和哲学的多样形态乃是并行而不悖。

揭示或展示中国哲学的世界性意义，相应于前面提到的哲学的普遍性品格；以不同的形态展示这种世界意义，则与哲学的多样性、特殊性、个体性一致，就此而言，世界性与多样性的如上统一，从另一侧面体现了认同与承认的一致。与之相联系，中国哲学的研究，需要超越"以西释中"或"以中释中"这一类"中西之辩"，走向"世界哲学"的视域。如前所述，中国哲学的延续、生成在当代并没有终结，而中西会通、古今交融，则赋予中国哲学的当代生成、延续以新的形态。中国哲学的这种生成、延续，同时融入世界哲学之中，并呈现世界性的意义。

六

前面提到的哲学建构过程主要涉及哲学之"流"，除"流"之外，哲学的发展还面临"源"的问题。与其他思想一样，哲学之"源"和它所处的时代息息相关。如所周知，先秦时期，中国哲学的萌发和发展便与那个时代的变革，包括礼法之争，紧密相关。作为中国哲学生成过程的延续，今天的哲学思考和建构同样与所处的时代无法分离。从宽泛的层面看，除了一般意义上政治、经济、文化等方面的历史变迁外，现时代需要特别关注以下问题。

首先是资本的影响。资本与市场相互联系，其影响似乎无处不在，从知识、信息到权力，等等，资本已泛化到各个领域，并从不同方面制约着人们的生活。资本膨胀的结果之一，是人本身的商品化以及对金钱的崇拜，后者意味着导致金钱拜物教和商品拜物教，这是马克思在较早时候就已经指出的，这类现象在今天不仅没有终结，而且在一个更为内在的层面影响着人们的言和行。在现代社会，资本与媒体结合，进一步转换为声誉或知名度，广告即从经济的层面展现了这一点，后者又进一步指向金钱。如何在市场经济的条件下，抑制资本的过度泛滥并避免金钱拜物教和商品拜物教的蔓延？这是当代哲学思考无法回避的问题。

其次是权力。权力古已有之，它包含着对人的多方面支配和控制。从逻辑的角度来看，权力（power）具有公共性，它本来应该是个体权利（right）让渡的结果，但现在看到的却常常是外在权力（power）对个体权利（right）的消解和支配。就权力与人的关系而言，权力的作用之一在于通过社会控制以担保社会秩序，然而，权力如果不适当地发展，其控制之维往往会压倒秩序的方面，并由此形成所谓权力的傲慢。与之相关的是个体自主性的被抑制，后者也是在日常生活中经常可见的现象。按照福柯的说法，权力概念不仅仅限于政治领域，而且每每引向知识之域，并使知识、文化也获得权力的意义。相应于此，权力也可以从不同的方面影响人们的生活。如何避免权力的僭越，无疑也是现实生活中需要正视和面对的问题。

第三个不能回避的问题是技术。在现代社会，技术的影响已如同水银泻地，无孔不入，从生物技术、基因技术、克隆技术到人工智能，技术对日常生活以及其他各个方面的影响日益凸显。技术（如人工智能）本来是人自身发展出来造福于人的，但是在技术不断地膨胀之后，也包含失控的可能性，人本身则有逐渐沦而为物、成为被支配的存在之虞。人创造的技术反过来支配和控制人类本身，这在实质上表现为技术的异化。如何将技术的发展引向合理的价值方向，避免技术异化以及与之相关的消极后果，构成了现代社会面临的又一问题。

应对以上问题既关乎知识经验，也离不开哲学的视野。从哲学的层面回应以上问题，中国哲学无疑不可忽视：中国哲学的诸种观念，为应对以上问题提供了重要思想资源。质言之，资本、权力、技术的深层影响既构成了中国哲学发展的背景，也是中国哲学需要面对的问题，二者从不同的方面体现了中国哲学的发展与时代的关系。

以儒家而言，早期儒家已提出了仁道的观念，仁道的最实质、最内在的意义，就在于肯定人之为人的内在价值。由此，仁道也展现了与正义观念不同的侧重：正义的观念以权利为主要关切之点，其内在的要求在于尊重不同个体的正当权利，仁道观念则以确认人的内在价值为核心。真正贯彻仁道原则，则人的商品化、物化便可能得到一定程度的抑制。同样，儒家在义利之辩方面肯定以义制利、见利思义，等等，对于避免资本的泛滥和功利意识的普遍渗入，也具有某种警醒的作用。

同时，儒家强调人性平等，孟子便提出"圣人与我同类者"（《孟子·告子上》），"圣人"是人，我也是人，所以"圣人"与我同类，在人性这一层面，人与人是彼此平等的。由此出发，儒家进一步区分"德"与"位"。按儒家的理解，社会的等级与道德关系不能等而同之。从社会等级上看，人与人之间固然有上下尊卑之分，但从道德上看，每一个人都能达到自我完善，亦即都有其自身的价值。可以看到，德性与社会等级之间并不存在对应关系。就君臣关系而言，君在地位上无疑高于臣，但在德性上却未必如此，因此，对于真正达到自我完善的人来说，其存在价值却并不低于君主："以位，则子，君也；我，臣也。何敢与君友也？以德，则子事我者也，奚可以与我友？"（《孟子·万章下》）这种关系在"道"与"势"之辩中得到了同样的体现。关于道与势的关系，孟子作了如下的论述："古之贤王好善而忘势，古之贤士何独不然？乐其道而忘人之势。故王公不致敬尽礼，则不得亟见之。见且犹不得亟，而况得而臣之乎？"（《孟子·尽心上》）"道"和"善"以社会理想（包括道德理想）和道德追求为内容，"势"则表征着社会的地位。就君主而言，其贤明性表现在不以自身在社会政治结构中的地位（势）自重，而是将道德的追求放在更优先的方面（所谓"好善而忘势"）；就贤士而言，其人格的力量则在于不迎合或屈从于外在的势位，而以道的认同消解势位对人的压抑（"乐道而忘势"）。在君臣关系的如上形态中，君权的绝对主导性，无疑受到了一定的限制。以上观念对于抑制权力的傲慢和权力对人的过度支配，同样地可以提供重要的思想资源。

如果说，儒家以仁道为基本价值原则，那么，道家则首先突出自然原则。"自然"的重要涵义之一是"自己如此"，其内在意义在于肯定事物的存在都是以自身为原因而不依赖外力的推动。从这样的观念中可以逻辑地引申出对外在干预的拒斥以及对个体自身价值的尊重。这一意义上的"自然"观念对于抑制前面提到的资本、权力、技术等对人外在的支配和控制，也具有价值观上的内在的意义。

此外，如所周知，道家一再反对"以物易性"（《庄子·骈拇》），所谓"以物易性"，也就是人为物所支配或人的存在方式的非人化。在道家看来，由此往往导致"丧己于物"（《庄子·缮性》），亦即将自我消解在物之中或使人的内在规定失落于对外在之物的追求，从而颠倒了人与物的关系。以上观念的内在之旨是反对人的物化，后者构成了道家思想的重要方面。从价值观上说，这种观念对于避免使人自身走向各种形态的物化，具有理论上的积极意义。

同时，从早期开始，道家已对"机心"表现出某种警觉，庄子便强调"有机事者必有机心"（《庄子·天地》）。这里的"机事"可以视为广义的技术性活动，对这种技术性的活动，无疑需要历史地看待，完全否定技术的进步甚而拒绝技术的运用，本身显然具有理论上的偏颇性。但是，另一方面，"机事"可能导致对技术的过度依赖，并容易使"合目的性"压倒"合法则性"，由此远离于道，这一过程内在地蕴含着导向技术异化、技术崇拜的可能，所谓"机心"，便可以理解为与技术异化相关的技术崇拜，而对"机心"的警觉，则从一个方面为技术不断膨胀背景之下抑制人本身的物化趋向提供了传统的思想借鉴。

中国传统哲学与时代问题的以上关联表明，中国哲学不仅具有古老而常新的思想魅力，而且对于思考和回应现实的时代问题也有多方面的启示意义。中国哲学在当代的延续既涉及从史与思统一的层面上承中国传统哲学，也需要基于历史变迁，回应时代问题。

（原载《船山学刊》2017 年第 6 期）

# 超越非对称：中西哲学互动的历史走向[①]

## 一

中西哲学之间的关系，展开为一个历史变迁和衍化的过程。在早期，中国哲学（首先是其中的儒学）除了先后传播于周边区域，如朝鲜半岛、日本、越南等东亚或东南亚地区之外，对世界的其他区域并没有形成实质性的影响。在这一历史时期，中国哲学和世界其他文化传统（包括西方文化）之间，主要表现为空间上的并存关系，而没有内涵上的实质交流和互动。

到了明清之际，情况开始发生某些变化。从中西文化之间的相互关系看，明清之际是非常值得关注的一个时期。这一时期，早期来华的传教士开始把西方文化，即古希腊以来欧洲的哲学思想、宗教思想和科学思想，包括基督教（天主教）思想介绍、引入到中国。与此同时，他们也逐渐将

[①] 本文系作者于 2018 年 8 月在银川举行的"国际儒联学术委员会会议暨多元文化与儒学文化民族化论坛"上的发言记录。

中国古代的若干典籍，首先是儒家的经典，翻译、介绍到西方世界。17世纪的时候，《大学》《论语》《中庸》《孟子》都已被比较完整地翻译成拉丁文，并渐渐为当时主流的西方思想家们所关注。

这一时期中西文化交流中值得注意的特点在于，中国哲学与欧洲文化或西方文化之间存在某种不平衡或不对称的关系，这种不平衡或不对称表现在：当传教士把中国的典籍以及其中包含的文化、思想观念介绍和引入欧洲的时候，当时主流的思想界及其代表性人物给予其以相当的关注，然而，中国的哲学家却未能对西方主流的文化和思想予以同等的关注。在欧洲，这一时期主流领域的思想家和哲学家如莱布尼茨、伏尔泰、孟德斯鸠、狄德罗以及莱布尼茨的后学沃尔弗，等等，都开始对中国哲学的思想内涵加以关注。莱布尼茨便对中国哲学予以很高的评价，认为在"实践哲学方面"，欧洲人不如中国人，而且，"中国哲学比古希腊人的哲学更接近于基督教神学"。[①] 考虑到莱布尼茨时代基督教神学在欧洲仍具有独特的地位，这一评价无疑是相当高的。莱布尼茨同时认为，中国的伦理学要比西方更完善。他的后学沃尔弗进一步指出："自身包含有基础的东西就是真，自身不包含有基础的东西就是伪。运用这块试金石来判断，中国哲学的基础有其大真。"[②] 基于以上看法，沃尔弗肯定："中国人的哲学基础同我个人的哲

---

① 莱布尼茨：《致德雷蒙先生的信：论中国哲学》，《中国哲学史研究》1981年第4期。

② 沃尔弗：《关于中国人道德学的演讲》，载［德］夏瑞春编《德国思想家论中国》，陈爱政等译，江苏人民出版社1995年版，第33页。

学是完全一致的。"① 这里体现了从理论的层面对中国哲学的认同和推崇。

18 世纪法国启蒙思想家同样表现出对中国哲学（包括儒学）的多方面肯定。伏尔泰指出："中国的儒教是令人敬佩的。毫无迷信，毫无荒诞不经的传说，更没有那种蔑视理性和自然的教条。"② 这里无疑有见于中国哲学（包括儒学）内在的理性精神。比较而言，孟德斯鸠更多地着眼于政治和法律领域，认为儒学以"和而不同"作为治国原则，体现了"伟大的天才"智慧。③ 在肯定中国哲学与文化方面，狄德罗展现了相近的立场。对他而言："中国人历史悠久、智力发达，艺术上卓有成就，而且讲道理，善政治，酷爱哲学；因而，他们比亚洲其他各民族都优秀。依某些著作家的看法，他们甚至可以同欧洲那些最文明的国家争辉。"④ 他同时肯定了中国哲学的智慧，认为这种智慧会"冲破一切羁绊"⑤。

以上提及的，都是当时主流的西方思想界的人物。他们的共同特点，在于不仅对中国文化给予了相当的关切，而且对其普遍的意义作了肯定。尽管这些思想家和哲学家对中国哲学和中国文化的具体内涵也许没有其后人了解得那样详

---

① 沃尔弗：《关于中国人道德学的演讲》，载［德］夏瑞春编《德国思想家论中国》，陈爱政等译，江苏人民出版社 1995 年版，第 45 页。

② 伏尔泰：《哲学辞典》，王燕生译，商务印书馆 1991 年版，第 331 页。

③ 孟德斯鸠：《论法的精神》下册，许明龙译，商务印书馆 1982 年版，第 302 页。

④ 狄德罗：《中国人的哲学》，《中国哲学》第 13 辑，人民出版社 1985 年版，第 378—379 页。

⑤ 同上书，第 400 页。

尽，但对中国哲学的主要趋向与主导观念，却已有不同程度的把握。他们对中国哲学的积极评价，便基于这种把握。

反观那一时期的中国思想界和哲学界（包括儒学之域），其中的一些代表人物对于传教士介绍的西方思想观念固然也给予了某种关切，但是这种关切首先指向科学与技术的层面。即使对天主教思想表现出某种认同和肯定的徐光启，也将主要的兴趣放在几何学等科学知识之上，他所提出的"欲求超胜，必须会通"①，也主要指向科学领域。以亚里士多德的哲学而言，徐光启时代的中国哲学家感兴趣的，主要是其中与几何学比较接近的、形式层面的逻辑学（名理学），对其形而上学、伦理学，则很少问津。较之徐光启，方以智对西学有了更进一步的了解，他区分质测之学与通几之学，其中质测之学与物理学等自然科学相涉，通几之学则与哲学相关，方以智对质测之学及其意义作了多方面的肯定，并认为质测与通几无法相分，既不能以质测否定通几，也不能以通几否定质测："不可以质测废通几，岂可以通几废质测？"② 然而，关于中西之学的总体特点，方以智的观点是：西学"详于质测，而拙于言通几"③。这一看法意味着西方固然在自然科学方面有所长，但在哲学上却不如中国传统的性道之学（在方以智那里，通几之学与中国传统的性道之学属同一领域）。类似的情形也见于王夫之。王

---

① 徐光启：《历书总目表》，《徐光启集》卷八，中华书局 1963 年版，第 374 页。

② 方以智：《药地炮庄》卷之一《齐物论》，华夏出版社 2011 年版，第 148 页。

③ 方以智：《物理小识·自序》，商务印书馆 1937 年版，第 1 页。

夫之认为："盖格物者，即物以穷理，惟实测为得之。"① 这一看法无疑受到西方实测之学的影响，但在哲学层面，却几乎很难看到王夫之对西学总体上的正面评价。

可以注意到，明清之际重要的中国思想家，从徐光启、方以智到王夫之，对西学都已有不同程度的接触，但他们所关注的主要还是西学中技术性的层面，如历法、数学、实测之学，等等，对于哲学层面的普遍思想内涵、价值观念，在总体上并没有给予实质上的肯定。相对于莱布尼茨、沃尔弗、伏尔泰等对中国哲学普遍内涵的关注和实践哲学等方面的推崇，中国哲学家显然没有在这方面给予西学以同样的关切。这里的原因当然是多方面的，包括由于缺乏专业哲学家的介绍和阐释，西方哲学难以展示系统的图景，从而妨碍了中国哲学家对西学的理解；同时，价值观方面的差异，也容易使中国思想家对外来文化保持某种距离，等等。由此形成的结果之一，就是前面提及的，中西文化之间在这一时期形成某种不平衡或不对称：西方主流思想家对中国文化的重视超过了中国主流思想家对西方文化的重视。

## 二

步入近代以后，情况开始发生不同的变化。从 19 世纪中期开始，中国文化与西方文化之间的互动，经历了新的衍化过程。这一时期，中国思想家首先所注重的是器物，与之相关的主张则是"师夷长技以制夷"，尔后逐渐关注西方的

① 王夫之：《船山全书》第十二册，岳麓书社 1992 年版，第 637 页。

"制度"，最后则开始突出"观念文化"层面的西学。在观念文化这一层面，以"中体西用"为先导，西学最初在价值之维仍处于边缘地位，这一文化立场可以视为明清之际思维趋向的某种延续。然而，自 19 世纪后期开始，中国一些主流思想家开始深入西学之中，逐渐了解西方文化的内在精神，并从不同层面趋向于认同西方文化的价值观念，接受西方主流的哲学思想。尽管其中的一些人物在价值观上往往站在儒学立场上对西方文化做某种批判，但从思想系统来看，近代思想家已开始以不同的方式运用主流西方哲学的思想资源来建构自身的思想体系。这是一个值得关注的变化。

从总体看，中国近代真正称得上具有创造性的思想家，其共同特点在于不仅上承了传统的中国哲学，而且也以不同的方式接受了西方思想的诸种观念。以 20 世纪以来中国哲学的演进而言，从梁漱溟、熊十力，到金岳霖、冯友兰，都在不同程度上关注西方哲学，并受其影响。尽管其中一些人并不是以专家的身份来了解西方文化，他们对西方哲学的具体细节、历史变迁也不一定十分了解，然而，在实质性的层面，他们却把握了西方哲学和西方文化的主导性观念，并以此作为建构自身体系的重要思想资源。诚然，在价值取向上，中国现代的一些哲学家（特别是上承儒学的哲学家）对西学仍有种种的批评，但即使这种批评，也构成了其形成自身思想系统的一个环节：通过对西学的这一类批判性回应，相关哲学家的思想系统从形式和内容上都取得了不同以往的形态。可以说，如果没有西学的东渐、缺乏西方哲学的背景，就不会有现代形态的中国哲学。

这种情况较之明清之际显然发生了明显的变化，后者具体表现在：主流的中国思想家开始对西方文化中带有普遍意义的思想资源加以认真关注，这种思想资源在得到认同以后又以不同的形式参与了现代中国哲学思想体系的建构过程。

然而，在西方，人们看到的则是另一种情形。从技术性层面来说，明清之际以后，西方对中国文化的翻译和介绍无疑更为精致、细化，如某种中国的经典，常常会有十几种甚至数十种的译本，对于中国文化的典籍、思想、学派等方面的了解程度，也开始远远超过了明清之际的传教士以及欧洲近代的思想家。但是，从19世纪以后，一直到晚近，都不难注意到一种现象，即：中国文化和中国哲学逐渐衍化为汉学研究的对象，对中国文化（包括儒学）的研究、介绍，也相应地主要限定于汉学家之域，17、18世纪的时候主流的思想家莱布尼茨、沃尔弗、伏尔泰等关注中国哲学、中国思想的现象，自19世纪之后已难得一见。

不难注意到，虽然在细节上西方汉学家对中国典籍文化的了解已非明清之际的传教士可比，但是西方主流思想家却不再把中国哲学作为真正的哲学来理解。汉学家们的研究，侧重于中国文化中学术性的层面和领域，他们主要不是把中国哲学作为对人类思想文化的建构具有普遍意义的对象，而是更多地关注文化的差异。在相当程度上或实质的层面，其研究类似于文化人类学家对早期原始文明的考察。就哲学领域而言，自黑格尔始，西方主流哲学家便以比较轻视的眼光看待中国哲学。黑格尔在《哲学史讲演录》中虽然提到中国哲学，但却并未把中国哲学纳入他所理解的哲学之列。在他看来，孔子"是中国人的主要的哲学家"，但他的思想只是一些"常识道德"，"在他那里思辨的哲学是一点也没有的"。《易经》虽然涉及抽象的思想，但"并不深入，只停留在最浅薄的思想里面"。[①] 这种看法在此后的主流西方哲学中以不同的方式得到了延续。

尽管晚近以来，随着留学西方（欧美）的一些中国学人进入西方的学术领域，包括哲学界，中国哲学开始在不同层面进入某些西方高校的学科领域，西方的一些思想家们、哲学家们也逐渐对中国哲学给予了某种关注。但是，这种"进入"和"关注"主要仍然停留在西方非主流的哲学和思想领域，而没有走进和融入西方哲学的主流。在这方面，一个显而易见的事实是：中国哲学，包括儒学，始终没有进入重要的西方高校的哲学系中，它们依然主要在历史系、宗教系、东亚系等学科，除了夏威夷大学等少数的哲学系讲授中国哲学，主流的大学如哈佛、耶鲁、斯坦福、剑桥，等等，都没有把中国哲学作为哲学来看待。同样，西方主流的思想家、哲学家，也没有真正地把中国哲学作为其建构自身体系必不可少的资源。晚近人们往往津津乐道海德格尔如何重视道家哲学，其哲学与中国哲学的道怎样具有相关性，等等，然而，如果深入地考察其哲学的内在逻辑脉络，则不难发现，这种推测显然言过其实。事实上，海德格尔的哲学本质上仍源自西方哲学传统，尽管包含了其中非主流的方面。与海德格尔同属现代西方现象学的梅洛－庞蒂，以更为明晰的形式表达了关于中国哲学的看法："人们有这样的感受：中国哲学家没有像西方哲学家那样懂得理解或认识观念本身，

---

① 黑格尔：《哲学史讲演录》第一卷，贺麟、王太庆译，商务印书馆 1981 年版，第 118—132 页。

他们没有向自己提出过对象在理智中的发生，他们不寻求去把握对象，而只是在其原初的完满中唤起它。"① 依此，则中国哲学似乎尚未达到西方哲学的高度：相对于西方哲学，中国哲学仍处于较低的层面。当然，近来西方的一些哲学家们确实开始注意中国哲学，并试图以此作为自身哲学思考的参照，如斯洛特（M. Slote）在研究情感伦理学之时，便对中国的阴阳观念等给予了很多关注，但这种理解还处于比较表层或外在的阶段，尚未真正深入中国哲学思想的深层内涵之中。

这里，可以看到与明清之际不同的另一种不平衡或不对称。在明清之际，西方主流思想家们对中国思想和哲学的普遍意义给予了相当的关切，而中国的主流哲学家和思想家却在注重西方的实测之学的同时，或多或少将西方的哲学思想置于比较边缘的地位。然而，19 世纪之后，中国思想家热忱地了解西方思想，并将其作为普遍的思想资源加以运用，而西方主流的思想家和哲学家，却既不深入了解也不具体关切中国哲学，更遑论以之为建构自身体系的思想资源。

以上是中西思想和哲学在新的历史背景下呈现的另一种不平衡或不对称的现象，如果这种不对称状况没有根本的改观，那么，即使试图通过翻译、介绍等形式让中国思想走出去，依然是无济于事的。这里的关键是，以上一厢情愿的"走出"方式，并不能使中国思想和哲学进入主流的西方思想，成为西方思想家、哲学家建构自身体系的必要资源。也

---

① 梅洛·庞蒂：《哲学赞词》，杨大春译，商务印书馆 2000 年版，第 109 页。

就是说，当中国的哲学思想作为人类文明普遍成果这一点没有得到深层面的认可，中国文化、中国哲学走出去便只能停留在表面的热闹之上，而很难获得实质性的内涵。

## 三

中国哲学真正进入西方主流哲学的视野，可能会经历一个漫长的过程，这一过程的展开并不取决于热切的倡导、标语口号式的呼喊。事实上，就翻译工作而言，西方和中国的学人在这几百年中已取得了引人瞩目的成绩，但中国哲学的研究却至今依然主要止步于汉学圈，没有真正进入主流的西方思想世界。中国的哲学如欲真正走进西方主流的哲学，首先便必须把中国哲学中真正具有普遍性意义的思想内涵，以西方主流思想所能理解和认可的形式呈现出来。也就是说，应该使中国哲学在西方主流哲学的视域中不再是某种特殊乃至"异己"的存在的形态，而是人类文明中普遍性的思想成果。唯有如此，中国哲学才可能逐渐走进西方哲学思想的内在领域。

从具体的历史过程来看，这里至少涉及两个方面。首先是通过切实的研究，以展示中国哲学在解决哲学演进过程（包括西方哲学的演进过程）中出现的诸种问题方面所具有的独特思想价值，这种价值如果能够真正得到体现，则中国哲学所具有的普遍性品格也相应地将得到承认。从广义上的哲学发展过程看，不同的哲学传统中所提供的思想资源确实可以为解决历史中和当代的各种理论性问题提供多样的启示，如果能够在这些方面切切实实地做一些具体的研究工作，无疑将有助于主流西方哲学发现和承认中国哲学所具有的内在价值。令人欣慰的是，近来一些学人，包括海外的学人等，已经开始注意并从事这一方面的工作。就内在的层面而言，哲学领域中的比较研究，不能停留在中国哲学如何、西方哲学怎样，什么是相同之点、何者为差异之处这一类同异对照和罗列之上，而是应该进一步以中外之学共同面临的普遍性问题为对象，探索在解决这些普遍性的哲学问题上，中国哲学与西方哲学分别可以提供什么，从而为思考相关问题提供更为宽广的视域。

以德性伦理而言，对德性伦理的批评之一，是德性伦理仅仅关注自我德性的完善，对他人德性的完善则未予关注。以关心他人为例，通过关切、帮助他人，行为者自身的德性得到了彰显，但在这一关系中，被关切的对象主要是受惠者，其内在德性如何完善的问题则未能落实，这种单向性的关联，似乎同时也赋予德性伦理以某种理论上的片面性。然而，如果引入中国哲学的视域，对以上问题便可能获得不同的理解。从孔子开始，中国哲学便注重"己欲立而立人，己欲达而达人"（《论语·雍也》），其中所蕴含的，并不仅仅是一种对他人的外在关切或行善式的照顾，而是意味着推动他人在道德上自我完成、自我完善，在此意义上，德性伦理并非仅仅停留在德性主体自身的完美上，而且同时指向他人的完美，包括让他人靠自身的力量完善起来。这一思路，对德性伦理学所遭遇的批评，至少可以提供一种角度的回应。

另外，知和行之间脱节，常常成为伦理学讨论的一个重要问题。"知而不行"与伦理学上所面临的"意志软弱"，也有理论上的关联：明知其善，却未能去行，虽知其恶，却依然去行。对这一问题，可以从不同的视野去考察，中国哲学在这方面则同样提供了独特的进路。中国哲学在较早的时期便区分了身心之知与口耳之知。荀子已指出："君子之学也，入乎耳，著乎心，布乎四体，形乎动静，端而言，蠕而动，一可以为法则。小人之学也，入乎耳，出乎口，口耳之间，则四寸耳，曷足以美七尺之躯哉。"（《荀子·劝学》）这里的"学"与广义之知相联系，所谓"君子之学"，也就是中国哲学所理解的人应当具有之知，而"布乎四体，形乎动静"，则既涉及"身"（四体），又关乎"行"。与之相对的小人之学，则仅仅限于口耳之间，未能引向以自我完善（美其身）为指向的践行。王阳明对此作了更具体的考察。在谈到广义的知行关系时，王阳明便区分了口耳之学与身心之学："世之讲学者有二：有讲之以身心者；有讲之以口耳者。讲之以口耳，揣摸测度，求之影响者也。讲之以身心，行著习察，实有诸己者也。"[1]"口"引申为说，"耳"则借喻为听，在言说过程中，说与听都首先涉及话语意义的辨析，其目标首先在于达到语词层面的理解。此时，主体常常耳听而口说，所谓入乎耳而出乎口；其所说所听，并未化为内在的德性和人格。唯其如此，故虽在语义的层面能明于理，但仍不免做悖于理之事。与这种口耳之知相对，身心之知已经化为人的内在意识，成为人在精神层面的具体构成，并与人自身同在。当知识不再表现为对象性的了解，而是化

---

[1] 王守仁：《传习录中》，《王阳明全集》，上海古籍出版社 1992 年版，第 75 页。

为自身存在的内在部分并与行为者融为一体之时，人的所作所为、举手投足，便会处处受到这种内在之知的制约，从而避免仅仅在观念的层面有所知而在行动层面上却付诸阙如。从荀子到王阳明，对口耳之知和身心之知的如上区分，无疑为回应知行之间的脱节以及与之相关的意志软弱问题，提供了一种哲学视野。

以上这一类的思想资源，在中国哲学中体现于多重方面，如果能够把这些对于解决哲学问题具有普遍意义的独特视野充分地揭示出来，那么，至少有助于使西方哲学逐渐比较深切地了解并关注中国哲学对思考哲学问题所具有的意义。历史地看，中西哲学往往面临共同的哲学问题，在解决这些问题方面，中国哲学究竟可以提供什么东西？真正通过切实的研究工作，把中国哲学在这方面的价值充分凸显出来，显然将从实质的方面推进中国哲学走向世界。

进而言之，不同的哲学传统，都是人类文明发展过程中形成的思维成果，这种成果是人类的共同财富，它们同时构成了今天哲学思考和建构的资源。从哲学建构和发展的层面看，中国哲学显然不能仅仅停留在解题的层面，而是需要一方面立足于自身的思想传统，另一方面又以开放的视野面对西方哲学的思维成果，以多重的智慧资源建构自己的体系。在这一过程中，中国传统的哲学（包括儒学），便是需要关注的重要方面。晚近以来，冯契、牟宗三等哲学家以自己的创造性研究，对性与天道、宇宙人生等根本问题，作出了自身的独特思考，形成了具有个性特点的哲学系统。这种哲学思考和建构既是传统中国哲学的延续，又使之获得了当代新的形态，可以说，它从理论建构的层面，彰显和突出了中国哲学的普遍意义。如果这样的哲学研究继续深入地、持之以恒地加以推进，那么，中国哲学在建构哲学思想系统、深化对世界和人自身的认识这些方面所具有的意义，也将得到真正的确认。由此，中国哲学也将不再仅仅在文化人类学意义上限定于某一特定的文化圈之中，而是同时展现其普遍的品格和创造性的内涵，并真正融入包括西方主流文化在内的世界文化过程之中。

从中西哲学的互动看，正如19世纪以来，西方哲学逐渐成为近代中国哲学发展的重要背景并构成中国哲学所运用的重要资源一样，中国哲学也应当进入主流西方哲学家的视野，成为其哲学思考的重要背景。只有当主流的西方哲学，包括其中真正重要的哲学家们，都以中国哲学为哲学思考和建构的必要理论资源，并以不了解中国哲学为其哲学思维的缺憾，中国哲学才能够真正实质性地走进世界哲学的领域，而中国哲学自身通过创造性的研究以展示其普遍而深沉的哲学意义，则是实现如上转换的基本条件之一。以明清之际和近代以来中西哲学之间两度经历不对称的关系为背景，这一意义上的"进入世界哲学"，意味着中西哲学相互承认、彼此肯定，既各美其美，也美人之美。唯有基于以上前提，中西哲学之间的关系才能在经历不同意义上的非对称关系之后，超越这种非对称性，真正走向合理的互动。

当然，哲学是对智慧的多样化、个性化的探索，而非千人一面。每一个哲学家都是从其自身所处时代、个人的背景、兴趣、积累、理解、对世界的感悟等出发，形成自己新的思考。同样，不同的哲学传统在彼此互动的过程中，也不会由此失去自身的特点。在走向世界哲学的过程中，中国哲学依然将呈现自身的个性品格。

（原载《华东师范大学学报》2018 年第 6 期）

# 儒学的内核及其多向度展开[①]

　　随着儒学逐渐再度成为显学，其不同形态也开始纷然而起，政治儒学、心性儒学、制度儒学、生活儒学、社会儒学等先后亮相，便表明了这一点。众多的"儒学"虽都冠以儒学之名，但实质上又主要侧重于儒学的某一方面。以上诸种形态的所谓"儒学"，或者是对历史上儒学既成形态的再解释，或者表现为对儒学未来发展的思考。从理论上看，无论是对儒学历史形态的重新理解，抑或对儒学未来发展的展望，都涉及一个基本的问题，即"何为儒学？"尽管关于儒学已有不同论说，但这无疑依然是一个需要反思的问题。

一

　　理解儒学，需要回到儒学自身的历史语境。从其原初形态看，儒学的内涵首先体现于"仁"和"礼"，"仁"和

---

① 本文系作者于 2018 年 3 月在厦门大学的会议发言和华侨大学的演讲记录稿。

"礼"同时构成了儒学的核心观念。① "仁"主要关乎普遍
的价值原则，其基本内涵则在于肯定人自身的存在价值。比
较而言，"礼"更多地表现为现实的社会规范和现实的社会
体制。从社会规范这一层面看，"礼"可以视为引导社会生
活及社会行为的基本准则；在社会体制方面，"礼"则具体
化为各种社会组织形式，包括政治制度。儒家的基本价值取
向是："仁者爱人，有礼者敬人。"（《孟子·离娄下》）其
中蕴含着对"仁"和"礼"的双重肯定。以上论域中的
"礼"与"义"具有相通之处，"义者，宜也"（《中庸》），
引申为"当然"，作为当然之则，"义"可以视为规范层面
之"礼"的内化形式，"仁"与"义"的相关在此意义上
与"仁"和"礼"的统一呈现一致性。

"仁"作为价值原则，首先涉及情感的凝聚和情感的沟
通，情感的凝聚关乎内在的精神世界，情感的沟通则以人与
人之间的交往为指向。比较而言，"礼"在社会规范的层面
上，主要指向理性的秩序和理性的引导，理性的秩序关乎社
会共同体的存在形态，理性的引导则侧重于以理性的方式制
约人的行为。

"仁"和"礼"固然各有侧重，但所侧重的两个方面并
非截然分离。"仁"以情感的沟通和情感的凝聚为其主要的
方面，但并不排斥人与人之间的理性关联。关于"仁"，孔
子有两个值得关注的界说。首先是以"爱人"规定"仁"：

---

① 关于仁和礼的内涵及其与儒学的历史关系，可参阅杨国荣《儒学：本
然形态、历史分化与未来走向——以"仁"与"礼"为视域》一文，（载《华
东师范大学学报》2015 年第 5 期），相关的内容这里从略。

"樊迟问仁。子曰：'爱人。'"（《论语·颜渊》）"爱人"既以肯定人的内在价值为前提，又包含情感关切，它所侧重的是"仁"的内在的情感凝聚和情感沟通。孔子关于"仁"的另一重要界说是："克己复礼为仁。"（《论语·颜渊》）"克己复礼"更多地表现为对理性规范的认同和接受，后者同时涉及理性的引导和理性的制约。这样，"仁"既有内在的情感侧重，同时也兼及理性之维。就"礼"而言，与之相关的首先是"理"："礼也者，理之不可易者也。"（《礼记·乐记》）即使儒家之外的文献，也肯定"礼"与"理"的关联："故礼者，谓有理也。理也者，明分以谕义之意也。"（《管子·心术上》）这里的"理"既指条理、法则，也涉及依据这种条理法则来制约人的知和行，所谓"理也者，明分以谕义之意"便关乎后一方面。与之相应，"礼"与"理"的以上关联，侧重的是"礼"的理性秩序义及理性引导义。不过，在与理相关的同时，"礼"并非与"情"完全隔绝，《郭店楚简》所谓"礼因人之情而为之"（《郭店楚简·语丛一》），便表明了这一点，类似的观念也见于儒家的其他文献："礼者，因人之情而为之节文，以为民坊者也。"（《礼记·坊记》）这里的"因人之情"，便关乎"礼"与情感沟通和情感凝聚之间的联系。基于情感的这种人与人之间的沟通，在以下看法中得到了更具体的肯定："礼尚往来，往而不来，非礼也；来而不往，亦非礼也。"（《礼记·曲礼上》）在此，"礼"展示了制约人与人之间相互交往、相互沟通这一面。

作为儒学的内在核心，"仁"和"礼"同时构成了儒学之为儒学的根本之点，儒学与其他学派的内在区别，也与之相关。这里可以首先对儒学与墨家作一比较。墨家提出"兼爱",这一观念在肯定人道价值方面,与儒家的"仁"具有相通之处:尽管"仁"基于亲亲之情,"兼爱"则并未赋予亲亲以优先性,后来的儒家学者(尤其是理学家)一再由此辨析"仁"与"兼爱"的差异,但在关切人这一点上,二者确实有一致之处。然而,另一方面,墨家对"礼"在总体上则持批评态度,其"非乐""节葬"的主张以及对"亲疏尊卑""昏(婚)礼威仪"(《墨子·非儒下》)等的抨击,从不同维度体现了这一点。这种取向,具有重于"仁"而轻于"礼"的特点。后来的佛家在某种意义上也与墨家有相近之处,他们主张慈悲为怀、普度众生,在这方面与"仁"和"兼爱"并不相悖,但同时对"礼"所规定的伦理责任(包括家庭伦理)和社会义务(包括政治义务),则疏而远之,从儒学的角度看,其中同样蕴含有见于"仁"而无见于"礼"的趋向。

相对于墨家之疏离"礼",法家更倾向于化"礼"为"法"。"礼"与"法"在注重规范性这一点上,有相通之处。但"礼"建立于情理之上,具有引导性的特点;"法"则以法理为基础,表现为非人格、冷冰冰的律令,并具有强制性的特点。法家总体上已由"礼"而走向"法"。与此相应的是对"仁"道的拒斥:谈到法家之时,历史上常常以"刻薄寡恩"来形容,"刻薄寡恩"与"仁"彼此相对。在以上方面,法家与注重"仁"和"礼"统一的儒家形成了明显的差异。

道家从另一层面表现出来对"仁"和"礼"的疏离。老子曾指出:"绝仁弃义,民复孝慈。"(《老子·第十九章》）尽管对"绝仁弃义"有各种不同的解说，但其对"仁"和礼义不予认同的立场，无疑显而易见。这一价值立场与道家注重自然原则、对人文或文明化的规范持批评和怀疑的态度，总体上前后一致。在这一方面，道家与儒家注重"仁"和"礼"的统一，同样形成了某种对照。

作为儒学的核心，"仁"和"礼"的统一既体现于儒家自身的整个思想系统，又展现于人的存在的各个领域。以下从相关的方面对此作一考察。

## 二

首先需要关注的是精神世界这一层面。从总体上看，精神世界体现的是人的精神的追求、精神的安顿以及精神的提升。在精神世界中，"仁"和"礼"的统一具体展现于三个维度，即宗教性的维度、伦理的维度，以及具有综合意义的精神境界。

在宗教性的层面，终极关切是无法回避的问题。按其本义，终极关切意味着不限定于人的当下存在或此在形态，而是以"极高明"为精神取向。孟子曾指出："尽其心者，知其性也。知其性，则知天矣。"（《孟子·尽心上》）这里的"天"可以视为超验意义上的存在，从人之心、性指向天，相应地包含着某种终极关切的意味。需要注意的是，在儒家那里，以上视域中的终极关切，同时建立在"仁"之上。"仁"作为儒家的核心价值，肯定的是人之为人的内在价值，与之相联系，基于"仁"的终极关切，同时指向对人自身存在的关怀。这一意义上的终极关切的特点，在于不离开这个世界：它既非否定人自身或离开此在，也不同于以彼岸世界为指向的所谓"超越"，而更多地侧重于人自身的成长、提升、完成。这里应当对时下比较流行的所谓"内在超越"论作再思考。在这一论域中，"超越"（transcendent）沿袭了西方宗教中的相关观念，意味着走向绝对的、无条件的、无限的存在，而在"超越"之前冠以"内在"则试图表明，儒学所具有的这种所谓"超越性"，同时呈现"内在性"（immanent）。事实上，在儒学那里，终极关切并没有走向以上视域中的"超越"。这里的关键之点，首先在于儒学的终极关切始终与"仁"这一观念联系在一起，正是以"仁"为核心，使儒家的终极关切一开始便以人自身的存在为关切之点，从而避免了离开人的此在而面向彼岸的"超越"。

在儒家那里，终极关切同时涉及"礼"。前面提及，"礼"与"理"相关并内在地蕴含理性的精神。与理性精神的这种联系，使儒家的终极关切既有别于宗教的迷狂，也不同于非理性的蒙昧追求。从早期开始，儒家便对超验的存在保持了某种距离，孔子"不语怪、力、乱、神"（《论语·述而》），主张"敬鬼神而远之"（《论语·雍也》），已体现了清醒的理性立场。即使在"天者，百神之君也，王者之所最尊也"（《春秋繁露·郊义》）这一类似乎具有超验性质的表述背后，也不难看到如下理性的取向：借助超验之天的权威，以制衡世上之"君"。① 在此，"礼"作为儒学的核心观念之一，从另一方面制约着儒家的终极关切。不难注意

---

① 参见杨国荣《善的历程》第五章，上海人民出版社 1994 年版。

到，在仁、礼、现实之人、超验之天（神）以上四重关系中，"仁"主要体现为爱人，"礼"则更多地表现为敬神；前者关乎价值关切，后者则渗入了理性意识。

精神世界不仅关乎具有宗教性的终极关切，而且包含更为现实的道德面向。以"仁"为内核，精神世界中的伦理面向首先表现为德性的完善，即所谓"仁德"或以"仁"为内涵的德性，包括仁爱的取向、基于恻隐之心的普遍同情、天下的情怀，等等。这种德性的重要特点之一是包含善的精神定向或善的精神定式，始终以自我的成就和天下的安定（内圣外王）为价值目标。这也可以视为"仁"在伦理意义上的精神世界的体现。

如前所述，与"仁"相联系的"礼"既展现为现实社会规范，也可以内化为理性的原则。在精神世界这个维度上，"礼"则既表现为普遍的伦理规范，也体现为内在的理性观念，二者从不同方面规定着人的品格和德性的培养。儒家要求自我确立理性的主导地位，抑制和克服感性的冲动，避免仅仅跟着欲望走，等等，都体现了基于"礼"的理性精神。荀子曾指出："凡治气养心之术，莫径由礼。"（《荀子·修身》）所谓"治气养心"，主要以德性的培养为内容，而在荀子看来，内在德性培养的最好途径，即是依循于"礼"，这里的"礼"，主要便表现为内化的理性原则。

可以看到，在精神世界的伦理之维，"仁"和"礼"的统一具体表现为德性完善和理性自觉之间的统一。《大学》提出"正心诚意"，这里也蕴含了"仁"和"礼"这两个方面对伦理世界的影响。"正心"更多地侧重于以理性的原则来规范、约束人的伦理观念，"诚意"则首先表现为基于

"仁"的要求，完善内在道德意识，使之真正成为"实有诸己"的真诚德性。在这一意义上，"正心诚意"无疑从一个方面体现了伦理之维的精神世界所内含的"仁"和"礼"的统一。

儒家精神世界更一般的形式，体现于精神境界。精神境界同时包含宗教性、伦理等多重方面，从而具有综合性的特点。精神境界在儒家那里有不同的表现形态，包括天下安平、走向大同，等等，其实质的内容则包括两个方面，其一是理想的意识，其二是使命的意识。所谓精神境界，从实质的内涵看，即表现为理想意识和使命意识的统一。在儒学那里，这一意义上的精神境界始终没有离开"仁"和"礼"的交融。天下安平、万物一体、走向大同等取向首先体现了人应当追求的理想，它同时又规定了人的使命，即化以上理想为现实。作为理想，以上取向体现的是"仁"的价值原则：天下安平、万物一体、走向大同，都可以视为"仁"道观念的具体化。从使命的层面看，以上取向则与"礼"所渗入的内在责任和义务相联系："礼"作为普遍的"当然之则"（规范），包含应当如何的要求，后者关乎责任和义务，精神境界中内含的使命意识，则表现为这种责任和义务观念的引申，仁与礼的统一在以上境界中获得了内在体现。

三

在体现于精神世界的同时，儒学的具体内涵又展开于社会领域。从传统的观念看，这里所谓社会领域包括"家国天下"这样广义的存在空间；从哲学层面来说，它涉及的则是政治、伦理以及日常的生活世界等方面。

从政治之维看，基于"仁"的政治关切首先在总体上表现为对仁政、王道、德治等政治理念的追求。孔子提出仁道的观念，强调"为政以德"，主张对民众"道之以德"（《论语·为政》），到了孟子那里，仁道观念进一步引向仁政的学说，仁政学说和儒家所追求的王道、德治等观念紧密地联系在一起，其中包含对人的多方面关切，这种关切同时体现了"仁"的内在精神。

比较而言，在政治领域，"礼"首先表现为确定度量界限，建立包含尊卑等级的社会秩序。荀子在考察"礼"的起源时，曾对此作了具体考察："人生而有欲，欲而不得，则不能无求，求而无度量分界，则不能不争。争则乱，乱则穷。先王恶其乱也，故制礼义以分之，以养人之欲，给人之求。"（《荀子·礼论》）所谓"度量分界"也就是确定社会成员的不同社会地位，为每一种地位规定相应的权利和义务。在缺乏如上社会区分的条件下，社会常常会陷入相争和纷乱的境地，而当所有的社会成员都各安其位、互不越界之时，整个社会就会处于有序的状态。在此，"礼"的核心的方面便体现于通过确立度量界限，建立起一定的社会秩序。

以上是"仁"和"礼"的统一在儒家政治中的总体体现。在具体的政治实践展开过程中，政治的运作同时涉及实质的方面和形式的方面。从"仁"的观念出发，儒家往往比较注重政治实践主体的内在人格和德性在政治生活中的作用。从政治哲学的角度来说，对政治主体及其内在品格德行的注重属于政治实践中实质的方面。从孔子、孟子到荀子，儒家在思考国家治理、政治运作之时，往往把政治实践的主体放在主导性的地位。对他们而言，国家是否得到治理，社会是否陷于纷乱，等等，总是与政治实践主体即君臣自身的品格、能力联系在一起。儒家比较注重所谓贤能政治，孟子、《礼记》、荀子，都一再强调政治主体应当具备贤与能的品格，对贤能的这种注重，源于儒家"仁"的观念，儒学对政治实践中实质性方面的关注，也与之相关。

在形式的层面，儒家对政治领域的考察更多地与"礼"的观念联系在一起。从肯定"礼"出发，对政治实践运行过程的思考往往会引向对政治规范、政治体制等的注重，与之相应的是由"礼"而接纳"法"。前面提到，法家的政治走向，是化"礼"为"法"，相形之下，儒家则始终不放弃"礼"的主导性，其特点在于通过"礼"而在政治实践中接纳"法"，或者说，由"礼"而入"法"。在儒家关于政治实践运行过程的具体考察中，不难看到由注重"礼"而进一步关注"礼"和"法"的理论取向，荀子的以下论点便体现了这一点："礼者，法之大分"（《荀子·劝学》），"法者，治之端也"（《荀子·君道》），"非礼，是无法也"（《荀子·修身》），"治之经，礼与刑"（《荀子·成相》），如此等等。由"礼"而接纳法或由"礼"而入"法"，最后礼法交融，构成了儒家在政治哲学上的重要趋向，这一特点也体现于政治实践的层面：在儒学独尊的汉代，政治的实际运作便表现为所谓"霸王道杂之"（《汉书·元帝纪》），后者所体现的，实质上即是以"礼"为主导的礼法统一。从治国的层面看，以"礼"为主导的礼法统一所侧重的，主要是政治实践的形式之维。

就政治哲学的角度而言，"礼"以度量分界建构社会秩序，同时又关乎社会正义。如前所述，度量分界的实际意义在于把人区分为不同等级和地位，同时为每一等级和地位中的人规定各自的权利和义务，后者在否定的方面要求个体不可彼此越界，从肯定的方面看则意味着每一个体都可以得其应得：在界限允许的范围之内，个体可以得到与其身份、地位一致的社会资源。这一意义上的得其应得，从一个方面体现了正义的要求：自亚里士多德以来，得其应得都被理解为正义的基本规定之一。就此而言，通过"礼"而建构起理性的秩序，同时也为从形式的层面走向正义提供了某种可能。

可以看到，基于"仁"的贤能政治与以"礼"为主导的礼法统一，构成了儒家政治哲学的两个相关方面，它可以视为"仁"和"礼"的交融这一儒家核心观念在政治领域的具体体现。按其内涵，"仁"所指向的是人与人之间的沟通，包括建立在情感之上的人际关联，由此达到社会成员彼此和谐相处。"礼"则侧重于区分界限，亦即为不同个体规定不同的等级和地位，使之各有相应的义务和权利，彼此相分，互不越界，由此建立社会秩序。概要而言，基于"礼"而分界限、建秩序与基于"仁"而合同异、趋和谐，构成了儒学总的政治取向。儒家所说的"礼之用，和为贵"（《论语·学而》），也从一个方面体现了这一点：礼本言其"分"，"仁"则以"和"为指向，"礼"所规定的人际之"分"，需要通过"仁"而引向社会的和谐，由此，"仁"和"礼"也从不同侧面展示了它们在政治生活中的作用。

与政治的运作相关的社会领域，是伦理关系和伦理实践。事实上，政治和伦理在儒家那里往往难以截然相分。伦理既关乎精神世界，也体现于社会领域，精神世界中的伦理之维，更多地表现在观念层面。在社会领域，伦理则通过人的具体存在、人与人之间的关系，以及人的实际行为而展现。

从现实的社会领域考察人的伦理之维，通常面临两个方面的问题，其一，"成就什么？如何成就？"，其二，"做什么？如何做？"。"成就什么？如何成就？"主要是以人格的完善、品格的培养为目标，涉及的是道德实践的主体，换言之，它关心的是道德实践主体本身如何生成或成就什么样的道德主体。"做什么？如何做？"则更多地表现为行为的关切：相对于道德实践主体，它更为关注道德行为本身。在儒家那里，与"仁"和"礼"的统一这一核心的观念相联系，以上两个问题以及与之相关的不同关切也彼此关联。首先，从"仁"的观念出发，儒家把成就德性、完善人格提到重要地位，如所周知，儒家有"成己"和"成人"之说，其内涵在于把"成就什么"作为主要关切之点。与"仁"相关的是"礼"，在社会领域，"礼"的伦理之维更多地表现为现实的社会伦理规范，一般而言，伦理规范重在指导人们的行为选择和行为展开，与之相应，"礼"的关切之点也更多地指向人的具体行为过程，包括人在不同的情景中应该选择什么样的行为，在实践过程中应当如何依"礼"而行，等等。这些问题首先与前面提到的"做什么？如何做？"联系在一起。

历史地看，以上两个问题往往分别与不同的伦理趋向相涉。"成就什么？如何成就？"每每被视为所谓德性伦理的问题。德性伦理所侧重的首先是道德主体的完善，其内在的理论旨趣在于通过人的成就，以达到道德主体的完美，并进一步以道德主体的完美来担保道德行为的完善。"做什么？如何做？"则更多地与行为的关切联系在一起，这种关切在伦理学上属规范伦理的问题。规范伦理首先指向人的行为，如何在行为层面合乎道德规范，是其关心的主要问题。在伦理学上，儒家常常被看作是德性伦理的代表，确实，如前所述，与注重"仁"相联系，儒家将德性（仁德）放在重要地位。然而，儒家同时处处以"礼"为关注之点，"礼"作为普遍规范，以行为的制约为指向。从现实层面看，与"仁"和"礼"的交融相关联，儒家既关注"成就什么？如何成就？"这一类德性伦理的问题，也关切"做什么？如何做？"等规范伦理意义上的问题。不难注意到，在社会领域的伦理维度上，"仁"和"礼"的关联具体表现为德性伦理和规范伦理的统一，尽管在儒学的演进中，不同的人物常常表现出相异的侧重，如朱熹较多地表现出对规范或规范的形上形态（天理）的关切，比较而言，在王阳明这样的哲学家中，内在德性（良知）则成为其优先的关注之点，但从总体上看，以"仁"和"礼"的关联为前提的德性和规范的统一，构成了儒家在伦理学上的主导取向。

在儒学的演化过程中，政治和伦理彼此相关，总体上表现为"仁"和"礼"的统一。孔子所提出的"君君、臣臣、父父、子子"（《论语·颜渊》），便已体现了以上趋向。具体而言，"君君、臣臣"更多地涉及政治领域的问题，"父父、子子"则与道德人伦相关联，两者的共同特点在于都在实质的层面指向"仁"和"礼"的沟通。一方面，在个体人格之维，"君君、臣臣"要求"君"和"臣"都要合乎各自的准则：即"君"应有"君"的品格，"臣"要像"臣"的样子。另一方面，从具体实践过程看，"君"和"臣"都应各自履行其承担的政治义务：君应履行"君"之职，"臣"也同样应如此。这里体现了政治领域中实质层面（政治品格）与形式层面（政治规范）的不同要求。与之相关的"父父、子子"主要是侧重于伦理之维。这里同样涉及"仁"和"礼"：一方面，"父父、子子"关乎亲子之情，后者体现了"仁"的精神，另一方面，其中也包含亲子之间的道德责任，后者与"礼"的要求相联系。无论从政治之域看，抑或从伦理之维考察，"君君、臣臣、父父、子子"都体现了"仁"和"礼"的相关性。

社会领域的另一个重要方面，是日常生活或生活世界。现代政治学往往区分国家与个体（私人），并以两者之间的社会区域为所谓"公共空间"或"公共领域"。儒学没有对此作这样严格的区分，但宽泛而言，这里将要讨论的日常生活或生活世界近于上述视域中的社会空间，关乎日常处世、日常行事的方方面面。日常生活展开于人的日常存在，生活与生存也具有相关性，在此意义上，日常生活无疑具有本体论意义。不过，在儒学中，日常生活更具体地表现为日用常行。在家庭之中，有事亲事兄等日常的行为。在家庭之外，则关涉乡邻交往，后者构成了传统社会重要的社会活动空间，如何做到长幼有序、尊老爱幼，等等，是其间需要应对的日常问题。在朋友之间的交往中，朋友有信、朋友之间有情有义，等等，构成了基本的要求。在师生关系中，则涉及尊师重道、洒扫应对等日常行为。以上的日用常行既包含基于"仁"的情感沟通，也涉及礼仪的形式和礼仪的规范。

　　日常生活的展开，以多样的人伦关系为背景，人在生活世界中的共在和交往，既关乎规矩，也涉及情感，后者总是渗入了"仁"的精神。孔子认为，能普遍地做到"恭、宽、信、敏、惠"，即意味着达到了"仁"（《论语·阳货》），"恭、宽、信、敏、惠"便涉及情感的沟通，它构成了儒家视域中人与人之间日常交往的基本要求。与之相辅相成的是"礼"："讲信修睦，尚辞让，去争夺，舍礼何以治之？"（《礼记·礼运》）对儒家而言，礼本来即以"辞让"为题中之义，所谓"辞让之心，礼之端也"（《孟子·公孙丑上》），便表明了这一点。在政治领域，"礼"主要表现为通过确立度量分界，以担保社会秩序，在日常生活中，"礼"则一方面为日常交往提供礼仪形式和礼仪规范，另一方面又通过辞让等要求，避免人与人之间的日常纷争，以保证交往的有序性。礼在政治领域和日常生活中的以上二重规定体现了礼本身的相关方面，荀子和孟子则在一定意义上分别侧重其中一个方面。从人的日常活动看，以辞让为内在要求的"礼"从不同方面为人与人之间的和谐交往提供了前提："尊让絜敬也者，君子之所以相接也。君子尊让则不争，絜敬则不慢，不慢不争，则远于辨矣。不斗不辨，则无暴乱之祸矣。"（《礼记·乡饮酒义》）可以看到，"仁"与"礼"从不同意义上构成了日常生活有序展开所以可能的条件。以人与人的交往而言，"尊老爱幼"更多地体现"仁"的要求，"长幼有序"则首先体现了"礼"的内在规定，二者在显现交往过程多重内涵的同时，也表明了日常生活的展开过程与"仁"和"礼"的相关性。

## 四

就人的存在而言，精神世界主要涉及人和自我的关系，社会领域指向的则是人与人之间的关系：政治、伦理、日常生活等社会领域都以人与人之间的互动为内容。从更广的视域看，人的存在同时关乎天人之间。在儒家那里，对天人关系的理解，同样体现了"仁"和"礼"统一的观念。大致而言，以上意义中的天人关系既有形而上的维度，也有伦理的方面。

在形而上的层面，儒家对天人关系的理解首先表现在强调人为天地之心："人者，天地之心也。"（《礼记·礼运》）人为天地之心的实际所指即"仁"为天地之心。关于这一点，从朱熹的以下论述中便不难看到："盖仁之为道，乃天地生物之心，即物而在。"[1] 与张载所说的"为天地立心"相近，人（仁）为天地之心的具体内涵，也就是人为自然确立价值目标和价值方向。康德在晚年曾将上帝视为"人与世界的内在精神"[2]。这里的"内在精神"也关乎价值意义，康德在将人和世界的价值意义与上帝联系起来的同时，也似乎表现出以上帝为价值意义的终极根据的趋向。相对于此，儒家以人（仁）为天地之心，显然体现了不同的价值取向。在这里，"仁"作为儒学的核心，同时制约着儒家对

---

① 朱熹：《仁说》，《朱子全书》第二十三册，上海古籍出版社、安徽教育出版社 2002 年版，第 3280 页。

② Kant, *Opus Postumum*, Cambridge University Press, 1993, p. 240.

天人关系的理解，并由此赋予自然（天）以价值意义。

　　与"仁"在天人之辩中的体现相联系的，是从"礼"出发规定天和人的关系。在儒家看来，天地有分别，自然也有序，天地之序与社会之序之间，存在着连续性："大礼与天地同节"，"礼者，天地之序也"。"在天成象，在地成形。如此，则礼者天地之别也。"（《礼记·乐记》）从形上之维看，这里所强调的是天道与人道的相关性。按儒家的理解，天地之序既构成了"礼"所表征的社会秩序之形上根据，又展现为基于"礼"的社会之序的投射，天地之序与社会秩序通过"礼"而相互沟通。张载对以上关系作了更具体的论述："生有先后，所以为天序；小大、高下相并而相形焉，是谓天秩。天之生物也有序，物之既形也有秩。知序然后经正，知秩然后礼行。"[①] "天序"与"天秩"体现的是自然之序；"经"与"礼"则关乎社会之序。在张载看来，经之正、礼之行源于"天序"和"天秩"，天道（自然之序）构成了人道（社会之序）的根据。

　　"仁"和"礼"与天人之辩的以上关联，主要展现了形上的内涵。广而言之，天人之际既涉及人与自然（天地）的关系，又与人自身的存在形态相关，二者都包含伦理之维。在形上的视域中，天人关系以"合"（关联）为特点，相对于此，二者在伦理的层面则同时呈现"分"（区别），后者首先表现为人的本然（天）形态与人化（人）形态之分。从肯定人的内在价值出发，儒学始终注重把握人之为人的根本之点，并由此将人与自然之域的存在区别开来，儒家

---

　　① 《张载集》，中华书局 1978 年版，第 19 页。

的人禽之辩，便以此为关注之点。对儒家而言，人不同于禽兽的根本之点，就在于人受到"礼"的制约："是故圣人作，为礼以教人。使人以有礼，知自别于禽兽。"（《礼记·曲礼上》）禽兽作为动物，属广义的自然对象（天），人则不同于自然（天）意义上的存在，而人与自然存在（禽兽）之分，首先便基于"礼"。在此，"礼"作为现实的社会规范，同时也为人形成不同于自然（天）的社会（人化）品格提供了担保。

在儒家那里，人禽之辩同时关联着文野之别。这里的"野"大致属自然（天）或前文明的存在状态，"文"则指文明化或具有人文意义的存在形态。儒家要求人的存在由"野"而"文"，从内在的方面看，由"野"而"文"意味着获得仁德等品格，并形成人文的价值取向，从外在行为过程看，由"野"而"文"则要求行为合乎"礼"的规范、趋向文明的交往方式。前文曾提及，"礼"的具体作用包括"节文"，这里的"节"主要与行为的调节和节制相联系，"文"则关乎形式层面的文饰。以"礼"为规范，人的言行举止、交往方式逐渐地趋向于文明化的形态。这一意义上的文野之别既是天人之辩的延续，也渗入了"仁"与"礼"的互动。

当然，伦理意义上的天人关系既有上述天人相分的一面，也包含天人关联的维度。在儒学之中，这种相关性首先体现在将"仁"的观念引申和运用于广义的自然（天）。儒学从孟子开始，便主张"仁民而爱物"（《孟子·尽心上》）。这里包含两个方面。首先是"仁民"，即以仁道的原则对待所有人类共同体中的成员，与之相关的"爱物"则要求将仁道观念进一步引用于外部自然或外部对象，由此展现对自然的爱护、珍惜。这一意义上的"爱物"，意味着在伦理（生态伦理）意义上肯定天人的相合。《礼记》提出了"树木以时伐"（《礼记·祭义》）的观念，孟子也主张"斧斤以时入山林"（《孟子·梁惠王上》），即砍伐树木要合乎"天"（自然）的内在法则，而非仅仅基于人的目的。这里既蕴含着保护自然的观念，也基于"仁"道原则而肯定了天与人之间的统一。

除了"仁民爱物"，天人关系还包含另一方面，后者体现于"赞天地之化育"等观念。对儒家而言，人不仅应"成己"，而且有责任"成物"，后者意味着参与现实世界的生成，所谓"赞天地之化育"，便以这一意义上的"成物"为指向。以上观念包含两方面的前提：其一，人具有参与现实世界的生成之能力；其二，人生活于其间的世界并不是本然的洪荒之世，而是与人自身的活动息息相关，其中处处包含着人的参与。"赞天地之化育"不仅体现了人对世界的责任意识，而且渗入了人对世界的关切意识：在参与世界形成的过程中，人承担对于世界的责任与人关切这个世界表现为彼此相关的两个方面。对世界的这种关切和承担对世界的责任既体现了"仁"的意识，也涉及"礼"的观念。如前所述，"礼"作为普遍的规范，以"当然"（应当如此）为形式，其中蕴含着内在的责任意识和义务意识，"仁"则一开始便表现出对人与世界的普遍关切，由仁民而爱物，即从一个方面体现了这一点。对天人关系的如上理解，从另一个方面体现了"仁"和"礼"统一的观念。

概而言之，儒学以"仁"和"礼"为其思想的内核，

"仁"和"礼"的统一作为儒家的核心观念同时渗入儒家思想的各个方面，并体现于精神世界、社会领域、天人之际等人的存在之维。在哲学的层面，"仁"和"礼"的关联交错着伦理、宗教、政治、形而上等不同的关切和进路，儒学本身则由此展开为一个综合性的文化观念系统：儒学之为儒学，即体现于这一综合性的系统之中。有"仁"和"礼"的内核而无多方面展开的儒学是抽象的，有多重方面而无内核的儒学，则缺乏内在灵魂或主导观念，二者都各有所偏，儒学的具体性、真实性，即体现于它的综合性或内核的多方面展开之上。时下所谓心性儒学、政治儒学、制度儒学、生活儒学，等等，似乎都仅仅抓住了儒学的某一方面或儒学在某一领域的体现：如果说，心性儒学主要涉及儒学有关精神世界的看法，那么，政治儒学、制度儒学、生活儒学等则分别以儒学在政治、伦理领域以及生活世界的展开形态为关注之点。儒学在某一方面的体现和儒学的本身或儒学的本来形态，应当加以区分。以儒学的某一个方面作为儒学的全部内容，往往很难避免儒学的片面化。诚然，从历史上看，儒学在其衍化过程中，不同的学派和人物每每有各自的侧重，但不能因为儒学在历史中曾出现不同侧重或趋向而把某种侧重当作儒学的全部内容或本然形态，儒学在具体演进过程中的侧重与本来意义上的儒学不应简单加以等同。要而言之，对儒学的理解，需要回到儒学自身的真实形态，后者与"仁"和"礼"的核心观念及其多重展开无法分离。

（原载《文史哲》2018 年第 5 期）

# 儒学的精神性之维[①]

作为观念形态的思想系统，儒学包含精神性之维。宽泛而言，"精神"具有不同涵义，可以从认识论、伦理学、本体论等角度加以讨论。谈儒家的精神性，无疑也涉及以上领域，但其实质内容则首先关乎价值之维。与之相联系的所谓精神性，首先相对于物质需求和感性欲求而言，其内在指向，则表现为意义的追求。

一

从形而上的层面看，人的存在与意义追求无法分离。世界本无意义，意义因人而有。相应地，也只有在人那里，才形成以意义追求为实质内容的所谓"精神性"问题。人的存在具有多方面性，这一存在境况决定了意义追求的多方面性。意义追求从核心的内容看关乎真善美，就具体的层面而言又涉及艺术、道德、宗教、哲学等领域。在意义的以上向

---

① 本文系作者于 2017 年 6 在"当代儒学发展的经验、现状和方向"会议上的发言记录。

度中，宗教既非唯一的方面，也不是终极之维，黑格尔在《精神哲学》中，便把哲学视为"艺术和宗教的统一"①，按这一理解，宗教仅仅构成了哲学的一个环节，而并不具有至上性。黑格尔关于艺术、宗教与哲学关系的看法是否合理，当然可以讨论，但他在精神之域拒绝赋予宗教以唯一性、至上性的思路，无疑值得关注。同样，在肯定"精神性"的实质性内涵表现为意义追求的同时，应当避免把"精神性"简单地等同于宗教性。

意义的追求既不同于意义的消解，也有别于意义的强加。以目的悬置、价值贬弃等为表现形式，意义的消解呈现多样的表现形式。在否定理性的前提下，非理性的情意表达往往压倒了理性的觉解；以确定性的扬弃为形式，意义的追求常常被推向理论关切的边缘；对文明演进、文化延续内在价值的怀疑，则每每使历史本身也失去内在的意义，如此等等。意义的这种消解，在价值观上容易引向虚无主义。与之相对的另一种趋向，则表现为对意义的外在强化或意义的强制。意义的外在强化或强制往往以权威主义或价值独断论为其存在形态，它在实质上以外在强加的方式，把某种意义系统安置于人。意义的这种强制或强加，意味着限制人们自主地选择、接受不同的意义系统。如果说，意义的消解导致精神性的失落，那么，意义的强制则引向精神性的异化。

从儒学的原初形态看，其精神性的维度可以从仁道和忠恕之道的统一中加以理解。仁道原则从价值论、本体论等方面为意义的追求提供了前提；"忠"与"恕"的统一则既意

---

① 黑格尔：《精神哲学》，杨祖陶译，人民出版社 2006 年版，第 383 页。

味着拒绝意义的消解，也意味着避免意义的强加。

意义基于人的存在，意义的追寻也离不开对人自身的理解和定位。考察儒家对人的理解，首先需要关注其核心的观念——"仁"。从形而上的角度看，"仁"的意义在于肯定人的内在价值，当孔子以"爱人"界说"仁"时（《论语·颜渊》），便言简意赅地肯定了这一点。对儒家而言，人之外的物固然可以为人所用，并相应地也有其价值，但这种价值仅仅是手段意义上的（为人所用），唯有人才因其自身而具有价值。孔子在得知马厩失火后探询"伤人乎"，而"不问马"（《论语·乡党》），便体现了这一点。作为不同于外在对象并不可还原为物的存在，人的价值具有内在性，这种内在价值同时从本源上规定了人的存在意义，并构成了一切意义追求的出发点。

仁道原则的确认，本身又以人禽之辩为逻辑前提。人禽之辩的实质指向，在于通过何为人的追问，揭示人之为人的根本规定。对儒学而言，人之为人的基本品格，主要体现于其自觉的伦理意识，正是这种伦理意识，使人区别于他物。荀子曾对人与其他对象作了比较，认为人不同于这些对象的根本之点，就在于有"义"。所谓"义"，也就是普遍的道德规范以及对这种规范的自觉意识（道德意识），后者同时赋予人以前述内在价值，并使之高于其他一切存在（"最为天下贵"）（《荀子·王制》）。人所具有的这种价值进一步为意义的追寻提供了本体论和价值论的根据：作为有别于禽兽、具有内在价值的存在，人总是追求有意义的、值得过的生活。在此意义上，作为儒学核心的仁道原则既体现了一种精神性的意义取向，又构成了更广意义上精神追求的前提。

　　与仁道相联系的是忠恕之道。所谓"忠"，即"己欲立而立人，己欲达而达人"（《论语·雍也》），其内在的趋向是由己而及人，使自己所认同、接受的价值理想同时成为他人追求的目标；"恕"则指"己所不欲，勿施于人"（《论语·颜渊》），其中包含尊重他人意愿、避免干预他人之意。就二者与人的关联而言，"忠"主要表现为使之（人）完美，"恕"则更多地侧重于宽以待人。从价值取向看，"忠"展示的是积极的担当意识或责任意识（努力使人完美），但仅仅以此为原则，容易导致强制他人接受自己的理想或价值观念，从而走向意义的强加。比较而言，"恕"则内含宽容的精神，在儒学看来，真正在实践中对此身体力行，便能逐渐趋近于仁的境界，所谓"强恕而行，求仁莫近焉"（《孟子·尽心上》），便表明了这一点。这种宽容的精神在后来进一步衍化为"道并行而不相悖"的观念，后者意味着以开放、兼容的态度对待不同的价值原则和价值观念。"恕"以及"道并行而不相悖"的主张对于"忠"（"己欲立而立人，己欲达而达人"）所可能导致的强人就我趋向，无疑具有某种抑制作用。当然，如果仅仅讲"恕"、单纯地坚持"道并行而不相悖"，也可能导致悬置价值的理想，甚而走向意义的消解或意义的相对化。从以上方面看，"忠"与"恕"的统一既通过理想的担当而远离了意义的消解，又通过力行宽容之道而避免了意义的强加。

　　从形式的方面看，"忠"与"恕"体现的是"能近取譬"、推己及人的思维方式，这种方式，同时被理解为"仁之方"（《论语·雍也》）。如果说，仁从总的方面规定了意义追求的价值方向，那么，作为实现仁道的具体方式和途径，"忠"与"恕"的统一则使儒家从一开始便与意义的消解和意义的强加保持了距离，儒家以意义追求为实质内涵的精神性，也由此展现了比较健全的趋向。

## 二

　　意义追求当然不仅仅限于儒家。从比较的视域看，意义追求往往展现出不同形态。这里首先可以关注"超越"和"成长"所蕴含的相异进路。在谈儒学或广义上的中国哲学之时，晚近比较流行的观念之一是所谓"内在超越"。后者一方面肯定儒学及广义上的中国哲学也有类似西方基督教的超越性（transcendent）或超越性的追求，另一方面则认为儒学或广义上的中国哲学所具有的这种所谓"超越性"，同时呈现"内在性"（immanent）。

　　以上论点尽管试图把握儒学及中国哲学的特点，但从现实的层面看，却在相当程度上偏离了儒学及中国哲学的本来形态。在此，首先需要对"超越"这一概念作一分疏。严格意义上的"超越"，乃是与 transcendent 对应的概念，这一意义上的"超越"概念首先来自西方，并涉及宗教的论域。从以上的"超越"视域看，上帝是唯一具有超越性的存在，这种超越性非任何其他对象（包括人）所可能具有。当然，后来哲学家如康德也提到过超越性，而且这种超越性在他的哲学中也与宗教存在相关性。康德区分感性、知性、理性，理性作为超验或超越之域，涉及三重理念，其中最高的理念便是上帝。这一意义上的超越，无疑也关乎宗教。不过，在康德那里，超越性同时又主要指超越感性，其意义相对于先验性（transcendental）而言：先验性的特点在于先于感性经验，但又可运用于感性经验，超越性或超验性则超越感性经验而又无法运用于感性经验。

在以上语境中，"超越"关联无条件的、无限的、绝对的方面，并与内在性（immanent）相对。这一视域中的"超越"，同时又具有不同意义上的"彼岸"性，而人则无法由"此"及"彼"：在本体论上，"此岸"之人不可能成为"彼岸"的上帝；在认识论上，人不能由感性领域的现象，达到超越于感性的自在之物或物自体。这一类的所谓"超越"，内在地包含着对人的限定，事实上，"超越"本身即以肯定人存在的有限性为前提。

这里可以暂且搁置广义的中国哲学，主要关注儒学以及儒学与以上思维趋向的关系。与上述"超越"的进路不同，儒学不同于基督教，从而没有承诺唯独上帝才具有那种"超越性"和宗教意义上的"超越"观念；儒学也并不执着于康德哲学中所谓感性和理性、经验和超验等的区分，从而也没有认识论意义上（超验意义上）的超越性。进一步看，上述视域中的"超越"和"内在"，在内涵上彼此悖反，前者（"超越"）是无条件、绝对、无限的，后者（"内在"）则是有条件、相对、有限的。在特殊蕴含普遍或个别包含一般等意义上，也许可以肯定有条件、相对、有限的存在中内含着无条件、绝对、无限的规定。然而，以"内在"规定"超越"，由此形成"内在超越"之说，则犹言"圆的方"，在逻辑上无法自洽。事实上，简单地用"内在超越"这类概念去谈儒学，似乎难以避免"以西释中"（借用时下的流行表述），这里所谓"释"，具有明显的迎合、附会倾向。

相对于基督教之注重"超越"，儒学更为关注的是为己和成己，后者所指向的，是自我的成长。"超越"隐含着自我的某种退隐，"成长"则以自我的提升为目标。自我的成长或自我的提升一方面意味着在"人禽之辩"的意义上由"野"而"文"，亦即走出本然状态，成为不同于自然对象的文明化或真正意义上的人，另一方面又意味着在"圣凡之辩"的意义上，由"凡"而"圣"，不断提升自身的人格境界。这里的"圣"不同于"神"："圣"是内在于"此岸"、具有完美德性的人，而不是存在于"彼岸"的无条件、绝对、无限意义上的上帝。

对"超越"的追求，往往引向自我的否定以及自我发展过程中的间断性：较之绝对的、无条件的、超越的存在，自我似乎显得微不足道，这种自我同时被视为应加以超越的对象。耶稣曾对他的信徒说："如果有人想跟随我，就让他先否定他自己。"① 这里的"否定他自己"既意味着个体的自我否定，也意味着自我发展的中断。比较而言，"成长"侧重于个体的自我实现，后者所确认的，是个体自身发展过程中的自我肯定以及自我发展过程中的连续性。事实上，相对于"超越"的进路，儒学更多地强调形上的根据和人的存在之间的连续性，《易传》的以下论述便从一个方面体现了这一点："一阴一阳之谓道，继之者，善也；成之者，性也。"（《易传·系辞上》）这里的"道"可以理解为价值的形上根据，

---

① 詹姆士·里德：《基督的人生观》，蒋庆译，生活·读书·新知三联书店 1989 年版，第 69 页。

对儒家而言，这种形上根据与人的成长之间更多地呈现前后相继的连续性：人自身成长的过程同时表现为对道的依循和确证。这种依循和确证不同于人的自我否定，相反，在继善成性的过程中，一方面，人的发展有其形上根据，天与人之间呈现前后的相关性；另一方面，人自身的成长过程，也展现出时间中的绵延统一。如果撇开以上表述的思辨形式，从更为现实的层面加以理解，则可注意到，其中同时蕴含如下观念：受道制约的人，其存在规定中蕴含未来成长（包括成就自我）的可能，这种可能构成了人后继发展的根据，成性（自我成长和自我提升）的过程，也就是以上可能的实现和展开过程，其内在向度则表现为前后的绵延相继。

儒学固然也以"克己复礼"规定"仁"，但此所谓"克己"不同于否定自我，相反，其最终的目标是成己："人须有为己之心，方能克己，能克己，方能成己。"① 这里涉及为己、克己、成己等不同环节，其间的关系表现为从"为己"出发，通过"克己"，最后达到"成己"。在此，"成己"构成了终点，"克己"只是这一过程的中介或手段，而个体的成长则相应地表现为一个自我造就，而非自我否定的过程。在"超越"的视域中，既成的"我"和应成的"我"之间往往存在着内在的紧张：应成之"我"表现为对既成之"我"的否定。以"成长"的观念为前提，既成之"我"和应成之"我"之间，则更多地呈现前后的相承：应成之"我"具体地表现为既成之"我"的提升，两者之间不存在否定意义上

---

① 王守仁：《传习录上》，《王阳明全集》，上海古籍出版社 1992 年版，第35 页。

的张力。

与人自身成长的连续性相联系是过程性、时间性。一方面，学以成人，自我的成就构成了个人发展的目标；另一方面，按照儒家的理解，"学不可以已"（《荀子·劝学》），这里的"学"以成人为指向，而"学不可以已"则意味着自我成长是一种无止境的过程。"学"以成人的这种无止境性表明，现实世界或"此岸"中的人，其成长、提升总是离不开历史性。

与此相对，"超越"在本质上并不涉及历史性、时间性、过程性。无论是绝对的、无条件意义上的上帝，还是作为超验对象的物自体，都存在于时间和过程之外，具有超时空的特点。康德认为时空的直观形式只能应用于现象界，而无法以物自体为作用对象，这种看法也从一方面强调了物自体超越于时间和空间之外。① 从意义追寻的角度看，"超越"与时间性、过程性、历史性的隔绝，同时也从一个方面突显了以"超越"为指向的意义追寻本身的抽象性，而成长过程的历史性、时间性规定，则展现了与之相关的意义追求的具体性和现实性。儒家精神性之维的内在特点，也由此得到了进一步的彰显。

三

与注重人自身的成长相联系，以意义追求为实质内涵的

---

① 在此意义上，海德格尔将存在与时间联系起来，可以看作是对基督教影响下的西方思想传统的某种转换，它与康德依然承诺理性之域存在的超时空性颇相异趣，其意义不应忽视。

儒学精神性之维，内在地体现于宋儒张载的以下名言，即："为天地立心，为生民立道，为去圣继绝学，为万世开太平。"[①] 这既是精神层面意义的追求，又展现了这种意义追求的价值内涵。

如前所述，人之为人的根本特点在于具有创造力量，这种创造力量使人能够赋予世界以意义。在人没有作用于其上之时，作为本然存在的洪荒之世并没有呈现出对于人的意义，世界对于人的意义乃是通过人自身的参与活动而敞开的。张载所说的"为天地立心"在表述上尽管具有某种形上的特点，但在实质上却从价值的层面上，突显了人的创造力量以及人赋予世界以意义的能力。

"为天地立心"以人与外部世界的关系为指向，"为生民立道"则涉及人与人自身的关系：人的历史走向和发展趋向，基于人自身的选择，而并不是由超越的存在如上帝、神之类的对象所规定；人类走向何方，决定于人自身。对历史方向的规定，以肯定人的存在和发展具有意义为前提，在此意义上，"为生民立道"表明，人的存在和发展并非如虚无主义者所认定的那样没有价值。质言之，一方面，人的存在和发展内含自身的价值意义；另一方面，这种价值意义又源于人自身所立之"道"。

人的存在意义，同时体现于人的文化建构及其绵延发展："为去圣继绝学"便关乎人类的文化历史命脉。"去圣之学"可以视为社会文化思想的象征，它既凝聚了人类的文化成果，又是文化历史命脉的体现，"为去圣继绝学"的

---

① 《张载集》，中华书局 1978 年版，第 376 页。

实质意义，便在于延续这种文化的历史命脉。文化积累是人的价值创造力量更为内在的表征，对延续文化历史命脉的承诺，同时也是对人的存在价值的进一步确认。

"去圣之学"首先涉及过去（以往的文化成果），比较而言，"为万世开太平"则更多地关注于未来。这里首先渗入了人类永久安平的观念，其思想的源头在一定意义上可以追溯到《尚书》的"协和万邦"以及《大学》"平天下"的社会理想。在西方近代，康德曾以永久和平为人类的未来理想，这一观念在某些方面与张载的思想也有相通之处。不过，在张载那里，"为万世开太平"并不仅限于追求邦国之间的永久和平，其中还包含着更普遍的价值内容，后者具体表现为推动人类走向真正完美的社会形态。历史地看，在不同的时代，人的完美和社会的完美可以被赋予不同的内容，相对于这种特定的历史追求，"为万世开太平"在展示未来价值理想的同时，又赋予这种理想以终极的意义。

作为儒家精神性的具体体现，以上观念并非玄之又玄、空洞无物，而是体现了理想意识和使命意识的统一，并展示了成己和成物的价值取向，其中同时内含了人自我提升、精神升华的要求。这种精神性追求不同于宗教，无法归入由"此"及"彼"的超越追求，其理想、使命都具有此岸性和现实性，与之相联系的自我提升也基于人的现实存在。

进而言之，以上的意义追求或精神性取向与宗教的分别，还在于它以肯定人自身的价值和自身的力量为前提。前文已提及，从人和世界的关系来说，所谓"为天地立心"，意味着人应当并能够赋予世界以价值意义。从人和自身的关系看，所谓"为生民立道"，蕴含着肯定人的历史发展方向取决于人自身的选择和努力。与之相异，对宗教如基督教而言，人是微不足道的。基督教的《圣经》中即有如下名言："人算什么？"（《圣经·约伯记》第七章）如果人试图为天地立心、为生民立道，便难以避免僭越。在基督教看来，人首先应当祈求上帝的救赎，即使注重信徒自身努力的新教，也要求通过这种努力以证明自己是上帝的选民。这种以"超越"的上帝为指向的进路，与人"为天地立心""为生民立道"的旨趣，相去甚远。

四

基于人自身价值和自身力量的儒学精神取向虽然不同于宗教，但其内在的文化意义和历史意义并不因此而被消解或弱化。以近代以来的历史衍化为背景，可以进一步把握这种意义。

如前所述，在儒学那里，人禽之辩构成了意义追求的出发点，儒家对仁道原则的肯定，也以人禽之辩为前提。广而言之，承认人之为人的价值与明辨人与其他存在的区别，可以视为同一问题的两个方面。意义追求离不开人，人禽之辩与何为人的问题则紧密相关：人禽之辩所指向的是人禽之别，后者意味着确认人之为人的根本规定。由此，人禽之辩本身也构成了意义追寻的本体论根据和价值论前提。

然而，就中国近代的历史衍化而言，自从进化论引入以后，物竞天择、适者生存这一类观念一度成为思想的主流，这种观念的兴起，无疑有其历史的缘由，它对激发近代的民族危亡意识和自强精神，也有其历史意义。然而，从人道或价值观的层面看，这一类观念又在逻辑上蕴含着如下趋向，即把人和其他对象（包括动物）等量齐观，后者与传统儒学在人道领域上展开的"人禽之辩"构成了一个不同的形态，在某种意义上甚而可以视为"人禽之辩"的一种颠覆：人禽之辩侧重于通过区分人与其他存在（包括动物），以突显人超越于自然的内在存在价值，物竞天择、适者生存则似乎使人回到自然丛林中的存在形态。从确认人与动物的根本差异（人禽之别），到等观天人（人与物服从同一自然法则），这无疑是观念的重要变化。

同时，随着市场经济、商品交换的发展，人的物化和商品化也逐渐成为一种引人瞩目的社会现象。在商品交换中，人与人的关系往往被转换为物与物的关系，商品崇拜、金钱崇拜等各种形式的拜物教则随之出现。与之相辅相成的是伴随着现代化过程而形成的世俗化趋向，后者往往赋予人的当下感受、感官需要以优先的地位，并以此疏远理想的追求、摒弃精神层面的终极关切。人的物化与物欲的追逐相互关联，使人禽之辩的颠覆，进一步引向了人与物界限的模糊。

进而言之，在科技日新月异的发展中，技术对人的控制以及工具对人的制约也逐渐滋长，人在某种意义上相应地愈益受制于技术和工具。在日常生活中，手不释"机"（手机或计算机）、网络依赖，已成为司空见惯的现象，这种日常景观也从一个方面折射了技术对人的控制。近时的 AlphaGo 与围棋高手的对决以及后者的屡屡落败，又使人禽之辩进一步引向人机之辩。就后一方面而言，人工智能似乎从能力等方面对人的存在价值和意义提出了挑战。

从更宽泛的层面看，尼采已提出上帝死了的口号，在西方思想传统中，上帝通常被视为意义的终极根据，与之相联系，既然上帝已死，则意义的终极根据也随之逝去。福柯进一步作出了"人之消失"的断言，并冷峻追问"人死了吗"？[①] 人是意义的主体，人死了，则意义追求的主体也不复存在。这样，从意义根据的架空，到意义追求主体的退隐，意义都面临着失落之虞。

就现代思想的演进而言，对本质主义、基础主义、逻各斯中心观念以及理性原则的拒斥，往往伴随着对意义追求的质疑，意义的陨落则是其逻辑的结果。在后结构主义或解构主义那里，这一趋向取得了较为典型的形式。解构强调的是意义的不确定性，而在强化这一点的同时，它也在相当程度上封闭了通向意义之境的道路。

此外，当代世界中还可以看到各种形式的极端主义以及原教旨主义，它们往往将某种片面的宗教观念或价值原则绝对化、至上化，并不仅在理论上加以宣扬、灌输，而且力图在实践中推行、贯彻。在实践中推行以上观念往往导致所谓文明的冲突，在理论上对其加以宣扬、灌输则意味着强行让一定共同体的成员接受这种观念。如果说，人禽之辩的颠覆、人物界限的模糊、技术的控制、意义的解构等在从不同层面消解人的存在价值的同时，也使精神之维的意义追求失去了前提和依托，那么，极端主义和原教旨主义则从一个方面表现出意义强加的趋向。

从如上背景出发考察儒学的精神性内蕴，便不难注意到

---

① 参见福柯《词与物》，莫伟民译，上海三联书店2001年版，第446页；杜小真编选《福柯集》，远东出版社1998年版，第78—83页。

它在今天所具有的意义。以人禽之辩为前提，儒学确认了人之为人的根本规定，由此为意义的追求提供了价值论的前提；基于仁道原则，儒学肯定忠与恕的统一，以此避免意义的消解和意义的强制；以人的自我提升为指向，儒学注重人的成长，以此区别于导向自我否定的"超越"；从"四为"（为天地立心，为生民立道，为去圣继绝学，为万世开太平）的观念出发，儒学肯定人作为价值主体所具有的创造力量，并确认理想意识和使命意识的统一，等等，这种精神追求不仅在消极的层面提醒我们对前述各种价值偏向保持警觉，而且在积极的层面为我们更深沉地关注人的存在价值、承诺意义的追求、拒绝意义的强加提供了重要的传统思想资源。就意义追求本身而言，相对于"超越"的宗教向度，儒学更多地展现了基于"此岸"的现实进路。从以上方面看，重新回溯、思考儒家以意义追求为内涵的精神性之维，无疑有其不可忽视的意义。

（原载《复旦学报》2017 年第 6 期）

# 儒学与实用主义

儒学形成于中国先秦，实用主义萌发于 19 世纪后期的美国，二者在时空上相去甚远。然而，从时空之外的哲学层面看，儒学与实用主义又存在某种相近的理论趋向。当然，相近之中又蕴含相异，从比较的视域具体地对儒学与实用主义作一考察，无疑既有助于理解二者相近的哲学旨趣，也有助于把握两者的各自特点。

## 一　存在与人之"在"

关注人的存在和人的生存，构成了儒学与实用主义的共同特点。与离开人之"在"追问形上的天道不同，儒学首先将目光投向人自身的存在。从个体人格，到社会人伦，从群居和宜，到古今变迁，人的存在构成儒学关注的主要问题。就个体而言，儒学的关切指向怎样实现自我的成长、提升；就群体而言，儒学则以如何协调人伦关系、怎样达到国治而民安为追问的对象。在这里，人既是儒学关切的出发点，也构成了儒学关切的中心。同样，实用主义也将注重之点首先指向人自身的存在。对实用主义来说，在利用外部世界及其材料以维护生命存在这一点上，人与其他生物有机体具有一致性："生理的有机体及其结构，无论在人类或在低级动物中，是与适应和利用材料以维护生命过程有关的，这一点是不能否认的。"① 与之相应，如何生存是人面临的首要问题：相对于形而上的超验世界，人自身的存在具有更为切近、紧迫的意义。

赋予人的存在以优先性，同时也制约着对更广意义上存在的理解。在中国哲学中，道往往被视为终极的存在原理，然而，对儒学而言，这一意义上的道并非超然于人："道不远人。人之为道而远人，不可以为道。"（《中庸》）在儒学看来，道并不是与人隔绝的存在，离开了人的为道过程，道只是抽象思辨的对象，难以呈现其真切实在性。而追寻道的过程，则具体展开于日常的庸言庸行："君子之道，造端乎夫妇；极其至也，察乎天地。"（《中庸》）道固然具有普遍性的品格，但惟有在人向道而在的过程中，其超越性才能被扬弃，其真实意义才能为人所把握。

与儒学相近，实用主义也拒绝追问与人无涉的存在。杜威便明确地指出了这一点："实用主义关于实在的概念的主要特色，正在于它认为关于实在的一般理论是不可能的，或者说不需要的。"② "关于实在的一般理论"，涉及人之外的超验存在，对实用主义而言，与人自身没有发生关联的存在具有抽象的形而上性质，以这种存在为指向的实在理论，缺乏现实的依据，因而难以成立。由关注人的存在而拒斥一般

---

① 杜威：《经验与自然》，傅统先译，江苏教育出版社 2005 年版，第 17 页。

② J. Dewey, A. W. Moore, et al., *Creative Intelligence: Essays in the Pragmatic Attitude*, Henry Holt And Company, 1917, p. 55.

的实在理论，既体现了思想的内在逻辑进展，也从一个方面进一步突显了人的存在的优先性。

不过，与实用主义倾向于悬置关于存在的一般理论不同，儒学在反对离开人而谈道的同时，并不拒绝在道的层面对世界的把握。由人而达道，侧重的是对存在的非超验把握，而非完全回避对存在的考察。孟子肯定"尽其心者，知其性也；知其性，则知天矣"（《孟子·尽心上》），便要求从"人"进一步走向"天"，并由此沟通人自身之"在"与天道意义上的存在。这样，一方面，人不能在自身的存在之外去追问超验的对象，另一方面，世界的意义则在由"人"而及"天"的过程中进入人的视野。正是在此意义上，《中庸》强调"极高明而道中庸"："极高明"意味着承诺普遍之道，"道中庸"则表明这一过程即完成于人自身在生活世界中的日用常行。不难看到，这里侧重的是天与人、世界之在与人的存在的沟通，而不是由关注人的存在而消解世界之在。

与以上进路有所不同，在赋予人的存在以优先性的同时，实用主义趋向于强调人自身之"在"（包括人自身的活动）对存在的影响，后者同时展现了实用主义与儒学在形而上层面的相异趋向。在谈到关于对象或事物的观念时，皮尔士指出："考虑一下我们认为我们概念的对象所能有的效果（可以设想，这些效果具有实际意义），那末，我们关于这些效果的概念就是我们关于对象的观念。""我们关于任何事物的观念就是我们对它的感性效果的观念。"[1] 此处所

---

[1] C. S. Peirce, *Selected Writings: Values in A Universe of Chance*, edited by Philip P. Wiener, Dover Publications, INC, 1966, p. 124.

谓"效果"，主要与人的活动或行为相联系，它形成于主体的作用，本质上带有主体活动的印记；与这种效果相对的，则是本然（自在）的实在。皮尔士把关于事物（对象）的观念与对它的效果的观念等而同之，意味着将有意义的对象规定为人化的实在（打上了主体印记的实在）。在他看来，一旦将实在理解为人化的对象，则无意义的形而上学本体也就可以被摒弃。皮尔士的以上观点在后续的实用主义哲学中得到了更明确的表述。在比较理性主义与实用主义对实在的不同看法时，詹姆士写道："理性主义（指传统的思辨哲学——引者注）的实在一直就是现成的、完全的；实用主义的实在，则是不断在创造的，其一部分面貌尚待未来才产生。""因此，什么事物都打上了人的烙印。"[①] 事物的这种人化，同时意味着对象可以由人任意塑造，杜威便断言："自然变成可以任意塑造的供人使用的东西。"[②] 这些看法多少表现出如下意向，即以人的活动及其结果消解了世界的实在性。事实上，詹姆士便比较明确地表达了这一点，在他看来，在人（包括人的观念）以外的任何"独立"实在"是很难找到的"，"这种所谓实在，绝对是哑的、虚幻的"[③]。

就其现实形态而言，人总是无法回避对存在的追问，但这种追问又并非仅仅是一种思辨探寻。存在的澄明总是与人自身之"在"联系在一起。相对于本体论意义上的存在

---

① 詹姆士：《实用主义》，陈羽纶、孙瑞禾译，商务印书馆 1979 年版，第 131、136 页。

② 杜威：《哲学的改造》，许崇清译，商务印书馆 1958 年版，第 62 页。

③ 詹姆士：《实用主义》，陈羽纶、孙瑞禾译，商务印书馆 1979 年版，第 127 页。

（being），人自身之"在"更多地展开于人的生存过程：它在本质上表现为一种生活世界和历史实践中的"在"（existence）。离开人自身之"在"，存在只具有本然或自在的性质；正是人自身之"在"，使存在向人敞开。从形而上的层面看，儒学与实用主义对存在的理解，无疑有见于以上方面。不过，人自身之"在"，也并非处于存在之外，它总是同时具有某种本体论的意义。这样，人一方面在自身之"在"中切入存在，同时又在把握存在的过程中，进一步从本体论的层面领悟自身之"在"。对人之在与广义存在的本体论意义以及两者（人之在与广义存在）的相关性，实用主义似乎有所忽略。同时，这里需要区分世界的现实性（actuality）与世界的实在性（reality）。基于人的存在理解世界固然赋予世界以现实性，但不能由此否定世界的实在性。由注重人自身的作用，儒学与实用主义都趋向于扬弃世界的不变性、突出世界的生成性（becoming），这种生成性也从一个方面彰显了世界的现实性，但生成性以及它所表征的现实性与实在性并非彼此排斥。儒学在致力于沟通人与道的同时，也在一定意义上从形而上的层面为承诺以上实在性留下了空间，相对于此，实用主义在这方面的进路似乎更容易由注重人的存在及其活动而引向消解世界的实在性。

进而言之，从人与世界的关系看，对世界的规范与对世界的说明是两个相互关联的方面。规范世界涉及的是世界"应当是什么"的问题：所谓规范世界，也就是使世界走向当然（理想）的形态。比较而言，说明世界关切的是世界"实际是什么"的问题：对世界的说明，主要侧重于敞开世界的真实形态。儒学与实用主义都注重世界应当是什么的问题，不过，儒学在肯定"赞天地之化育"等规范性之维的同时，并没有完全悬置对世界的说明，在其关于人与道的追问中，便包含说明世界的内容，而儒学"以名指实"的名言理论，则更直接地以说明世界为指向。相对于此，在实用主义的视野中，说明世界似乎主要涉及形而上学的世界图景，而人的存在则首先关乎应对环境以及与之相涉的变革或规范世界，在注重规范世界的同时，实用主义往往将说明世界的问题推向边缘。如后文将进一步论及的，以上哲学取向同时制约着实用主义对理论、概念的理解：概念和理论作为把握世界的形式，本来具有说明世界的意义，然而，在实用主义那里，概念和理论每每被工具化，并主要被视为规范现实的手段，其说明世界的功能，则或多或少被消解。当然，从另一个方面看，作为传统哲学形态，儒学尽管基于人的存在以论天道，但在追问"道"或"天道"的形式下解释世界，仍表现出某种思辨的性质，在理气、道器之辩方面，儒学中的一些学派和人物，也依然有对此作抽象理解的趋向，从"理也者，形而上之道也，生物之本也；气也者，形而下之器也，生物之具也"①，"自其末以缘本，则五行之异本二气之实，二气之实，又本一理之极，是合万物而言之，为一太极而已也"② 这一类议论中，便不难看到这一点。较之儒学所内含的这些方面，实用主义在扬弃思辨或抽象的形而上学方面，似乎显得更为彻底。

---

① 朱熹：《答黄道夫一》，《朱子全书》第二十三册，上海古籍出版社、安徽教育出版社 2002 年版，第 2755 页。

② 朱熹：《通书注·性理命章》，《朱子全书》第十三册，上海古籍出版社、安徽教育出版社 2002 年版，第 117 页。

## 二 情境与本体

人存在于世，总是面临不同的生存情境，后者既赋予人的存在以多样的形态，也从一个方面突显了人自身之"在"的现实品格。由注重人的存在，儒学与实用主义对人的生存情境也给予了多方面的关注。

宽泛而言，人的存在既有经验、感性之维，也有理性、精神的向度，人的生存情境也相应地呈现多重性。相对来说，儒学比较注重人的精神性之维，与之相关的存在情境，则更多地涉及道德情境。事实上，儒学视域中存在的情境性，首先也体现于道德情境。面对多样、独特的生活情境，个体常常面临各种道德的两难处境，需要进行独特的选择。儒学讨论的经与权、理一与分殊，等等，都关乎道德层面的存在情境，如何恰当地应对这种情境，往往具体表现在如何作出合理而又合宜的选择。

存在情境具有独特性，关注存在的情境性，同时意味着肯定情境的独特性。不过，对儒学来说，存在情境的独特性与普遍的原则或规范，并不彼此排斥。前面提到的经与权、理一与分殊，便涉及这一方面。"经"和"理一"表征的主要是普遍的原则或普遍的规范，"分殊"和"权"则意味着基于特定情境的分析而对一般原则加以变通，由此作出合理而又合宜的选择。孟子曾提及："男女授受不亲，礼也；嫂溺援之以手者，权也。"（《孟子·离娄上》）"男女授受不亲"作为礼的体现，关乎一般原则和规范，"嫂溺"则是特定的情境，在嫂溺水而危及生命的特定情境下，便不能拘守"男女授受不亲"的一般规范，而应以"援之以手"这一权变的方式来应对所处的危急情境。当然，对儒学而言，特定境遇中的具体分析与变通，并非完全离开普遍的道德原则。嫂溺水时，固然可以不受"男女授受不亲"之礼的限制，但援手救嫂，同时又体现了一般的仁道原则。相反，如果在嫂落水而处于危难之际袖手旁观，则意味着完全悖离了以肯定人的生命价值为首要内容的仁道原则，从而如同禽兽："嫂溺不援，是豺狼也。"（《孟子·离娄上》）在此，"仁道"较之"男女授受不亲"展现为更普遍层面的原则，"嫂溺援之以手"的特定行为虽逸出了"男女授受不亲"的具体原则，但却依然循乎"仁道"这一更普遍的原则。正是在上述意义上，儒学一再强调"学者亦必以规矩"（《孟子·告子上》）。不难看到，这里包含两个方面：其一，承认情境的多样性和特殊性，其二，肯定一般原则的制约作用。儒学确认经与权、理一与分殊的统一，其内在旨趣不在于以存在情境的特殊性否定一般原则的普遍制约，而在于沟通普遍原则与特定情境，并使二者保持合理张力。

相对于儒学之注重存在的理性向度和精神向度，并由此突出情境的道德内涵，实用主义的关注之点更多地指向存在的经验性之维，与之相涉的情境，则首先被赋予生活和生存的内容。对实用主义而言，人作为有机体，与其他生物有机体具有相近的特点。杜威便指出了这一点："在生物学水平上，有机体必须对周围条件做出反应，其方式是改变那些条件以及有机体与它们的关系，从而恢复相互适应，这是维持生命功能所必需的。人类有机体也卷入相同的情境。"① 生物有机体的生存过程，离不开特定的情境，所谓"周围条件"，便可视为这类情境的具体形态，而适应这种情境，则是生物有机体生存的前提。与之相联系，对实用主义而言，在人的生存过程中，情境具有主导的意义："所谓个人生活在世界之中，就是指生活在一系列的情境之中。"② 人究竟做什么、如何做，都受到特定情境的制约，而非取决于一般的理论或一般的原则。在实用主义看来，人的认识，主要表现为探索过程，其目的是解决相关情境中的问题，而这种解题的过程也无关乎一般的理论或一般的原则，而主要表现为具体个人和特定情境之间的相互作用，经验本身也形成于这一过程：人生活于各种情境中，主要意味着"个人和各种事物以及个人和其他人们之间进行着的交互作用。情境和交互作用这两个概念是互不可分的。一种经验往往是个人和当时形成他的环境之间发生作用的产物"③。较之儒学致力于协调一般原则（"经""理一"）与特定情境中的变通（"权""分殊"），实用主义更多地表现出消解一般理论和一般原则的趋向。从价值取向的层面看，执着"权"（情境应对）而疏离"经"（一般原则），往往容易导向相对主义，就认识之域而言，以"权"而拒斥"经"则很难避免经验主义的归宿。

从存在形态看，情境具有偶然性、外在性、变动性，与

---

① 杜威：《常识与科学探究》，祝莉萍译，载《意义、真理与行动》，东方出版社 2007 年版，第 438 页。

② 杜威：《我们怎样思维·经验与教育》，姜文闵译，人民教育出版社 1991 年版，第 267 页。

③ 同上。

外在情境相对的是人的内在的精神世界或意识结构，这种意识结构大致包含两方面的内容：其一，价值层面的观念取向；其二，认知意义上的知识系统。人的在世过程既面临"成就什么"，也涉及"如何成就"，前者与人的发展方向、目标选择相联系，后者则关乎达到目标的方式、目标。比较而言，精神世界中的价值之维，更多地从发展方向、目标选择（成就什么）等方面制约着人的在世过程；精神世界中的认知之维，则主要从方式、途径、程序（如何成就）等方面，为人的在世过程提供内在的引导。

与经与权、理一与分殊之辩相联系，儒学在后来的衍化中进一步展开本体与工夫关系的讨论。这里的"本体"与人的存在相关，主要指人的内在精神世界或意识结构，"工夫"则是人在不同情境中展开的活动过程。对主流的儒学而言，作为内在精神世界的本体，具有稳定、前后一贯的形态，工夫则具有变动性、多样性。一方面，本体需要通过工夫而确证，另一方面，工夫的展开又离不开本体的引导；前者使本体避免了抽象化，后者为工夫的价值方向以及工夫本身的前后延续提供了担保。当然，儒学在以"心之本体"这类思辨形态来规定人的内在意识结构之时，常常赋予上述本体以先天形式，以此为人存在和行动的内在根据，不免仍带有某种抽象性。

较之儒学，实用主义更多地关注不同的存在情景以及与之相关的行动的多样性、特殊性、偶然性，杜威已强调了这一点，"人发现他自己生活在一个碰运气的世界"[①]，"碰运

---

① 杜威：《经验与自然》，江苏教育出版社 2005 年版，第 28 页。

气的世界"也就是一个充满偶然性和不确定性的世界。对实用主义而言，这种存在情景和发生于其中的多样活动，又首先与人作为生物有机体的感性生存相联系。被视为新实用主义者的罗蒂便认为，达尔文学说是实用主义的基石，而文化的演变则是生物进化的进一步发展。与以上看法相应，实用主义所理解的人的活动每每既疏离于抽象的精神性之维，也与概念层面的认知活动无实质的关联，后者在概念的工具化中得到了一个方面的体现。从逻辑上说，精神之维的架空，将导致内在意识结构中价值内涵的失落；概念的工具化，则可能使内在意识结构失去认知的内容，由此，儒学意义上的本体或内在精神世界往往面临消解之虞。事实上，实用主义在强调人的存在及其行动的情境性的同时，确乎未能承诺儒学意义上的本体或内在精神世界。从现实的存在形态看，人的存在及其行动并非无根无由、完全由外在的情境所决定，而是同时有其内在的根据，并受到已有观念系统的引导，儒学意义上的本体或精神世界便可以视为人的存在及其行动的这种内在根据，而本体或精神世界的消解，则似乎使人的存在与行动的内在根据难以落实。同时，上述意义上的本体或精神世界具有相对稳定、前后延续的品格，这种稳定性、前后延续性，从内在的方面为人的存在及其行动的稳定性、前后延续性提供了可能，本体的消解或失落，则容易将人的存在与行动引向随意化、碎片化。如果说，悬置人存在与行动的内在根据使实用主义多少避免了儒学对本体理解的某种抽象性，那么，由突出存在和行动的情境性而消解本体，则使如何克服人的存在及其行动的随意化、碎片化成为实用主义所面临的理论难题。

## 三　知与行

从人的存在过程看，情境与行动往往难以分离：就其现实的形态而言，存在的情境性便与行动的多样性相关联，从前文所述中也可注意到，对情境的关注总是包含着对行动的注重。在这方面，儒学与实用主义同样表现出某种相通性。行的展开，同时又关乎知，儒学的内在论题之一，便是知行之辩，实用主义在哲学上同样涉及知行关系。

儒学将行提到了重要地位。《论语》开宗明义便指出："学而时习之，不亦说乎？"（《论语·学而》）这里，"学"和"习"即联系在一起，而"习"的涵义之一，则是习行，亦即人的践履。从"习行"的角度看，所谓"学而时习之"，也就是在通过"学"而掌握了一定的道理、知识之后，进一步付诸实行，使之在行动中得到确认和深化，由此提升"学"的境界。荀子更明确地指出了行的意义："求之而后得，为之而后成。""能习焉而后成谓之伪。""学至于行之而止矣。"（《荀子·儒效》）此处之"为""习""行"主要指人的践履活动，"得""成"则指广义之知的获得以及人格的提升（化性起伪）。儒学所理解的"得"，并不仅仅指对现象的考察，而且包括得道（把握普遍的存在法则），肯定行的意义，同时也就意味着由行而把握道。关于这一点，王夫之作了言简意赅的阐述："行而后知有道。"①

---

① 王夫之：《思问录·内篇》，《船山全书》第十二册，岳麓书社 1996 年版，第 402 页。

在此，"行"从另一个层面体现了其优先性。

儒学所说的"行"，与儒学所理解的人伦关系无法分离。在谈到社会伦常时，孟子曾指出："父子有亲，君臣有义，夫妇有别，长幼有序，朋友有信。"（《孟子·滕文公上》）这里涉及儒学视域中的基本人伦，其中"父子""夫妇""长幼"涵盖家庭伦理关系，"君臣"关乎那个时代的政治关系，"朋友"则与社会论域更广意义上的交往关系相涉，与之相应，人的践行主要指向事亲等道德实践、事君等政治实践、日常的社会交往，而"亲""义""信"等则是引导以上日用常行的普遍规定。在引申的意义上，道德实践进一步扩展到家庭之外的更广领域，政治实践则延伸至治国安民等广义的经世活动，社会交往也渗向日常生活的各个方面。上述人伦属不同层面的社会关系，与之相关的"行"或践履所侧重的，首先也表现为协调、处理人与人之间的不同关系。

不过，在突出"行"的同时，儒学并没有忽略"知"。从孔子开始，儒学便肯定仁知统一，这里的仁既指仁道规范，也意味着依仁而行，知则包括对仁道的把握，后者赋予依仁而行的过程以自觉品格。孟子对行为的自发与自觉作了更明确的区分，指出："行之而不著焉，习矣而不察焉，终身由之而不知其道者，众也。"（《孟子·尽心上》）行之而不著、习矣而不察，表明行为尚处于自发的形态，而这种自发性，又根源于"不知其道"。在儒学尔后的衍化中，以上观念得到了进一步的阐发，从程颐的以下看法中，不难注意到这一点："学者固当勉强。然不致知，怎生行得？勉强行者，安能持久？"① 未能持久，亦即缺乏一贯性、恒久性。就是说，无知而行，固然也可以勉强合乎义理，但这种行为往往带有偶然的特点，而不能一以贯之，唯有以知为指导，才能使行遵循必然之理，从而扬弃偶然性，具有稳定性。从伦理学上看，道德行为之一贯性，总是来自道德认识的自觉性，只有具有较自觉的精神境界，道德行为才能超越偶然的冲动，并表现为一种稳定的操守；就道德践履之外一般的实践活动而言，行为的确定性、可重复性，也总是来自对必然法则的认识。儒学的这些看法，多少触及了知与行的上述关系。

在实用主义那里，同样可以看到对行的注重。杜威便明确地指出："人们是来行动的而不是来讲理论的。"与这一观点相应，杜威批评柏拉图"关照本质境界在内心所产生的变化，而轻视行动，把它当作是短暂的和低下的"②。不难注意到，按实用主义的理解，较之关于理论以及本质的思辨，行动具有更本源的意义。对行动优先性的这种肯定，与儒学无疑具有相近之处。不过，在儒学的视野中，行动首先展开于伦理领域，并以人与人之间的相互作用为主要形式，实用主义则将关注之点更多地指向人与环境的关系，并将行动与环境的改变联系起来。在实用主义看来，主观主义的缺陷，主要便表现在仅仅"强调改变我们自己而不注意改变我们在其中生活的这个世界"③。所谓"改变我们在其中生

① 《二程集》，中华书局 1981 年版，第 187 页。
② 杜威：《确定性的寻求》，上海人民出版社 2005 年版，第 212 页。
③ 同上。

活的世界",首先关乎应对人生存于其间的具体的环境。如前所述,实用主义将人的生存放在首要的地位,行动的基本使命,也与生存过程的延续相联系。通过行动应对环境、改变世界,由此为人的生存过程提供担保,构成了实用主义关切行动的出发点。①

从现实的形态看,人的存在既关乎生物有机体层面有效应对环境、维护生命延续等方面,也涉及精神的追求和人格境界的提升等问题。实用主义基于生物进化论,更多地注重生物有机体层面人与环境的互动,由此担保人在物质生命层面的生存和发展;比较而言,儒学则较为侧重人存在过程中的精神追求和人格境界的提升,二者各自注意到了人自身之"在"的一个方面。然而,在侧重存在一定方面的同时,二者对人生存过程中的另一方面或另一些方面,往往未能给予充分的关注:如果说,儒学在注重社会人伦以及与之相涉的生活过程的精神之维的同时,对变革物质层面的环境或改变人生活于其间的物理世界未能给予同样的关注,那么,

---

① 认同实用主义的当代哲学家布兰顿(R. Brandom)也将实践和行动提到重要地位,在他看来:"理性的事业也就是追问理由并提供理由的实践,它是讨论行动的核心。"(R. Brandom,"Reason, Expression, and Philosophical Enterprise", in *What is Philosophy*, Edited C. P Ragland and S. Heidt, Yale University Press, 2001, p. 77)布兰顿同时注重哲学的规范性,然而,与"理性事业"的如上理解相应,这种规范性主要被限定于概念的运用,后者又与使之明晰相联系,这种哲学观念基本上没有超出概念之域。比较而言,如以上所论,本来形态的实用主义则更注重生活过程中的多样行动,注重通过现实的行动以应对生活过程中遇到的各种问题;概念的作用,主要也被理解为服务于现实的生活。简言之,实用主义要求超出概念,走向生活,参与行动,布兰顿则仍限定于概念,就此而言,他似乎可以视为修正的实用主义者或不彻底的实用主义者。

实用主义则在注重生物有机体层面人与环境的互动，并试图由此担保人在物质生命层面的生存和发展的同时，对生活过程中的精神之维多少表现出存而不论的趋向。二者对人自身之"在"的理解既有各自的洞见，也呈现某种理论上的偏向。

对人的存在过程的不同看法，同时规定着对知与行以及二者关系的不同理解。儒学注重社会人伦的合理定位以及生活过程中的精神之维，人伦的合理定位和精神生活的提升既需要普遍价值原则（包括礼义规范）的引导，也离不开对这种价值原则和规范的自觉把握和理解。由此，儒学在注重人的多样之行的同时，也关注知的制约作用。实用主义关注人与特定环境的互动，如前所述，这种环境首先呈现情境性、特殊性的品格，与之相关的行动也相应地呈现情境性、特殊性的特点，相对于此，理论和概念则更多地包含普遍、一般的内涵。对实用主义而言，如何有效应对不同情境，是人与环境互动过程中首先面临的问题，这一应对过程并非基于普遍理论或一般原则，而是以情境分析为其实际的出发点。相对于解决特定情境中的问题，以理论、概念的形式展现的普遍之"知"，似乎空泛而抽象，由强调"脱离了具体行动和造作的理论是空洞无用的"①，实用主义往往在突出特定情境中之"行"的同时，表现出某种疏离"知"的取向。

与以上立场相联系，实用主义进一步趋向于以"行"界定"知"。在谈到"知"的本来意义时，杜威便认为：

① 杜威：《确定性的寻求》，上海人民出版社 2005 年版，第 217 页。

"知（knowing）就其本义而言也就是做（doing）。"① 这里固然肯定了知与行的相关性，但其前提则是将"知"融入"行"。对"知"的以上理解，与本体论上悬置形而上学的超验存在相应。按实用主义的看法，传统哲学的主要缺陷之一，在于仅仅停留于对实在的抽象描述与解释，这种解释与主体变革环境的活动始终彼此悬隔，而实用主义融"知"于"行"，则为拒斥这一类的思辨哲学提供了根据。对实用主义而言，认识的真正目的首先在于行："思维的整个机能在于引起行为习惯，与思维相关但与它的目的无关的一切，则是思维的累赘，而不是它的一部分。""不同的信念是根据它们产生的不同行动而被区分的。"② 在此，"知"在本源的层面被赋予从属的性质，其意义和作用完全由"行"所规定。就知行关系而言，这里似乎多少表现出销知入行的倾向。从认识论上的以上立场出发，往往容易将知本身推向被消解之境。实用主义注重经验，后者本来表现为认识的一种形态，然而，在实用主义那里，经验却每每被排除在知识之外："经验首先不是知识，而是动作和遭受的方式。"③ 同样，"感觉失去其为知识门户的地位，而得其为行为刺激的正当地位。眼或耳所受的感觉对于动物并不是世间无足轻重的事情的一种无谓的知会，而是因需要以行动的一种招情或

---

① J. Dewey, *Essays in Experimental Logic*, University of Chicago, 1916, p. 331.

② C. S. Peirce, *Selected Writings*：*Values in A Universe of Chance*, edited by Philip P. Wiener, Dover Publications, INC, 1966, pp. 120 – 121.

③ J. Dewey, A. W. Moore, et al., *Creative Intelligence*：*Essays in the Pragmatic Attitude*, Henry Holt And Company, 1917, p. 7.

引诱，它是行动的引线，是生活适应环境的一种指导因素。它在性质上是触发的，不是辨识的，经验论者和唯理论者关于感觉的知识价值的争论全部归于无用。关于感觉的讨论是属于直接的刺激和反应的标题底下，不是属于知识的标题底下的"①。感觉经验作为联结主客体的直接桥梁，所提供的乃是关于客体的最原始的质料，否定感觉经验的知识性质，也使"知"在本源的层面失去了意义。在此，融知于行与知自身意义的退隐，表现为同一过程的两个方面。

## 四 认知与评价、真与善

宽泛而言，知与行之辩涉及认识过程与实践过程的相互作用，从认识过程本身看，问题则进一步引向认知与评价的关系。认知以如其所是地把握对象为指向，并相应地与事实及真的追求相联系，评价则关乎价值意义的判断，这种价值判断同时以善的确认为内容。从现实形态看，广义的认识过程不仅涉及认知，而且关乎评价，儒学与实用主义在这里既表现出相近趋向，又蕴含不同进路。

与注重存在过程的精神之维相联系，儒学将知行过程中价值意义的评价放在重要地位。无论是行为过程，还是观念论争，所为与所言实际呈现或可能具有的价值意义，往往成为儒学首要的关注之点。如所周知，战国时期已出现百家争鸣的历史格局，各家各派从不同的角度和立场上，提出了各

---

① 杜威：《哲学的改造》，许崇清译，商务印书馆1958年版，第46—47页。

自的哲学理论、政治主张，并相互论争和辩难。如何看待这种论争？当时儒学的代表人物孟子首先便注重于价值层面的判断："圣王不作，诸侯放恣，处士横议，杨朱、墨翟之言盈天下。……吾为此惧，闲先圣之道，距杨墨，放淫辞，邪说者不得作。"（《孟子·滕文公下》）这里的"先王之道"与"淫辞""邪说"主要表现为价值性质上的分异，孟子对它们的把握，也主要基于其不同的价值意义。也正是从价值的关切出发，孟子申言："我亦欲正人心，息邪说，距诐行，放淫辞。"（《孟子·滕文公下》）亦即以拒斥和否定作为对待"淫辞""邪说"的基本立场。不同的哲学理论、政治主张是观念领域的认识对象，从价值的层面把握这些观点，同时也意味着赋予认识过程中的评价以优先性。

儒学的主要概念之一是"诚"，对儒学而言，"诚"首先与善的追求相联系，并在个体的层面关联内在的德性和人格。儒学提出成人（成就理想人格）的学说，这种理想人格既包含知情意等多重规定，又以实有诸己（自我真正具有）为特点。孔子区分了为人与为己，为人即为了获得他人的赞誉而刻意矫饰，其结果往往流于虚伪；为己则是培养真诚的德性，造就一个真实的自我。这里涉及对人及其行为和品格的把握，而其首先关注的，同样也是行为和品格的价值性质：以自我实现为指向的"为己"与仅仅形之于外、炫人以善意义上的"为人"，展现的是行为的诚伪之别，后者包含不同的价值意义，而对这种意义的把握，则构成了知人（认识人）的前提。

不过，在注重认识过程中评价之维的同时，儒学并没有排斥对事实的认知。儒学的经典之一《易传》，便将《易经》

中卦象的作用理解为"类万物之情"（揭示对象的真实状态）（《易传·系辞下》）。《易经》本是一部占卜的书，其内容似乎应疏离现实界，但在儒学看来，情况却刚好相反：卦象的可靠性从根本上说在于它导源于真实的现实。在这里，如实地把握对象，构成了说明世界的基本要求，事实之"真"与观念之"真"则被视为相互关联的两个方面，以上的统一性又构成了确信《易经》中诸卦象普遍有效的根据。

在面向事物的认识过程中，如实地把握对象，同样成为儒学的关切之点。孔子已提出了"四毋"的要求："毋意，毋必，毋固，毋我"（《论语·子罕》），其中的核心是反对主观独断，它从认识方式的层面，规定了如其所是地把握对象的前提。董仲舒在谈到名的时候，进一步肯定："名生于真，非其真，弗以为名。"（《春秋繁露·深察名号》）名在广义上包括概念，以真规定名，同时意味着概念应如实把握对象。在相近的意义上，朱熹要求在研究过程中"以物观物，不可先立己见"[1]，亦即从对象本身出发，撇开先入之见。物我、主客的这种分疏和辨析所指向的，不外乎"求是"（获得正确的认识）：主观的成见往往遮蔽对象，惟有从事实出发，才能得其真相。

儒学在衍化过程中逐渐形成所谓汉学与宋学的不同传统，从清初到乾嘉时期，以训诂、考证为主要内容的汉学浸浸然成为一代显学。训诂、文献考证的中心原则是"实事求是"，在以文献考证等为主要指向的清代儒学中，"实事求是"几乎

---

① 《朱子语类》卷十一，《朱子全书》第十四册，上海古籍出版社、安徽教育出版社 2002 年版，第 337 页。

被视为治学的第一原理。这里的"实事"即"事实",是古代的文献以及其中的文字材料等,"求"即研究过程,"是"则指真实(本来如此)的形态。在小学(语言文字学)中,"是"或指文字的原始涵义(古义),或指文字的原始读音(古音);在校勘中,"是"相对于后世传抄过程的讹误而言,指文献(古籍)的本来形态;在辨伪中,"是"主要指伪作的真实作者和真实年代,如此等等。在所有这些方面,"求是"都意味着在认知意义上如其所是地把握对象。

从总的取向看,儒学更多地倾向于对认识过程作广义上的理解,在"是非之辩"中,这一点得到了比较综合的体现。"是非之辩"中的"是"与"非"不仅仅指向价值意义上的正当与非正当或善与恶,而且与事实层面的真和假相联系,是非之辩则相应地既关乎价值领域正当与非正当或善与恶的评价,也涉及事实层面真与假的辨析和认知。这样,尽管儒学在一定意义上赋予价值的评价以某种优先性,但同时也注意到了认识过程中认知与评价之间的关联。

如前所述,实用主义将解决特定情境中的问题放在首要的地位。解决问题首先涉及的是评价,而从评价的角度看,知识或观念的意义便主要在于它是否能够对于相关问题提出好的或者有效的解决方案,而其真或假则可无须关注。皮尔士说:"我们一经达到坚定的信念,就完全满足了,而不管这种信念是真还是假。"[1] 此处所说的满足,即是指与广义的需要的一致,在皮尔士看来,坚定或确定的信念帮助人们

---

[1]  C. S. Peirce, *Selected Writings : Values in A Universe of Chance*, edited by Philip P. Wiener, Dover Publications, INC, 1966, p. 121.

走出疑难之境，其本身是否为真则非所论。詹姆士对此作了更明了的概括："总之，'认识'只是与实在发生有利关系的一种方式。"① 所谓"有利关系"，属价值之域，从"有利关系"考察认识，侧重的主要便是评价问题。杜威以更明确的形式悬置了人与对象的认知关系："对象是被占有和欣赏的，但它们不是被认知的。"② 这里的"占有和欣赏"同样基于价值的关切。在杜威看来："人所必须解决的问题是对他周围所发生的变迁作出反应，以便使这些变迁朝着为他将来的活动所需要的方向走。"③ "它们是好的或坏的，合乎需要的或不合乎需要的。"④ 这里也以解决问题和满足需要为关注之点，其中涉及的首先亦为认识的评价之维。评价所指向的是具有价值属性的行动结果，与注重评价相联系的是突出后果在认识中的地位："后果，而不是先在条件，提供了意义和真实性。"⑤ "先在条件"涉及已有或既成的对象，按实用主义的理解，认识的意义和真实性，主要便基于对行为后果的评价。可以看到，在实用主义那里，主客体的关系主要呈现为一种以行动为中介的价值关系，认识、探索则相应地被归结为一种评价活动，其功能在于从需要、利

① 詹姆士：《实用主义》，陈羽纶、孙瑞禾译，商务印书馆 1979 年版，第 202 页。
② 杜威：《经验与自然》，傅统先译，江苏教育出版社 2005 年版，第 86 页。
③ J. Dewey, A. W. Moore, et al. , *Creative Intelligence：Essays in the Pragmatic Attitude*, Henry Holt And Company, 1917, p. 9.
④ J. Dewey, *Essays in Experimental Logic*, University of Chicago, 1916, p. 311.
⑤ 杜威：《经验与自然》，傅统先译，江苏教育出版社 2005 年版，第 100 页。

益关系的角度，确定信念、假设的意义。这种看法无疑赋予评价以更多的优先性，在某种程度上，甚而以评价取代了认知或将认知融合于评价，与此相关，对善或者价值的强调，或多或少掩蔽了对事实和真的把握。

在一定意义上，认知的终极目标也许可以被看作是解决人存在过程（包括生活过程）中的问题，实用主义反复强调这一点，并非毫无意义。然而，从逻辑上说，如果我们对相关的事物或对象缺乏认知层面的知识，则生活以及各种实践中的解题过程又如何获得认识论上的支持？生活情境中的问题固然不能忽略，但同样重要的是，不应当以关于解题作用（能否有效解决问题）的评价，消解对相关事物或过程的认知。

认识的过程同时涉及能知（knower）或认识主体，作为具体的存在，能知不能被简单化约为抽象的评价者或解决生活中问题的抽象主体，他同时也是一个认知主体。与此相关，可以区分"关于是什么的知识"（knowledge of that or knowing that）、"关于如何的知识"（knowledge of how）或者"知道如何"（knowing how），以及"关于是否的知识"（knowledge of whether）或者"知道是否应当做"（knowing whether it should be done）。乍看起来，"知道是否应当做"涉及评价，而"知道什么"只是一个认知的过程。然而，就现实形态而言，"知道什么"和"知道是否应当做"相互统一于认识过程之中。尽管认知旨在把握事实或者客体本身，而评价则主要揭示客体对于人或认识主体所具有的意义，但认知和评价在现实的认识过程中总是难以彼此分离。评价影响着认识的诸多方面，包括设定认知的目标、确定认知的对象、判断认知的结果，等等。同样，认知也影响着评价，除了以需要和规范为基础外，评价还应当基于真实的认知。认知与评价的统一同时表明了认识主体的具体性：作为包含多方面规定的整体存在，认识主体在认识的实际过程中展现了与认知和评价相应的不同维度。简言之，认知与评价之间并非相互排斥，毋宁说，它们是作为一个整体而构成了实际的认识过程。实用主义单纯强调认识过程中的评价之维，似乎未能注意以上方面。

要而言之，人如何存在、如何生存，是儒学与实用主义共同关注的问题。儒学要求将天道落实于人的存在过程，实用主义则主张从形而上的超验世界，转向人的生存过程。在关注人之"在"的同时，儒学与实用主义又表现出不同的特点：如果说，儒学比较侧重于人的存在中理性、精神的层面，那么，实用主义则更为注目于生活过程的经验、感性的层面。由理性、精神层面的关注，儒学同时追求以人格提升为指向的完美的生活，由感性、经验的注重，实用主义同时关切与生物有机体生存相关的有效的生活。生存的精神之维与经验之维都关乎个体存在的具体情境以及情境中展开的行动，但儒学由精神的关切而同时承诺本体及广义之知，实用主义则由本于经验而注目于情境中的特定问题本身，并在将概念工具化的同时融知于行。生活的完美性和生活的有效性都包含价值内涵，儒学与实用主义由此关注认识的评价之维，但儒学以是非之辩接纳了认知，实用主义则趋向于以评价消解认知。可以看到，儒学与实用主义在哲学的出发点及其展开过程中既展示了相近的哲学旨趣，又表现出不同的思想进路。

（原载《学术月刊》2018 年第 3 期）

# 儒学视域中的为政和成人[1]

## 一

如何展开政治实践？在这一问题上大致有两种不同的理念或进路。其一趋向于将政治实践的过程与一定的制度、体制的运作联系在一起，其注重之点在于体制、制度自身的力量，而体制、制度之外的个人品格和德性，则被推向边缘。西方近代以来的一些政治哲学和政治学的理论，常常体现了以上进路。它们倾向于区分个人领域和社会领域或私人领域和公共领域，政治实践中权力的运作过程主要属公共领域，而人格的修养则被置于个人领域或私人领域之中，二者互不相干；权力的运作过程或政治实践的展开过程也相应地无涉人格修养。

另一进路以儒学为代表，其特点在于注重体制的运作过程和人格修养之间的关联。儒家的政治理念之一便是："其身正，不令而行；其身不正，虽令不从。"（《论语·子路》）这里的"其"即执政者或权力运用者，"身"则关乎权力运

---

① 本文系作者于 2016 年 6 月在中国浦东干部学校的讲演记录。

用者的品格。质言之，如果权力运用者本身人格完美，则他所颁布的各种行政命令、政策便会得到比较好的实施和贯彻；反之，如果"其身不正"，即执政者本身品行修养上有所欠缺，则他颁布的政令、政策在行使过程中往往很难真正地得到落实。在此，制度、体制方面的运作过程与体制的运作者（政治实践的实践主体）自身的人格修养这二者并非截然分开。

在以上方面，儒家思想中值得关注的观念之一是："礼之用，和为贵。"（《论语·学而》）宽泛而言，"礼"至少包括两个方面：其一为体制，即政治、伦理等方面的制度；其二则是与这种制度相关的规范系统，后者规定什么可以做、什么不能做，并具体关涉从天子到庶人的言行举止。相对于"礼"，"和"在广义上既涉及伦理的原则，也关乎内在的德性。从现实的作用看，"和"可以从两个方面去理解：在消极的层面，它意味着通过人与人之间的相互沟通来消除彼此之间的紧张或对抗；在积极的层面，"和"则在于通过同心协力，在实践过程中共同达到相关的目标。按照传统儒家的观点，制度的运作过程离不开一定的道德原则以及执政者本身德性的制约。所谓"礼之用，和为贵"，便体现了这一点。这种看法，不同于前述近代以来西方政治哲学的某些主张。

传统儒学从不同方面对以上观点做了具体的说明。对儒学而言，如果仅仅限于体制层面的程序和形式的运作而缺乏一定价值观念的引导，政治领域中的治理活动就容易成为技术化的操作过程，并引发种种问题。孟子在谈到"术"的作用特点时，便涉及这一方面。"术"属技术性、操作性的方面，在孟子看来，"术"的操作者一定要谨慎，所谓"术不可不慎"。他举了如下例子：制造弓箭的人总是希望自己所制的弓箭能致人于死命；反之，制造盔甲的人则往往担心弓箭会穿过盔甲。（见《孟子·公孙丑上》）从"术"的这种操作与人的关联来看，其中的内在动机似乎有重要的差异：前者欲置人于死地，后者则唯恐伤及于人。按孟子之见，以上两种精神趋向的差异，并非先天本性使然，而是当事者所从事的不同职业所决定的：这些职业涉及的技术性操作本身有不同的规定。弓箭的技术性要求是必须锋利，能够穿透盔甲；而盔甲的技术性要求则是保护人，使之不为箭所伤。这些技术性的活动自身具有运作惯性，如果仅仅停留在其技术规程本身，则人的观念便会不知不觉地跟着它走，逐渐失去应有的价值方向。同样，政治运作过程中也有类似的问题。从程序性、形式性的方面看，制度运作侧重于按照一定的规程来展开。这样的过程如果完全按照惯性发展，其价值方向常常也会变得模糊，正是在此意义上，孟子特别强调"术不可不慎"。

具体而言，政治实践的主体应该具有何种品格？在这方面，传统儒学提出了多重看法，在总体上，其基本要求是贤和能的统一。孟子已提出"尊贤使能"，《礼记》也主张"举贤与能"，二者都把贤和能提到重要的位置。这里的"贤"主要侧重于人的内在的德性或道德品格，这种德性规定了政治实践的价值方向，并关乎权力运作的具体目标。与方向性相关的是正当性。如何保证权力的运用、政治实践的展开具有正当性？对儒家来说，内在德性的引导在此具有不可忽视的作用，"贤能"之"贤"主要便侧重于规定权力运作的方向性，使之朝向价值上正当的目标。"能"则关乎能力、才干，主要涉及政治实践过程的有效性。政治实践的过程最终是为了解决方方面面的问题，这里就有是否有效，亦即能否成功达到实践目标的问题。政治实践总是无法回避有效性和正当性的问题，儒家强调"贤能"统一，一方面试图以此保证政治实践过程的正当性，另一方面则试图由此实现政治实践过程的有效性。

在传统儒学中，与"尊贤使能"相关的是"内圣外王"，后者构成了儒家的价值理想，其中包括"内圣"和"外王"两个方面。"内圣"主要侧重于政治实践主体自身的品格和德性，"外王"则更多地与实际的政治实践过程相联系。在传统儒家看来，这二者彼此相关，不能分离。"内圣"并不仅仅是个体内在的规定，它同时需要在现实的政治实践过程（"外王"）中得到体现。对孔子而言，"圣"并非仅有内在的仁爱品格，而且同时以"博施于民而能济众"（《论语·雍也》）为特点，即能够给广大的民众以实际的利益。另一方面，"外王"也需要"内圣"的指导。在儒家的观念中，"外王"最后指向的是王道的理想，后者与"王霸之辩"联系在一起。这一意义上的"王道"主要指以道德的力量和方式来实现对社会的治理和整合，"霸道"则是依赖强权、武力、刑法来治理社会。按照儒家的理解，作为政治实践的"外王"如果离开了"内圣"的引导，就有可能从"王道"走向"霸道"，从而脱离儒家的理想的政治目标，在这一意义上，"外王"同样也离不开"内圣"。"内圣"和"外王"的如上统一，意味着内在的品格和外在的政治实践之间存在着互相制约和互动的关系。

# 二

在儒家看来，政治实践主体的品格并不是自然或先天的，其养成离不开后天的修为。有见于此，儒家对修身予以高度的重视。《大学》提出格物，致知，诚意，正心，修身，齐家，治国，平天下，这也可以被广义地理解为政治实践领域中的八项条目，其内容可区分为两个方面：一是"格物，致知，诚意，正心"；另一是"修身，齐家，治国，平天下"。在涉及以上诸方面的整个过程中，"修身"构成了极为重要的环节，正是以此为前提，《大学》强调："自天子以至于庶人，壹是皆以修身为本。"从"修身"出发，进而"齐家，治国，平天下"，"修身"在这里具有基础性的作用，而前面提到的"格物，致知，诚意，正心"，则可理解为"修身"的具体内涵。当然，如果作进一步考察，则可注意到，"格物，致知，诚意，正心"也可以分为两个方面："格物，致知"主要偏重于培养自觉的理性意识：通过认识对象、认识世界逐渐地使人自身多方面地达到理性的自觉；"诚意，正心"更多地侧重于养成内在的道德意识，并使之真正实有诸己。"格物，致知"和"诚意，正心"的统一，总体上表现为自觉的理性意识与真诚的道德意识的交融，这同时也构成了"修身"的具体内涵。

在儒学中，"修身"的过程与人的自我理解紧密地联系在一起。对人自身的这种理解可以区分为两个方面，即："什么是人"与"什么是理想的人"。进一步看，第一个问题（"什么是人"）又与儒学中的"人禽之辩"相联系：从孔子、孟子，到荀子，儒家从不同方面展开了"人禽之辩"。"什么是人？"人和动物（禽兽）的区别究竟在哪里？儒家对此有自身的看法，这种理解同时关乎人与其他存在的比较。荀子在这方面有概要的论述："水火有气而无生，草木有生而无知，禽兽有知而无义；人有气、有生、有知亦且有义，故最为天下贵也。"（《荀子·王制》）质言之，人不同于其他存在的根本之点，在于他不仅由一定的质料（气）所构成、具有生命、具有感知能力，而且有"义"，即内在的道德意识，正是后者，使人成为天下万物中最有价值的存在（"最为天下贵"）。可以看到，人和其他对象（水火、草木、禽兽）的比较所要解决的根本问题，是"何为人"，这同时也构成了儒家讨论"修身"的前提。

与"何为人"相关的是"何为理想的人"。人通过修养过程最后将达到什么样的人格目标？这一问题在儒家那里涉及"圣凡之辩"。前面提到的"人禽之辩"，侧重于人和其他对象的区别，"圣凡之辩"则关乎人的既成形态与理想形态的区分。这里的"圣"即圣人，其特点在于已达到道德上的完美性，"凡"则是既成的普通人，他虽有"义"，但尚未达到至善之境。与之相关，"修身"具体便表现为一个由凡而圣的过程，后者表现为从仅仅具有道德意识，逐渐走向道德上的完美。

在儒家那里，"由凡而圣"的修身过程，同时又与"为己之学"相联系。孔子已区分"为人之学"和"为己之学"。这里的"为己"并非仅仅表现为追求个人的一己之利，"为人"也不是为他人谋利，二者主要不是以利益关系为关注之点。"为人"之学中的"为己"，首先以自我的完成、自我的人格升华为目标，与之相对的"为人"则是仅仅做给别人看：相关个体也许在行为过程中也遵循了道德原则，但其行为的目的却是为了获得社会和他人的赞誉。按照儒家的理解，以"由凡而圣"或"成圣"为目标的修身过程，应该以自我的充实、自我的提升为指向，而不是仅仅形之于外、做给别人看，以获得外在的某种赞誉。以"为己之学"扬弃"为人之学"，构成了儒家"修身"理论的内在特点。

具体而言，"修身"的内容涉及哪些方面？儒家从不同的角度对此作了讨论。首先是"志于道"，即向道而行、以道为人生的目标和方向。在中国文化中，"道"可以从两个层面加以理解。在形而上的层面，"道"常常被视为整个世界或宇宙的最高原理；在价值的层面，"道"则关联着人的存在，指不同形式的社会理想，包括道德理想、文化理想，等等。所谓"志于道"，主要涉及"道"的后一意义，其内在旨趣是以一定的社会理想为自身的追求目标。按儒家的理解，人格的修养需要形成和确立社会或人生的理想，"志于道"即以此为内容。只有在人生的理想确立之后，才能形成人的价值方向，并在具体的实践（包括"为政"的政治实践）中懂得走向何方。所谓"君子谋道不谋食"（《论语·卫灵公》)，也从一个方面体现了这一点：谋道可以视为理想的追求，谋食则是仅仅专注于物质利益，对儒家而言，无论是为人，还是为政，都应选择前者（谋道）而拒斥后者（谋食）。

为"道"而在，同时表现为意义的承诺。在儒家看来，人不仅以"道"为理想的追求，而且具有化理想为现实的能力，所谓"人能弘道，非道弘人"（《论语·卫灵公》），便表明了这一点。对儒家而言，人究竟走向何方并不是由外在力量决定的。人类的命运、历史的发展方向，都取决于人自身。这一看法不同于基督教视域中的上帝决定论：按照基督教的理论，人是上帝的产物，世界的意义也最终源于上帝，从而，人的命运以及他自身的存在意义，并不取决于人自身。与之相对，近代以来，特别是19世纪末以来，出现了"上帝死了"的口号，由此，最高的造物主以及意义的终极之源似乎也失去了存在根据。与之相联系的，是从超验力量对人的决定，走向另外一个极端——虚无主义：既然上帝死了，价值的根源不复存在，那么，一切也就没有意义了。虚无主义的特点即表现为消解意义。相对于此，儒家肯定人能弘道、人类的命运是由人自身决定的。这种观点既不同于超验的上帝决定论，也不同于虚无主义，它肯定人通过自身的努力，可以给世界打上自身的印记，并使世界获得意义。在以上视域中，人既被看作是人类命运的决定者，也被视为自身价值方向的确定者。

在传统儒学中，人格的修养同时又与"养浩然之气"相联系。"气"这一概念在中国哲学中含义比较广，它既可以在物质的意义上使用，也可以在精神的意义上运用，所谓"浩然正气"、正气等，便更多地涉及精神的层面，表现为内在的精神力量。"养浩然之气"概要而言即是培养个体的凛然正气。历史上，文天祥曾写过《正气歌》，其中也提到了"浩然之气"："天地有正气，于人曰浩然"，在此，人的"浩然之气"便与天地正气合二为一，展现为昂扬的精神力量。按照传统儒学理解，这样的精神力量同时给人以精神的支柱，使人不管处于何种境地，始终都能够坚持道德操守。孟子的以下论述便肯定了这一点："富贵不能淫，贫贱不能移，威武不能屈。"（《孟子·滕文公下》）在此，孟子既以上述品格为理想人格的特征，也将其视为"浩然之气"的体现形式。对传统儒学而言，在必要的时候，为了理想甚至可以献出自身的生命，孔子所说的"志士仁人，无求生以害仁，有杀身以成仁"（《论语·卫灵公》），便强调了这一点。"仁"是孔子思想中的核心概念，其基本含义是肯定人之为人的内在价值；对孔子而言，为了维护这一价值原则，即使杀身也应在所不惜，后来孟子提出"舍身而取义"，表达的也是类似的观念。这些看法，同时构成了儒家理想人格精神的具体内容，为政过程中的政治气节，便与之直接相关。

在儒家那里，人格修养作为一个具体的过程，同时又关乎"自省"或"内省"等形式。在《论语》中已可以看到如下观念："吾日三省吾身：为人谋而不忠乎？与朋友交而不信乎？传不习乎？"（《论语·学而》）这里首先把反省提到重要的位置，而反省的主体则是自我：自我（"吾"）反省自身（"吾身"）。具体而言，反省的内容包括："为人谋而不忠乎"，即替人谋划、考虑是不是真正尽心尽力了；"与朋友交而不信乎"，即与朋友交往的时候是不是做到诚信、守信；"传不习乎"，"传"指前人的学问、学说和理论，对这些内容，是否加以温习、践行。反省的这三个方面都涉及自我和他人的关系。对传统儒学来说，个体存在于世，总是处于多方面的关联之中。在与他人交往过程中，其所作所为到底是不是合宜、是不是合乎道德的原则和规范，都需要经常加以反省。孔子还提道："见贤思齐，见不贤而内自省也。"

（《论语·八佾》）所谓"贤"，即道德完美的人，遇见这样的贤人，首先就应从内心思忖：如何向他看齐、向他学习？同样，看到在品格方面有所欠缺的人，也需要反省：自己是不是和这些人有类似的问题？在这里，反省呈现正面和反面二重形式：正面意义上，反省意味着积极走向完美的人格，反面意义上，反省则以如何避免德性的不完美为指向。人格自身的修养当然也需要外在的培养、教育，等等，但是比较而言，个体自身的反省往往具有更为主导的作用，它可以通过对自我的评价，不断地给人以自我警醒，时时发现自身可能的不足。按照传统儒家的理解，这种反省意识和评价意识对人格的修养是不可或缺的。儒家在谈到自我的反省意识时，也兼及反省的具体方式。孔子便提出了"四毋"的观念：第一是"毋意"，即不要凭空地去揣度；第二是"毋必"，即不要绝对地加以肯定，以避免将自己的看法独断化；第三是"毋固"，即不要拘泥、固执，拒绝变通；第四是"毋我"，即不要自以为是，从自我的成见出发去看问题。（参见《论语·子罕》）如果具有这样反省的意识，便如同具有了精神的护栏，可以及时地对自己的言行和所作所为进行自我的评价，并做出相应的调整，这样，即使有过失，也不致走得太远。自我的反省、不断的警醒，既构成了一般意义上人格修养的内容，也内在地制约着为政者的治国实践：为政不仅涉及个人，而且影响社会，其主体是否时时保持反省和警醒意识，也相应地具有重要的意义。

在人格的修养过程中，儒家关注的另一个问题是"慎独"。《大学》《中庸》《荀子》以及后来儒学的其他经典，都反复提到这一问题。对儒家来说，"慎独"是人格修养的一个重要环节和方面。所谓"慎独",也就是在他人的目光不在场、外在舆论监督阙如的情况下,依然坚持道德的操守。一般而言,当他人的目光不在场、舆论的压力也暂时缺席时,人容易为所欲为,甚至去做有违道德规范的事;在以上情境中依然保持道德操守,往往显得尤为可贵。在他人的目光和外在舆论的监督都不存在的情况下,人应如何作为?从日常生活,到政治权力的运用,都会面临这一问题。就日常生活而言,在无人监控的情况下,言行不合于礼,常常不必有顾虑;在权力的运用过程中也有类似问题,因为权力的运用并不是无时无刻都处于监督之下的,它也会在监督缺位的情况下运作。以上情境属广义的独处,在独处情境下坚持道德操守,较之非独处时的坚守,更为困难。儒家之所以要强调"慎独",便是有见于"慎独"之不易。

"慎独"在逻辑上与前面提及的"为己之学"相关:慎独的前提是自我的所作所为并不是做给别人看,而是以自我成就("为己")为指向。正由于如此,因而即使他人不在场、外在监督缺席,自我依然需要坚持道德操守。同时,行为需要一以贯之,在不同的场合,包括人前人后,人的行为都应当始终如一,人的德性也应具有稳定性;如果仅仅在他人目光下行为才合乎伦理、政治规范,而在他人缺席的时候却是另一个样,那就表明自我的德性还缺乏一贯性、稳定性。进一步看,这一类行为一方面呈现被迫性:行为乃是迫于外在压力或他人的监督,不得不如此;另一方面也表明行为主体缺乏真诚性:行为不是源自内心,而仅仅是示之于人。与之相对,"慎独"意味着将关注之点转向自我的完善,基于此的行为也出于个体的意愿而非源于外在强加。这里既强调了德性的真诚性，也突出了德性的恒定性或始终一贯性。儒家一再强调德性的真诚和稳定，认为人的内在的品格应当实有诸己、稳定如一，如此，行为才能达到自然中道，即无须勉强，自然而然地合乎行为规范。儒家主张"为政以德"，其中的"德"便包括为政者自身德性的真诚性与一贯性。

三

德性和品格往往体现于不同的关系中，正是在多样的关系之中，儒家所追求的内在品格和德性展现出更为具体的内涵。

儒家很早就提出"仁民而爱物"的观念。这里涉及两个方面：一个是如何对待人，一个是如何对待物。在如何对待人的问题上，儒家的基本原则即仁道原则，它基于孔子的思想：孔子思想系统中最重要的概念便是"仁"，后者的基本含义则是"爱人"。当孔子的学生樊迟问何为"仁"时，孔子的回答便是："爱人。"（《论语·颜渊》）"爱人"的基本前提是肯定人之为人的内在价值，其逻辑的要求则是把人作为有自身价值的对象来对待。《论语》中有如下记载：孔子上朝回来，听说马厩失火，马上急切地探询："伤人乎？不问马。"（《论语·乡党》）按理说，马厩与马相关，因而马厩失火时首先应该了解是不是伤到了马，但孔子的问题却恰恰涉及人而不是马。在这里，可以看到人与马的区分，而孔子关心的首要之点乃是放在人之上，后者的内在前提是：唯有人才真正具有自身的价值。这当然并不是说马毫无价值，在当时的历史条件下，马有多方面的功能：它有军事上的用途，也可以作为运输工具来使用，等等。但是按照儒家的理解，马的这些作用只具有工具的意义，即为人所用，而人自身则有内在价值，不能被视为工具。"伤人乎？不问马"之后所蕴含的真正意义，便是把人看作与物或工具不同的、具有内在价值的对象。这同时体现了仁道的原则，而所谓"仁民"，也意味着用这样的仁道原则来对待他人。

与"仁民"相关的是"爱物"。"仁民"涉及人与人的关系，"爱物"则关乎人和物的关系。对儒家来说，物虽不同于人，但依然应当成为人珍惜、爱护的对象。人和人的关系与人和物的关系不同：对待他人，应以仁道为原则，所谓"仁民"；对待物，则主要以珍惜、爱惜为方式，此即"爱物"。对物的这种珍惜、爱护，与注重自然本身的法则及整个自然环境的保护联系在一起。对人类的活动，如捕鱼、狩猎，以及砍伐树木，等等，儒家特别强调要注重"时"，所谓"时"，也就是一定的时间（包括季节）、条件，"时"的观念意味着，在动物、植物生长的时期，不能随意地展开渔猎、砍伐等活动，后者同时可以视为"爱物"的具体展现。

由"仁民爱物"，儒家又进一步引出"万物一体""民胞物与"的观念。所谓"万物一体""民胞物与"，也就是将人和世界的其他一切对象，即人和天地万物，都看作是一个生存共同体。"民胞物与"可以视为"仁民爱物"的具体引申。"万物一体""民胞物与""仁民爱物"从总体上看便是要求在人和自然、人和天地万物之间建立起和谐、协调的关系，以此避免人和自然之间的对抗和冲突。近代以来，在天人关系的演进中，人之外的天地万物更多地被看作为人所利用、征服的对象，由此，往往导致外部生存环境的破坏、天和人之间关系的失衡。比较而言，传统儒学更多地把如何维护天和人、人和天地万物的和谐关系，看作是天人之辩的题中应有之义，这种意识和广义上的"天人合一"观念也紧密地联系在一起：从人和自然的关系来看，"天人合一"所指向的便是人和万物的和谐关联，其中的内在观念之一是拒绝仅仅把自然当作征服、利用的对象。要而言之，在如何对待人的问题上，"仁民爱物"观念体现了仁道的道德意识；在如何对待物的问题上，它则体现了生态伦理的意识。对儒家而言，二者都应体现于为政的政治实践，所谓"道之以德"（《论语·学而》），"斧斤以时入山林"（《孟子·梁惠王上》），便从不同方面表明了这一点。

从广义上的天人之辩进入更内在的人与人之间的关系，便面临自我和群体、自我和社会之间的关联问题。《大学》提出"修身、齐家、治国、平天下"已涉及自我和外部社会、自我和群体之间的关系。对儒学而言，个体一方面应当独善其身、培养自身的德性和人格；另一方面又要兼济天下、承担社会的责任。孔子所谓"修己以安人"便非常概要地表述了自我和他人之间的以上关联："修己"侧重于自我本身的完善以及自我人格境界的提升；"安人"更多地涉及个体对社会的责任，其关注之点主要在于如何实现社会整体的价值。在儒学看来，"修己"需要落实于"安人"，其中，主体的完善和社会的关切紧密联系在一起。孔子曾对"为政"过程中为政者的政治实践方式作了具体规定："敬事而信，节用而爱人，使民以时。"（《论语·学而》）"敬事而信"中的"敬"即一丝不苟，毫不马虎，与之相关的"敬事"即认真对待所承担的政治事务；"信"则是注重诚信。"节用而爱人"中的"节用"即节俭，"爱人"则是以关爱的方式对待被治理的对象（民众）。所谓"使民以时"，即在征用民力的时候，需要考虑农时、季节，避免在农忙之际大规模地动用民力而影响农业生产。在此，执政者的个人品格，便体现于以上社会关切。这种观念演化到后来，进而形成"先天下之忧而忧，后天下之乐而乐"的群体意识。

人的存在（包括政治实践）过程中，常常面临"情"和"理"的关系，行为的主体，包括为政者的具体人格，也无法回避"情"和"理"的协调。对儒家而言，在自我的层面，所谓"情"和"理"的统一意味着既应形成理性的意识，也需要培养健全的情感。儒家提出"格物致知，诚意正心"，其中，"格物致知"更多地与培养、提升自觉的理性意识相联系。儒家同时很早就开始注重健全的情感，孔子提出"仁"的观念，"仁"之中就包含关切他人的情感；孟子进一步提出"恻隐之心""不忍人之心"，亦即对他人的同情意识，这也属健全的情感。从自我德性的修养来看，完美的人格不仅应当明乎理，而且应当通乎情，由此达到"理"和"情"的统一。

同样，从人与人之间的交往看，儒家首先肯定应当彼此说理，而不应强加于人。为政者在教化过程中，需要以理服人，而不是独断地给出某种定论；在实践（包括为政）过程中，则应以说理的方式让人理解，通过理性的引导使人接受某种规范。同时，儒家又强调，与人相处，需要注重情感沟通、尊重他人的意愿：重情的具体意涵之一就是尊重他人的内在意愿，而对他人情感的关注同时也包含对其内在意愿的尊重。在政治领域人与人的互动中，一方面要晓之以理，另一方面又要动之以情。在处理人与人之间的关系时，如果仅仅讲理性或"理"，则这种关系常常会变成单纯法理意义上的关系，其中缺乏人间的温情。近代以来，在片面强调理性的趋向之下，人与人之间温情脉脉的这一面往往会退隐、淡漠，政治领域中形式、程序的非人格方面，则被提到至上地位。儒学之注重情，对化解以上偏向，无疑具有重要意义。

概要而言，儒家肯定，"为政"或政治实践中应注重"情"和"理"的统一，为政过程，既要合理，又要合情；既要入理，也要入情。这种观念一方面有助于避免仅仅注重理性而引向刚性的法理关系，另一方面也有助于克服仅仅注重情感而导致无视礼法等偏向。今天，在思考重建合理性时，如何把"情"和"理"协调起来，依然是一个无法回避的问题。重建合理性，不能单纯从工具、技术意义上着眼，它同时也应当对人的情感规定以及人与人之间的情感沟通给予必要的关注。无论从个体人格看，还是就个体间的交往言，儒学所肯定的"合情合理"以及"情""理"统一，都需要予以关注。

谈儒学，常常会提及"忠恕之道"。分开来看，这里包括两个方面：即"忠"与"恕"。"忠"的内涵是"己欲立而立人，己欲达而达人"，也就是说，自己希望达到的，也同时努力地帮助他人去达到；"恕"则指"己所不欲，勿施于人"，即自己不想别人以某种方式对待自己，也绝不以这种方式对待他人。不难看到，"忠"（"己欲立而立人，己欲达而达人")主要侧重于对他人的积极关切：自己认为某种目标是好的，则千方百计地努力帮助别人去实现这一目标。相形之下，"恕"（"己所不欲，勿施于人"）侧重的是避免强加于人，其中更多地体现了宽容的原则。仅仅讲"忠"（即单纯注重对他人的关切），有时难免会引向消极的后果：凡自己认为有益，便不管别人愿意与否，都一意推行，在为政过程中，这样做常常容易导致外在的强制或权威主义式的行为方式。从日用常行到为政过程，"忠"和"恕"都不可偏废；二者的这种统一，具体表现为积极关切和宽容原则之间的协调。

作为"恕"的引申，儒家又讲"道并行而不相悖"。这里的"道"以不同的社会理想、原则等为内容，所谓"道并行而不相悖"，意即现实生活中的人可以追求多样的理想、原则，这些不同的理想、原则并非相互否定、排斥，而是可以并存于观念世界。这里的核心是以宽容的原则来对待不同的理想追求，允许不同价值原则的相互并存。在近代政治领域，有所谓"积极自由"和"消极自由"的分野。所谓"积极自由"，主要是争取、达到意义上的自由（free to），引申而言，即努力地去帮助人们实现某一目标；所谓"消极自由"，则是摆脱外在干预（free from）。现代政治哲学往往把以上二者绝对地对立起来：讲"消极自由"似乎就不能谈"积极自由"，反之亦然。从现实的层面看，仅仅讲"积极自由"，可能会导向意义强加，并进而走向权威主义；单纯讲"消极自由"则可能会弱化意义的追求，并进一步引向虚无主义。儒学所提出的"忠"和"恕"，在某种意义上与"积极自由"和"消极自由"之分具有理论上的相关性：如果说，"忠"（"己欲立而立人，己欲达而达人"）近于积极自由，那么，"恕"（"己所不欲，勿施于人"）则与消极自由具有相通性，而"忠"和"恕"的统一，则蕴含着对"积极自由"和"消极自由"之对峙的扬弃和超越。

"忠"和"恕"既是行为的原则，也是主体的品格。作为原则，它们表现为人与人交往过程中应当遵循的规范；作为品格，则是个体应当具有的德性。在这里，规范意义上的原则和人格意义上的德性彼此交融，二者的这种统一，同时也体现于为政的政治实践过程。

四

与"为政"过程无法分离的德性和人格，同时涉及"如何培养"的问题。在儒家那里，人格的培养首先与"性"和"习"相关联。如所周知，孔子已提出"性相近，习相远"（《论语·阳货》）的观念，在此，"性"的直接涵义是指人性，它同时又为人在后天的发展提供了可能；"习"宽泛而言则包括两个方面：一是习俗，二是习行。习俗涉及外在环境，习行则是个人的努力过程。"性"作为人后天发展的可能性，主要为人格发展提供了内在根据：人格的发展，总是从最初的可能性出发，缺乏这种可能性，人格的培养也就失去了内在的根据。除了"性"所体现的内在根据，人格发展的具体过程又离不开"习"（习俗和习行）。孔子所说的"性相近，习相远"，已概要地论述了人格培养的以上方面。

在传统儒学中，"性"与"习"的统一后来逐渐又和"本体"与"工夫"联系在一起。这里的"本体"有两个方面的含义：第一方面的含义与前面提到的"性相近"中的"性"具有一致性，指人先天具有同时又构成后天发展根据的可能性；第二方面的涵义则涉及人在学习、实践过程中逐渐地形成的精神结构，近于内在的意识系统或精神系统。作为内在的精神结构或精神系统的本体本身又具体地包括两个方面：其一与知识内容相关，其二则涉及人的德性。本体中与德性相关的方面以价值取向、价值观念为内容，主要规定了人格发展的方向；本体中的知识结构则更多地涉及人格发展的方式问题。前者从发展目标上规定了人格的培养，制约着人成为什么、走向何方；后者则从方式、途径等方面，为人格的培养过程提供引导。上述意义上的本体对于人的发展过程具有不可忽视的作用，它既为人格发展提供了可能，也规定了人格发展的方向，同时又制约着人格培养的方式。

与本体相关的是工夫，后者与"习相远"中的"习"相联系，主要表现为个人的努力过程。工夫在人格的培养过程中同样不可或缺：人格的培养过程固然需要以内在本体为出发点，但同样离不开人自身多方面的努力过程。工夫和本体相互作用的过程，同时涉及儒家的另一观念，即知行合一：进一步分析工夫的内涵，便可注意到，其具体内容即知与行。"知"涉及对世界的认识、对人以及人与人之间关系的理解；"行"则是身体力行的实践过程。说到底，工夫即以知与行为其主要内容。就工夫本身而言，知和行二者不可偏废：知总是要落实于行，行则受到知的制约。从主导的方面来看，儒学往往更多地关注"行"，强调知识观念最后要落实于具体的行为过程。孔子即强调"敏于事而慎于言"，并以此为"好学"的内在特点。（参见《论语·学而》）"敏于事"即勤于做事，属广义上的行。对儒家来说，是否身体力行，能不能将已经了解、把握的知识付诸实行，这不仅是判断"好学"与否的准则，而且构成了人区别于禽兽的重要之点。荀子便明确地指出："为之，人也；舍之，禽兽也。"（《荀子·劝学》）"为之"即实际地按理性之知（首先是道德之知）去做，"舍之"，则是未能落实于行动。在这里，是否行便构成了区分人和其他动物的分水岭。宋明时期，王阳明提出"知行合一"，以此概括知和行的统一关系。从更广的层面看，这同时也体现了儒家对知和行的理解：强调知和行之间的互动、统一，构成了儒学的特点之一；而知与行的合一，则既是儒家人格培养的重要途径，也构成了儒家"为政"过程的重要原则。

（原载《道德与文明》2017 年第 2 期）

# 合群之道

——《荀子·王制》中的政治哲学取向

在荀子的政治哲学中,"群"构成了某种社会本体,并呈现形而上层面的优先性。合群以社会的组织和建构为现实内容,其内在指向是社会的有序存在和运行。如何担保以上视域中的合群,是荀子在政治哲学层面所关注的问题之一。通过贤能与礼法、法与议、天与人等关系的辨析,荀子对广义的"群道"作了多方面的考察,由此展示了对社会有序建构和运行如何可能这一问题的独特思考。

一

荀子首先将群提到了重要地位:"故人生不能无群。"(《荀子·王制》)对荀子而言,群既体现了人之为人、人区别于其他动物的根本之点,也是人类能够运用自然力量得以生存的必要条件:人"力不若牛,走不若马,而牛马为用,何也?曰:人能群,彼不能群也"(《荀子·王制》)。作为人不同于动物的基本存在方式,合群同时构成治国为政过程展开的前提。

　　群是人类生存的必要条件，但它本身又涉及如何可能的问题。在荀子看来，群所以可能的基本前提是"分"："群而无分则争，争则乱，乱则离，离则弱，弱则不能胜物，故宫室不可得而居也，不可少顷舍礼义之谓也。能以事亲谓之孝，能以事兄谓之弟，能以事上谓之顺，能以使下谓之君。"（《荀子·王制》）在此，"分"首先意味着确立社会人伦、社会等级方面的差异。根据荀子的以上推论，唯有将社会成员区分为不同的社会等级，并使之在社会人伦中处于不同的地位，才能形成有序的共存形态，礼义的作用，也在于建构并担保这样一种秩序。

　　荀子从不同方面对"分"及"礼义"与有序合群之间的关系作了考察："分均则不偏，势齐则不壹，众齐则不使。有天有地而上下有差，明王始立而处国有制。夫两贵之不能相事，两贱之不能相使，是天数也。势位齐而欲恶同，物不能澹则必争，争则必乱，乱则穷矣。先王恶其乱也，故制礼义以分之，使有贫富贵贱之等，足以相兼临者，是养天下之本也。"（《荀子·王制》）所谓"分均"，亦即消解"分"，其结果则是"不偏"。从社会领域来看，"不偏"意味着缺乏上下、贵贱等区分，如此，则主次、从属等社会关系亦不复存在，一切趋于均衡。"势齐"与"分均"的含义相通，主要是指泯灭社会成员之间的差别，其结果是社会成员之间无法确立起等级关系。社会一旦缺乏这种上下、贵贱的等级差序，则将导向无序化，此即所谓"不壹"："壹"本来有统一、一致之意，它所表征的是和谐有序的状态，"不壹"则意味着这种有序的状态付诸阙如。这里包含着政治领域中的辩证法："分"本来意谓差异，但这种差异恰恰又构成了达到更高层面统一的前提。进一步，荀子从更普遍的、形而上的层面对以上论点加以论证："有天有地而上下有差"，这是从形而上的角度说的，相对于社会领域的种种分别，天地之分具有更为本源的意义。天在上、地在下，天地之分以十分形象、直观的形式展示了存在的原初差异，而万物则在这种区分中各安其位，它从形而上的层面表明，唯有确立"分"，上下之序才能随之形成。这一形上原理引申到社会领域，便具体表现为"明王始立而处国有制"，亦即由"分"而建立政治秩序。"夫两贵之不能相事，两贱之不能相使"，本是社会领域中的现象，但在荀子看来，这同时也是"天数"，亦即具有形而上的性质，从而，社会领域的秩序原理与形上的存在原理彼此交错。

值得注意的是，荀子在此特别提到"势位齐而欲恶同，物不能澹则必争"，其中涉及如下事实：如果人们的社会地位、等级完全一样，那么他们的要求、欲望也会趋同，因为存在的处境决定着人的观念追求。然而，在一定的历史条件下，社会能够提供的生活资源总是有限的，在资源有限的情况下，社会成员同样的要求，不可能都得到满足，由此导致的结果必然是彼此相争，后者将进一步引发社会的争乱，"争则必乱，乱则穷矣"，"乱"意味着社会的无序化，而缺乏秩序则最终将使社会走向消亡（所谓"穷"）。

以上所述表明，作为人存在方式的"群"不同于单纯的"共在"，而是以有序化的生存为其形式，这种有序化的存在形式以"分"为条件，后者同时构成了社会稳定的前提。惟有在有序之群中，社会的伦理与政治关系才能够建立。前面提到的"能以事亲谓之孝，能以事兄谓之弟，能以事上谓之顺，能以使下谓之君"，便涉及这种关系。无论是伦理领域，还是政治领域，都涉及人与人之间的关联。事亲和事兄便基于人最基本的家庭伦理关系，它同时又体现了与礼义之分相关的伦理之序；事上和使下涉及的是政治领域："事上"基于在下者对在上者、臣对君的从属关系，"使下"则以在上者对在下者、君对臣的主导关系为前提，处理以上关系的基本原则，均为礼和义。在这里，合群具体表现为依礼义而建立合宜的伦理、政治关系。

"群"对于人的存在之本源性，同时也规定了"君"的意义："君者，善群也。"（《荀子·王制》）依此，则君主这一政治角色的功能，体现于有效地组织、管理、制约群体，与之相应，君主的作用离不开他与群体的关系。以"群"来定位"君"，这是荀子政治哲学中值得关注的看法。按照荀子的这一理解，君主存在的根据或君权的正当性，并不来自君权神授等超验形式，而是来自对现实社会关系的调节：君主之所以必要，就在于他可以通过协调群体，建立起比较和谐的社会秩序。

二

"群"的存在意义以及群与君的关系，从不同方面突显了人自身在为政过程中的主导地位："群"与"君"首先都表现为人的存在形态。与之相联系，荀子将为政的主体置于重要地位。

在谈到如何为政时，荀子自设问答，写道："请问为政？曰：贤能不待次而举，罢不能不待须而废，元恶不待教而诛，中庸民不待政而化。"（《荀子·王制》）这里首先提到"举贤能"，亦即肯定贤能在为政过程中的作用。这一看法与《礼记·礼运》、孟子的相关论点有相通之处，在一定意义上可以说，"举贤能"是儒家共同的政治哲学理念，后者构成了贤能政治的内在特点。贤、能主要表现为政治主体的内在规定，注重贤能，同时意味着突出主体在政治实践中的作用。具体而言，这里涉及人的二重品格，其一侧重于道德层面的德性（贤），另一偏重于实践能力（能）。"贤能不待次而举"，意味着不以论资排辈的方式来任用人，而是不拘一格，只要具备贤与能的品格便加以选拔。"罢不能"和"贤能"相对，其特点在于既无德又无才。当然，二者虽处于两个极端，但也有相通之处，即都和人相关，并分别从正面（贤能）与反面（罢不能）体现了人的品格。"不待次而举"和"不待须而废"相呼应，其要义在于以最有效的方式让贤能得到任用、将无德无才之人排斥于外。在荀子看来，为政治国是否有成效、政治是否清明，首先取决于政治实践主体的品格。

为政过程同时关乎治理对象，从消极的方面看，这里首先涉及社会领域中的负面力量，荀子在以上引文中所说的"元恶"，便属此类对象。所谓"不待教而诛"，也就是对严重危害社会而又无可救药者不再徒然地运用教化的方式，而是以非常手段加以处置。与"元恶"不同的是"中庸民"，亦即普通大众。对这些社会成员，则以"不待政而化"的方式对待。"政"与"教"不同："政"涉及刑罚、暴力等手段，"教"则更多地侧重礼义的教化。从社会治理来说，惩处和教化是相互关联的两个方面，对社会中的某些人主要运用前者，对一般民众则以后者为主要手段。

以不同方式治理不同之民，体现的是政治领域中"分"而治之的原则。如前所述，在更广的意义上，"分"体现于社会成员之间的名位之分。按荀子之见，有"分"才有"序"，不同的个体唯有依照礼的规定被安排在不同的等级之中，形成上下的"度量界限"，才能走向群体之"序"，避免由越界、越位所引发的无序和争乱。然而，"分"若走向极端，也会导致社会的凝固化，荀子由此考察了问题的另一面："虽王公士大夫之子孙也，不能属于礼义，则归之庶人。虽庶人之子孙也，积文学，正身行，能属于礼义，则归之卿相士大夫。"（《荀子·王制》）个体在社会中的作用，并非一成不变，而个体行为及其作用的变化，则使社会流动成为必要。从历史角度看，王公贵族、士大夫的子弟如果不合乎礼义，就可以让他们成为庶人，反过来，庶人的后代通过文化教育、知识积累能够在行为中合乎礼义规范，也可以提升到卿相、士大夫的阶层。社会成员的这种上下流动，并非取决于君主个人的好恶，而是基于其行为是否合乎礼义。社会上下层之间的互动，是社会等级制度形成之后所面临的问题，唯有具有流动性，社会才会有活力，荀子的以上思想，体现了对此的关注和思考。值得注意的是，在这里，社会成员的区分与社会成员的流动，并非相互排斥，而二者统一的根据，即在于礼的普遍制约："分"与"变"，皆本于礼。

礼的普遍制约，同时规定了贤能政治的具体内涵。在荀子之前，孟子已提出贤能的观念："尊贤使能，俊杰在位，则天下之士皆悦而愿立于其朝矣。"（《孟子·公孙丑上》）

不过，孟子同时将贤能政治与仁政结合起来，并由此强调"仁人无敌于天下"。（《孟子·尽心下》）与之有所不同，荀子更趋向于将贤能的政治理念与礼法的运用加以沟通。一方面，为政的主体以贤能为内在品格，贤能在为政过程中的作用，则通过具体的为政者（政治实践主体）体现出来，由此，荀子突出了贤能的作用："故君人者欲安则莫若平政爱民矣，欲荣则莫若隆礼敬士矣，欲立功名则莫若尚贤使能矣，是君人者之大节也。"（《荀子·王制》）在此，尚贤使能既被视为君主取得实际政治功效（立功名）的保证，又相应地被理解为君主治理施政的基本原则之一。另一方面，荀子又肯定，在治理过程中，礼义的教化和法政的惩处需要交替并重，所谓"不待教而诛""不待政而化"，便展示了这一点，后者同时体现了礼法在为政过程中的作用。在这里，对贤能的肯定与对礼法的注重联系在一起。从政治哲学的角度看，以上思路有其不可忽视的意义。前文已提及，贤能主要表现为人的品格，"尚贤使能"意味着政治实践的主体是人而不是形式化的程序。然而，贤能政治的实现，也无法与体制和规范完全分离开来。相对于贤能等品格，礼法更多地表现为外在的体制和规范系统，注重礼法，同时意味着注重外在的体制和规范系统在为政过程中的作用。政治生活中仅仅注重贤能等内在品格而缺乏礼法等体制和规范的约束，合宜的社会之序便难以建立，荀子在突出贤和能的同时，又把礼法提到相当重要的位置，无疑注意到了以上方面。

从先秦政治哲学的演进看，贤能的政治理念与礼法的运用相互沟通，使荀子的思想既不同于法家，也有别于儒家中

的另一些人物如孟子。法家主要突出外在法制的作用，所谓
"以吏为师，以法为教"，便表明了这一点。孟子在肯定尊
贤使能的同时，又主张仁政，强调以德化人。相形之下，荀
子对政治主体的内在品格和政治体制的外在制约，予以了双
重关注，从而在扬弃以上偏向的同时，又展现了独特的政治
哲学进路。

三

礼法具有普遍的规范意义，这种规范意义如何具体展现
于为政过程？这是关注礼法作用时无法回避的问题。由兼重
礼法，荀子进一步考察了法的规范作用的实现方式。

法在为政过程中固然不可或缺，但依法而行同时又涉及
"议"："故法法而不议，则法之所不至者必废。职而不通，
则职之所不及者必队。故法而议，职而通，无隐谋，无遗
善，而百事无过，非君子莫能。"（《荀子·王制》）这里的
"议"，主要不是指向如何形成法的问题，而是与"法"既
成之后如何有效贯彻的问题相关。这一意义上"议"本来
有"讲论"之意①，引申为对相关情境的具体分析。"法"
作为规范，包含普遍性，可以运用于相关范围中的不同情境
和对象。但是，社会领域的人、事、物却不仅非常多样，并
且千变万化，社会生活永远比任何的"法"都要复杂、多
样。普遍的法如何去应对多样的、变动的、具体的现实对

---

① 杨倞："议，谓讲论也。"见王先谦《荀子集解》，中华书局1988年
版，第151页。

象？这就需要"议"（具体的情境分析）。不难看到，这一意义上的"议"，主要关乎普遍的规范（法）如何运用于具体的、多样的情境，以有效地解决相关情境中面临的实际问题。与之相对，所谓"法法而不议"，则是机械地照搬某种法，无视具体的情境。从现实的情形看，"法"无法将方方面面所有的细节都加以穷尽，如果仅仅"法法"，则"法"所没有具体涉及的人、事、物便难以应对，所谓"法之所不至者必废"，便是就此而言。

在政治领域之中，不同的部门都各有具体的职能，在荀子看来，每种职守、部门、权力之间需要彼此沟通，而不能彼此界限分明，相互隔绝，"职而通"强调的就是这一点。"无隐谋"即政治思虑没有遗漏，"百事无过"，则是妥善地处理各种大小事宜。荀子将"法而议"与"职而通""无隐谋""百事无过"联系起来，既注意到了政治实践的复杂性、具体性，也使政治领域的"议"进一步具体化。值得注意的是，荀子在这里特别提到，要做到以上方面，"非君子不能"，从而又一次把政治实践主体的作用提到了突出的地位。"议"的内在意义在于通过具体的情境分析，使普遍之法与特定的情境沟通起来，这种分析和沟通，无法仅仅依照形式化的推绎而实现，在此，政治实践的主体呈现关键性的作用。通常所说的"实践智慧"，其内在特点就体现于把普遍的规范、原则与多样的、具体的情境加以沟通，这一意义上的"实践智慧"与实践主体密切相关，《易传》所谓"神而明之，存乎其人"，也涉及"实践智慧"与实践主体之间的关系："神而明之"即运用实践智慧分析具体情境，由此沟通普遍规范和特定情境，"存乎其人"，则表明以上过程需要通过具体的主体来落实。荀子在此所指出的"非君子莫能"，同样强调了这一点。

由肯定"法而议"与为政主体之间的关系，荀子对主体在政治生活中的作用作了进一步的考察："故公平者，职之衡也；中和者，听之绳也。其有法者以法行，无法者以类举，听之尽也。偏党而无经，听之辟也。故有良法而乱者，有之矣；有君子而乱者，自古及今，未尝闻也。"（《荀子·王制》）政治实践中面临的各种事宜，如果一般规范（法）已包含相关规定，则按这种规定的要求去办，此即"有法者以法行"，亦即依法办事。如果一般规范没有直接涵盖某一情境，那就需要以"类推"的方式来处理，"无法者以类举"即涉及这一点。兼及以上两个方面，便是"听之尽"，未能体现这一点，则将导向"听之辟"。前者体现了为政过程的全面性，后者则表现为治理过程的偏向。这里特别谈到了"类推"的作用，先秦哲学家对"类"都非常注重，从墨子到荀子，都反复提到"类"的问题。在中国哲学中，"类"不仅仅是逻辑之域或名学之域的问题，而且也是政治哲学的问题，正如名实之辩（包括正名）一开始便同时关联政治领域一样，逻辑的类推也无法与政治实践完全相分离。前面提到的"法而议"中的"议"，实际上便已包括了类推：如上所述，作为一般规范的"法"难以兼顾具体情境中所有的方面，如果拘守于某种"法"而不知类推，那便会导致"法之所不至者必废"。广而言之，如果某种现象未能为一般的"法"所及，但却包含与法所及者类似的方面，那么，就可以参照相关的方面加以类推。

从更广的视域看，"以类举"的哲学前提是："以类行杂，以一行万。始则终，终则始，若环之无端也，舍是而天下以衰矣。"（《荀子·王制》）抽象地看，"类"和"杂"、"一"和"万"都涉及类和个体、统一和多样的关系。所谓"以类行杂"，既在逻辑上意味着以类的概念、类的范畴去统摄多样，也蕴含着通过类推的方式应对多样的事物之意。"类"和"杂"、"一"和"万"更多地展现为逻辑关系，后面"始"和"终"则进一步引入了时间的概念。与之相联系，荀子不仅仅从逻辑的视域来理解类和个体、统一和多样的关系，而且引入了时间的视域。从时间上来说，不管怎么变化，万变不离其宗，变迁中的类总是具有相关性。社会现象除了在空间意义上展现出多样的形态之外，同时也经历了时间上的变化过程。从政治治理的角度来说，统一的原则或相关之类不仅仅适用于空间意义上的不同现象，而且对时间演化过程中不同阶段的社会变迁同样具有规范、制约的意义。以上看法不仅在逻辑的层面阐释了类的观念，而且进一步将"以类举"的治理原则具体化了。

如何保证"以法行"与"以类举"的合理性？这一问题涉及以上引文一开始所提及的"公平"观念。按荀子的理解，"公平"为"职之衡"，"衡"有标准、准则之意，"职"则可以理解为权力的运用。与"公平"相联系的"中和"，近于孟子所说的"中道"，二者构成了权力运用的基本准则。"公平""中和"，不同于外在之法，而更多地表现为内在的政治观念或政治理念，在荀子看来，这种政治观念或政治理念又是政治实践所不可或缺的，它们提供了考察问题的视野、角度。具有引导意义的政治观念与外在之法形成了相互补充、彼此互动的关系，二者在为政过程中相得益彰。无论是"以法行"，抑或"以类举"，都同时受到内在政治观念的制约，"公平""中和"作为范导性的观念，要求为政者在任何时候，都以此为视域去处理问题。

从现实的形态看，依法而行与以类相推，最终都通过具体的实践主体而完成；"公平""中和"观念的引导，也离不开为政者的思与行。在这里，人作为政治实践的主体呈现了更为主导的意义。对荀子而言，法的作用总是有限的，"有良法而乱者，有之矣"，便表明了这一点：即使政治法律的规范（法）十分完备，社会、国家还是可能失序（乱）。因此，仅仅依靠法，无法担保社会、国家的有序治理。与之相对，"有君子而乱者，自古及今，未尝闻也"。类似的提法亦见于如下论述："有乱君，无乱国；有治人，无治法。羿之法非亡也，而羿不世中；禹之法犹存，而夏不世王。故法不能独立，类不能自行，得其人则存，失其人则亡。法者，治之端也；君子者，法之原也。"（《荀子·君道》）这里的"君子"，均可视为理想的为政者（政治实践的主体），他既具备贤和能的双重品格，又包含实践智慧，能够沟通普遍规范和特定情境，有效地应对和处理治国过程中呈现的不同现象，从而保证社会治而不乱。在人与法二者之中，荀子似乎赋予作为为政主体的人以更优先的地位，对实践主体主导意义的以上肯定，无疑表现出某种"人治"的趋向。然而，在荀子那里，"人治"并不排斥"法治"，二者的相关性，体现于法与人的结合，对荀子而言，正是这样的结合，从更本源的层面保证了治国过程的有效运作。

普遍规范（法）与情境把握（议）、人与法的统一，体现了前文提及的尚贤使能与本于礼法相统一的观念。按荀子的理解，一方面，"法"表现为政治实践中程序化、形式化的方面，政治实践的主体，则是赋予这些"法"以生命力的人，忽略了人，则"法"便难以自行作用。另一方面，仅靠"人"及其内在观念，没有形之于外的普遍规范（"法"），治理过程同样无法有效展开。可以看到，肯定政治实践主体的作用与注重普遍政治规范的制约，构成了荀子政治哲学相互关联的两个方面。

四

作为总的政治理念，贤能与礼法的统一表现为人道之域的观念。不过，在荀子那里，人道与天道并非彼此分离，人道既以天道为形上根据，又进一步展开并体现于天道之域。

在谈到天地、礼义、君子等关系时，荀子指出："天地者，生之始也；礼义者，治之始也；君子者，礼义之始也；为之，贯之，积重之，致好之者，君子之始也。"（《荀子·王制》）这里首先将"天地"、礼义等与"始"联系起来，"始"的本来涵义关乎开端，开端在整个事物的存在过程中具有奠基性作用，从而，在引申的意义上，作为开端的"始"又表现为事物发生和发展的本源或根本。"天地者，生之始"，着眼于万物的形成、化生：天地泛指自然，万物的化生，最终源于自然。"礼义"涉及社会生活，它规定着社会领域中的治理过程。"君子"的概念包含多重涵义，从一个方面看，它具有伦理的意义，指具有道德品格的人；在另一些语境中，它则指政治领域中的统治者（君主），这里的"君子"，主要指后者。不过，在荀子那里，伦理与政治并非截然分离，侧重于为政的君子也相应地表现为有德性的统治者，这一意义上的君子，同时构成了礼义所以可能的社会力量。就君子本身而言，荀子着重肯定了其如下特点：首先是"为之"，亦即表现为具体的实践者；其次是"贯之"，亦即一以贯之、始终如一地坚持礼义，而非偶尔为之；再次是"积重之"，强调其所"为"所"贯"的承继性、连续性，正是这种承继性、连续性，使注重礼义逐渐成为政治传统，就此而言，"积"与传统的形成相关联；最后，"致好之"，也就是使这种传统或政治趋向朝更好的方面发展，使之趋于完美之境。正是君子的以上品格，使其成为"礼义之始"。

天地、礼义、君子的如上关系，同时体现了天道与人道的相关性，由此，荀子进一步指出："故天地生君子，君子理天地；君子者，天地之参也，万物之总也，民之父母也。无君子，则天地不理，礼义无统，上无君师，下无父子，夫是之谓至乱。君臣、父子、兄弟、夫妇，始则终，终则始，与天地同理，与万世同久，夫是之谓大本。"（《荀子·王制》）这里既涉及天人，也关乎人伦，为政过程也相应地被置于更广的视域。君子在此既是政治实践的主体，又可以视为人的象征或符号，作为人，君子的存在离不开自然（天地），此即所谓"天地生君子"；但君子又可以作用于自然（天地），此即所谓"君子理天地"；作为政治实践的主体，君子的职责相应地不仅在于担保礼义的实际贯彻，而且指向自然的变革。由此，君子同时成为天地之参，而在君子与天地相参的背后，则是天、地、人的并列和互动。与具有德性相联系，作为政治主体的君子承担了某种教化的使命，从而，"君"（君主）和"师"（具有教化功能的君子）无法相分。在社会领域中，君子一方面作为政治上的"君"（君主）统摄着民众，另一方面又作为文化意义上的"师"教化着民众，二者同时从不同方面制约着父子等人伦关系，如果没有君子，将导致"天地不理，礼义无统"，天人关系与人伦关系都会处于无序、失范状态。荀子的以上看法，可以视为对政治实践主体作用的进一步阐发，它与注重贤能政治的理念前后呼应。同时，这里也蕴含如下观念，既社会秩序的建立既与政治层面的治理相关，又离不开文明和伦理的教化。在此，政治、文化（文明）、伦理在社会领域呈现彼此相关的形态。

在人道的层面，为政过程具体涉及治者与被治者的关系。荀子从不同方面对此作了考察："马骇舆则君子不安舆，庶人骇政则君子不安位。马骇舆则莫若静之，庶人骇政则莫若惠之。选贤良，举笃敬，兴孝悌，收孤寡，补贫穷，如是，则庶人安政矣。庶人安政，然后君子安位。传曰：'君者，舟也；庶人者，水也。水则载舟，水则覆舟。'此之谓也。"（《荀子·王制》）这里使用了若干比喻，如马与车、水与舟，来具体说明君民关系。马受惊则车不稳，乘车者也难以安稳坐车，同样，如果一般的民众受到惊扰，则驭民之君也难安于位。这里的"安"主要侧重于现实的存在状态，即君主统治地位稳固。民众是否安于政，直接决定着君主的统治地位能不能稳固，于是，问题便归结为：如何使民安于政？荀子在此提出了"莫若惠之"的主张。具体而言，惠民体现在两个层面：其一，"选贤良，举笃敬，兴孝悌"，这更多地侧重价值取向、道德观念上的引导，通过倡

导良好的道德风尚，确立道德的典范，引导民众认同正面的
道德观念。其二，"收孤寡，补贫穷"，这主要侧重物质生
活的层面：孤寡、贫穷者属社会的弱势群体，为政者应当使
他们在社会生活方面得到改善并有所保障，如此才能为社会
稳定提供担保。如果相反，仅仅充实己之府库而让百姓处于
贫困之境，则将导致王国："筐箧已富，府库已实，而百姓
贫，夫是之谓上溢而下漏。入不可以守，出不可以战，则倾
覆灭亡可立而待也。"（《荀子·王制》）可以看到，观念层
面的引导和物质层面的保障，构成惠民不可或缺的两个方
面，而惠民又是社会安定的前提。

　　荀子的以上思想与孔子的相关理念，有前后相通之处。
在谈到圣人之时，孔子特别提到其特点在于"博施于民而
能济众"（《论语·雍也》），即不仅以仁和礼引导民众，而
且给予民众以实际的帮助或实际的惠利，荀子以上所说的惠
民也包括相关的两个层面，在他看来，唯有在二者并重的前
提之下，社会才能够安定。以舟喻君、以水喻民，进一步强
调了民是治国的基础。社会的治理和有序合群，都离不开治
者与被治者的关系的处理，而把价值观念上的引导和现实生
活层面的保障结合起来，则体现了荀子为政的具体理念。

　　可以看到，就天道而言，自然（天地）构成了人生存
的前提：离开自然，人便无法存在。但自然又不会自发地满
足人的需要，从而，人对自然的作用也不可或缺。从人道
看，治理以及教化是人类有序合群所以可能的条件：缺乏基
于礼义的治理，社会便会走向无序化。在天人的互动和人伦
的建构中，主体的作用都具有主导性，"君子"可视为这种
主体的一种象征或符号，他既代表了天人互动中的人，也是

政治实践的主体；既是礼义的制定者，也具有实践的品格；既是社会的治理者，也是自然的作用者；既是"君"，也是"师"。对君子作用如上确认的背后，是对主体在担保社会的有序建构和运行过程中作用的肯定。

从以上观点出发，荀子对圣王的作用作了考察："圣王之用也，上察于天，下错于地，塞备天地之间，加施万物之上；微而明，短而长，狭而广，神明博大以至约。"（《荀子·王制》）以天人关系为视域，天地、万物都在圣王的作用范围之内。天地之间是从空间上说，万物之上则是就具体的对象而言。这里说的圣王，首先是政治之域的为政者，但在荀子看来，其作用不仅仅在于社会治理，而且体现于天人之际。圣王的这种作用以"微而明"为其特点：在"加施万物之上"（作用于自然）之时，圣王的治理效应一开始可能不明显，但最后却能够给自然打上自己的印迹，并使自然发生显著变化。"短而长，狭而广"，可以理解为似乎有限，但实质上却十分广大，这与前面提到的天地之间的广阔领域彼此呼应。质言之，圣王作用于自然的特点总体上就表现为微和明、有限和广大之间的统一，在荀子看来，这种作用同时表现为圣王治理过程的延伸。

社会的有序建构和运行，体现的是广义的"群道"，从天人互动的层面看，"群道"不仅具有人道的内涵，而且具有天道的意义："群道当则万物皆得其宜，六畜皆得其长，群生皆得其命。故养长时则六畜育，杀生时则草木殖，政令时则百姓一，贤良服。"（《荀子·王制》）这里的"万物皆得其宜"既涉及人道视域中的存在，也关乎天道之域。如果治理合宜，则从植物（草木）到动物（六畜），都将获得繁衍、生长的良好条件，万物也将各得其所。当"群"仅仅被理解为人所以能够生存的条件时，其着眼之点主要是人自身的需要和目的，单纯地从这样的观念出发，往往可能导致对自然的过度支配、占有，后者反过来又会使人的生存条件受到影响。因此，真正意义上的群道不仅旨在将社会有序地组织起来，而且意味着从更广、更长远的角度去理解和处理人和自然的关系，后一方面也可以视为群道原则的引申。植物的生长、动物的繁衍都有自身的内在法则，处理社会领域中的事宜，需要合乎礼法，对待自然（天地万物），则需要充分尊重自然本身的这种法则。由此，一方面，从天道的角度来看，循道而治，可以使自然本身按其内在法则而发展；就人道领域而言，依乎礼法，则不仅可以使社会之中一般民众人心归一（"百姓一"），而且将得到有德之士的拥护（贤良服）。百姓和贤良分别代表了不同的社会阶层，"百姓一，贤良服"，也相应地体现了本于群道的多样治理效应。如果说。贤能与礼法的统一在总体上表现为合群之道，那么，天人合宜、人际和谐则从不同方面展现了群道所指向的内在目标。

以有序合群为指向，荀子由肯定贤能而突出政治主体的作用，又由确认礼法而彰显了外在体制和普遍规范的意义。从政治哲学的内在逻辑看，仅仅关注贤能，可能引向人治；单纯注重礼法，则容易导致形式化或程式化的政治模式，贤能与礼法的沟通，蕴含着对以上二重偏向的扬弃。通过强调法与议的交融，荀子注意到了普遍规范的引导与具体情境分析之间的互动在为政过程中的作用，由此既避免了礼法的抽象化，也使为政过程不同于主观随意的活动。基于对群道的广义理解，荀子不仅把为政过程与治人联系起来，而且将其进一步引向治物（"理天地"），治国为政的过程本身也由此被置于天人统一的视域中；后者同时意味着从政治哲学的层面考察天人关系。荀子的以上看法，赋予儒家政治哲学以多方面的内涵。

（原载《孔子研究》2018 年第 2 期）

# 自然之性与社会之人
## ——《荀子·荣辱》解读

《荀子·荣辱》以"荣辱"为篇名。就其内涵而言，"荣"和"辱"在价值之维分别包含肯定与否定的意义，而无论是肯定意义上的"荣"，抑或否定意义上的"辱"，都关乎人的存在形态。与之相联系，在"荣辱"的背后，荀子所关注的更为实质的问题，是人的存在形态。通过人之情与人之虑的分析，荀子考察了人欲与理性在人的成就中的不同意义；由肯定师法、礼义的规范与人自身习行的互动，荀子探讨了成圣所以可能的条件；基于人格形态与社会分层关系的分疏，荀子进一步考察了人成长的社会背景。

## 一　人之情与人之虑：人欲与理性

荀子首先从自然之性的层面关注人的存在："人之情：食，欲有刍豢；衣，欲有文绣；行，欲有舆马；又欲夫余财蓄积之富也；然而穷年累世不知不足，是人之情也。"① 希

---

① 《荀子·荣辱》，本文下引荀子论述凡未注明出处的，均出自该篇，下文不再另行作注。

望吃得好一点，穿得华丽一些，出行有车，财富有余，这是人之常情。以上均属感性、物质层面的追求，在这一层面，人的本性有相近之处。这里的"人之情"，同时表现为人的自然之性。人之情趋同，意味着人的自然之性具有普遍性。

然而，人之情与人的实际选择往往并不一致，荀子对此作了比较具体的考察："今人之生也，方知畜鸡狗猪彘，又畜牛羊，然而食不敢有酒肉；余刀布，有囷窌，然而衣不敢有丝帛；约者有筐箧之藏，然而行不敢有舆马。是何也？非不欲也，几不长虑顾后而恐无以继之故也？于是又节用御欲、收敛蓄藏以继之也，是于己长虑顾后，几不甚善矣哉？"尽管按"人之情"，人总是追求感性欲望的满足，然而，在实际的生活过程中，一般人都不敢仅仅顺乎本然的欲望。在荀子看来，之所以如此，是因为人具有抑制自身欲望的能力。这里包含两个方面，其一，自然意义上的情和欲本身可以抑制，其二，人具有抑制这种情和欲的能力。上文提及的情形即涉及这两个方面：尽管人可能拥有很多可供消费的资源，这些资源也足以满足口腹、服饰、出行等很多方面的消费需要，但是人却往往不敢放手使用，而是有所节制。这种节制首先与"虑"相联系，所谓"长虑顾后"，即前思后量，顾前虑后，便表明了这一点。这一意义上的"虑"，主要表现为理性的思虑：从长计议、考虑未来的可能的后果，等等，这都是理性思考的具体表现。按荀子的理解，自然意义上的欲望和前思后量意义上的理性思虑在人身上兼而有之。正是理性的思虑，使人超越了单纯的感性欲求，趋向于更为合理的取舍。

与以上情形相对，如果未能"长虑顾后"、缺乏长远的理性谋划，则将引向消极的后果："今夫偷生浅知之属，曾此而不知也；粮食大侈，不顾其后，俄则屈安穷矣。是其所以不免于冻饿、操瓢囊为沟壑中瘠者也。"从日常生活来说，一旦完全不虑未来，只满足当下的欲望，则必然导致生活资源难以为继。可以看到，从正面讲，如果基于理性思虑对欲望加以适当控制，那么生活可以达到某种平衡、稳定的状况。反之，如果理性未能对欲望加以控制，便会导致对个人生活有害的后果。

理性的思虑不仅仅体现于日常生活中的从长计议，而且在更广的层面表现为"先王之道，仁义之统"："况夫先王之道，仁义之统，《诗》、《书》、《礼》、《乐》之分乎！彼固天下之大虑也，将为天下生民之属长虑顾后而保万世也；其汸长矣，其温厚矣，其功盛姚远矣，非孰修为之君子，莫之能知也。故曰：短绠不可以汲深井之泉，知不几者不可与及圣人之言。夫《诗》、《书》、《礼》、《乐》之分，固非庸人之所知也。故曰：一之而可再也，有之而可久也，广之而可通也，虑之而可安也，反鈆察之而俞可好也。以治情则利，以为名则荣，以群则和，以独则足乐，意者其是邪！"相对于日常生活方面的"长虑顾后"，"先王之道，仁义之统"构成了"天下之大虑"。以"先王之道，仁义之统"为形式，"天下之大虑"已不仅仅是特定境域中的思虑，而是表现为普遍的理性规范，后者对整个社会具有更普遍的调节、引导作用。作为普遍的理性规范，"先王之道，仁义之统"涉及国家的稳定和天下的长治久安。不难注意到，一方面，荀子对人原初的自然欲望和人的理性思虑作了对照；另一方面，又将日常生活中的理性思考和更广意义上涉及天下国家的"大虑"加以区分，在后一层面，理性对本然之欲的调节进一步引向以普遍的理性规范制约更广之域的人和事。

无论是日常生活中的"长虑顾后"，还是社会领域中的"天下之大虑"，都表现为人的理性能力。"食欲有刍豢，衣欲有文绣"这一类的"人之情"，具有自发、本然的特点，"长虑顾后""先王之道"则分别表现为自觉的理性活动及自觉的理性规范。人固然有自发的情与欲，但人之为人的更根本的特点，体现于自觉的理性活动以及对理性规范的把握和依循，人自身的分别，也体现于对理性规范的不同理解。从可能性上说，以上能力凡人都可具有，但从现实性来说，它又并不是自然而然地达到，其形成离不开人本身的修为和涵养，所谓"非埶修为之君子，莫之能知也"，既表明真正将理性的思虑放在主导的地位并不是一种很容易的事情，也将自觉"修为"视为形成理性能力的前提。

以上引文中同时提到《诗》《书》《礼》《乐》之分，从理性能力的提升和培养的角度看，把握《诗》《书》《礼》《乐》等以往的经典无疑构成了重要的方面，《诗》《书》《礼》《乐》各有自身的义理内容，要深切地理解其中的义理，理解者本身便应有意识层面的准备，庸人往往缺乏这种观念积累，故此类义理"非庸人之所知"。荀子非常注重习行的过程，"反鈆察之"便是一种反复的考察理解过程，在他看来，正是基于这一过程，久而久之，《诗》《书》《礼》《乐》中的观念、义理便会内化到个体意识中，并逐渐由个体在意愿层面加以接受，"反鈆察之而俞可好也"中的"可好"，即可理解为自愿接受。儒家一再肯定"好仁当如好好色"，这里的"好"便是意愿层面的自愿接受。从理性之维看，观念、义理经过接受而融入个体的内在精神世界，化为其内在的意识，个体的理性能力则由此得到提升。从已有的知识结构、德性修养出发，不断地升华自身的精神世界，可以进一步产生如下的积极效应：引导人的自然情欲，化性起伪，"以治情则利"侧重于此；使人获得荣誉、名声，亦即得到正面的价值肯定，"以为名则荣"蕴含了这一点；在与人交往的过程中，达到和谐相处之境，"以群则和"即突出了这一方面；在个体自处之时，达到独善其身并感受到精神的愉悦，"以独则足乐"便表明了这一点。在以上过程中，理性（长虑顾后、天下之虑）对自然之情的制约，也得到了多方面的展现。

## 二　人皆可成圣：礼法与习行

以上所述首先表明，人总是具有本然之性和本然之情。按荀子的理解，在这方面，人与人之间并没有根本的不同："凡人有所一同：饥而欲食，寒而欲暖，劳而欲息，好利而恶害，是人之所生而有也，是无待而然者也，是禹、桀之所同也；目辨白黑美恶，耳辨音声清浊，口辨酸咸甘苦，鼻辨芬芳腥臊，骨体肤理辨寒暑疾养，是又人之所常生而有也，是无待而然者也，是禹、桀之所同也。"这里在二重意义上涉及人的感性规定："饥而欲食，寒而欲暖"等，属感性的欲望；"目辨白黑美恶，耳辨音声清浊"等，属感性的能力（感知能力）。感性层面的这种规定，构成了人的最原初的规定，并为圣与凡、圣王（禹）与暴君（桀）所共有。

人在感性层面的以上规定，具有本然性质，然而，在后天的发展中，人究竟成为何种人，则并不取决于人的本然规定，而是关乎"注错习俗之所积"："可以为尧、禹，可以为桀、跖，可以为工匠，可以为农贾，在埶注错习俗之所积耳。""可以为尧、禹，可以为桀、跖，可以为工匠，可以为农贾"，等等，属后天发展的不同趋向，这种趋向本来隐含于人的存在之中，但其现实的展现则需要具备具体的条件，所谓"注错习俗"，便涉及这一方面。"注错"即习行，它与人的行动方式和行动的过程相联系，"习俗"则涉及广义上的环境。个体成为什么样的人，既受到所处环境的制约，也与自身的习行无法分离；不同的习俗与习行交互作用，规定着人的发展方向（成就什么样的人）。在荀子看来，二者的这种互动，同时表现为一个过程："注错习俗之所积"中的"积"，便突出了过程性。注重个体习行的过程性，是荀子一以贯之的观点，在《劝学》篇中，"积"便构成了关键词之一。正是在环境影响和人自身努力的交互作用过程中，人逐渐形成了尧、禹或桀、跖等不同的人格形态。

不同的人格形态，对人的生存形态具有不同的意义。一般而言，正面的人格会得到肯定的价值评价，负面的人格则相反。然而，为什么人们往往未能致力于前者？荀子对此作了进一步的分析："为尧、禹则常安荣，为桀、跖则常危辱；为尧、禹则常愉佚，为工匠、农贾则常烦劳。然而人力为此而寡为彼，何也？曰：陋也。尧、禹者，非生而具者也，夫起于变故，成乎修修之为[①]，待尽而后备者也。"这

---

① 俞樾认为"修修之为"中的"修之"为衍文，全句当为"成乎修为"："'起于变故，成乎修为'两语相对成文。"按：俞说似是。

里着重从"陋"的角度分析形成以上现象的根源。何为
"陋"？在《修身》篇中，荀子对此有一扼要的解释："少见
曰陋。""少见"即孤陋寡闻，其特点在于视野受到限制，
所知非常有限，从认识论上说，也就是在把握自己和把握世
界这两个方面都缺乏应有的广度和深度，正是这种"陋"
导致了人在生存过程中做出不当的选择。类似的看法，也见
于《荣辱》中的以下论述："今以夫先王之道、仁义之统，
以相群居，以相持养，以相藩饰，以相安固邪？以夫桀、跖
之道？是其为相县也，几直夫刍豢稻粱之县糟糠尔哉？然而
人力为此而寡为彼，何也？曰：陋也。陋也者，天下之公患
也，人之大殃大害也。"这里进一步将"陋"视为"天下之
公患"。由"陋"而考察价值取向上的偏颇，侧重于认识论
的角度，从其整个思想系统看，从认识论上追溯人何以在知
行过程中出现偏差，构成了荀子一以贯之的观念。在《解
蔽》篇中，荀子便从认识论的层面，分析各种片面性（蔽）
产生的根源。"陋"和"蔽"有相通之处，都属于人在认识
过程中的限定。与"陋"相对的是个体自身的努力，所谓
"起于变故，成乎修为"，便既包括前文提及的理性思虑
（长虑后顾），也表现为个体自身的习行，前者意味着通过
对世界和人自身认识的深化以克服"陋"；后者则意味着通
过习行过程的展开以积善而成圣，二者的共同指向则是人格
的完美。

　　人的存在固然有品格上的高下之别，但这种差别，并不
是先天决定的，所谓"尧、禹者，非生而具者也"便表明
了这一点。这样，人的存在既有其同，也有其异。以君子与
小人而言，两者表现为人格上的不同形态，但在出发点上，

二者并没有不同，所异的是后天的习行之道："材性知能，君子小人一也；好荣恶辱，好利恶害，是君子小人之所同也；若其所以求之之道则异矣。"然而，小人却完全不理解后天不同习行是导致人格差异的根本原因，而将人格不同的根源归之于先天"知虑材性"上的区分："小人莫不延颈举踵而愿曰：'知虑材性，固有以贤人矣。'夫不知其与己无以异也。"知虑材性是人的本然规定，在这方面君子与小人本无实质的差异，但小人却将君子之为君子的缘由归之于这种本然规定，如此势必掩蔽人格差异的实际原因。荀子由此重申了前文提及的看法："则君子注错之当，而小人注错之过也。故孰察小人之知能足以知其有余，可以为君子之所为也。譬之越人安越，楚人安楚，君子安雅。是非知能材性然也，是注错习俗之节异也。仁义德行，常安之术也，然而未必不危也；污僈突盗，常危之术也，然而未必不安也。故君子道其常，而小人道其怪。"要而言之，君子与小人先天并无异，关键的方面在于后天之异，后者具体表现为"注错之当"与"注错之过"。这里的"当"与"过"首先表现为价值取向的差异，不同的习行（举措），具有不同的价值性质，君子之为君子、小人之为小人，源于不同性质的习行，"非知能材性然也，是注错习俗之节异也"，即以总结的方式肯定了这一点。从孔子开始，儒家便注重"习"，"性相近也，习相远也"（《论语·阳货》），其中所突出的也是这一方面。这里的"习"包括习行和习俗两个方面，前者指个人的努力，后者则指外在的环境，按孔子的理解，人的本然之性是彼此相近的，但后天习俗（环境的差异）和习行（个人努力）的不同却导致了差异。荀子的以上思想，可以视为孔子上述观念的进一步展开。

当然，从总体上说，荀子更多地发挥了孔子"习相远"的思想。作为"习"的两个方面，习行与习俗都与外在的规范相联系。以上引文中荀子提到"君子道其常，而小人道其怪"，其中的"常"和"怪"既指常行与反常，也与普遍规范相涉："常"意味着合乎一般规范，"怪"则表现为悖离规范。习俗（社会环境）对个体的影响之一，在于提供一套行为规则，习行之"常"与"怪"，则与前文所说的"当"与"过"一致，表现为是否合乎普遍规范。在同样的意义上，荀子指出："人之生，固小人，无师、无法，则唯利之见耳。""人无师、无法，则其心正其口腹也。""今是人之口腹，安知礼义？安知辞让？"这里的"师"侧重于教化、引导，"法"与"礼义"则以普遍规范为其形式。人的最原初规定为自然之情与欲，这种自然之情与欲如果不以师加以引导、以法和礼义加以制约，则将引向仅仅追求感性欲求（口腹之欲）、一己之利的负面人格形态。

如果说，习行涉及的主要是个体自身的作用，那么，包含师法和礼义的广义习俗则着重于社会对个体的塑造：不管是师之教化还是礼法的制约，都表现为社会对人的影响。荀子将普遍规范及社会对个体的外在塑造提到十分突出的地位，这与他对人性的理解紧密联系在一起。外在规范对人的制约之所以必要，是因为人的自然之性或本然的情与欲有趋向于恶的可能，自然之性或本然的情与欲的以上特点，决定了它们无法成为人成善的根据。进而言之，个人的努力，也离不开外在的引导和制约。以上看法显然有别于孟子：孟子从性善的预设出发，肯定成人过程基于内在的根据，而非依赖于外在的塑造。对于荀子来说，德性则非个体先天具有，人的成长主要靠后天的修为、外在师法和礼义的引导。"人之口腹，安知礼义？安知辞让？"口腹在这里具有象征、隐喻的意义，主要关乎感性的欲望。停留在自然、感性的层面之上，人无法形成内在的道德意识：若无师法和礼义，人便只能跟着欲望走、顺其自然趋向而发展。正是在这里，普遍的规范、社会的引导展示了其不可或缺的意义。

与习行和习俗的交互作用相联系的，是自知与知命的关系："自知者不怨人，知命者不怨天；怨人者穷，怨天者无志。失之己，反之人，岂不迂乎哉！""自知"既以自我为能知的主体，也以自我为所知的对象，它所关注的，首先是作为个体的自我，与之相对的首先是他人；"知命"所指向的，则是外在的必然力量（命）。这里涉及两个方面，一是作为个体的自我，另一则是个体之外的他人和外在之命。在此，荀子把"自知"（认识自己）放在一个重要的地位之上，而"自知者不怨人"则以肯定自我力量为前提：真正把握了自己的力量，则即使在实践过程中出现了问题，也不会归咎于他人（"怨人"）。"知命"一方面意味着确认外在必然对人的制约，另一方面又表明人可以把握这种外在的必然趋向，并进一步"制天命而用之"（《荀子·天论》）。"自知者不怨人，知命者不怨天"与抽象地说"不怨天，不尤人"有所不同，它将认识自身力量与认识外在必然视为超越外在力量的前提，其中突出了"自知"与"知命"在天人或人我互动中的意义。无论就"自知"而言，抑或从"知命"的角度来说，习行的结果首先与个体自身是否能发挥自我的作用相涉，而非取决于外在力量。在引申的意义上，自我之外的"人"与"天"，不仅与他人及外在必然相联系，而且关乎普遍的规范，而在习行过程中，自我总是表现为主导的方面：行为是否合乎必然之命、当然之则，最终基于自我的决定和选择，从而，不应当把"成"与"不成"这样的结果，都归之于他人、天命等外在的力量。在这里，所谓自我的"主导"大致体现于以下方面：其一，在行动之前由自我作出决定和选择；其二，在行动过程中以自我为作用的主体；其三，在行动之后，由自我对行为的结果承担责任。

通过习行与习俗的互动而成就人，是一个复杂的过程，其中涉及多重因素，包括自我的能力、外部的条件，等等。就条件而言，这里既有必然的规定，也有偶然的因素；从个体的作用看，其方式也具有多样性。在考察人的习行过程时，荀子一方面将自我本身的力量放在重要的位置，另一方面通过"人与我"，"人与天"或"人与命"的比照，突显了这一过程所涉及的多重因素，超越自然之性、走向圣人之境的过程，也由此呈现了其具体性。

## 三 人格形态与社会分层

从本然形态的"人之情"向圣人之境的转换，以个体努力与社会影响的互动为前提。对荀子而言，在社会的层面，问题不仅仅关乎师法、礼义的引导和制约，而且与"礼义之分"相联系。

在谈到人欲与社会调节的关系时，荀子指出："夫贵为天子，富有天下，是人情之所同欲也；然则从人之欲，则势不能容，物不能赡也。故先王案为之制礼义以分之，使有贵贱之等，长幼之差，知愚、能不能之分，皆使人载其事而各得其宜，然后使悫禄多少厚薄之称，是夫群居和一之道也。"这里再次涉及"人之欲"。政治上求贵，经济上求富，这是人的普遍欲望。然而，能够满足人之欲望的社会资源，又是有限的，在资源有限的条件下，如果听任人无限制地追求各自的欲望，则必然会导致人与人之间的冲突。如何避免这种情形？荀子的基本思路是"制礼义以分之"，亦即按礼义的规定，对社会成员加以分层，使之处于不同的等级，每一等级的人分别具有不同的权利和义务，彼此互不越界，从而使社会成员各得其所，社会则由此避免冲突而走向有序状态。在此，社会分层首先表现为上下贵贱的不同等级。社会的有序表现为和一，所谓"群居和一"，这种"和一"又以"分"为前提。社会的分层，使每一个体都各有适合自身的位置并承担相应之事，所谓"人载其事而各得其宜"；社会成员之间资源的分配，也与其不同的社会地位协调一致，所谓"然后使悫禄多少厚薄之称"。

除了上下等级意义上的社会分层之外，荀子所说的"分"还具有另一重意义："故仁人在上，则农以力尽田，贾以察尽财，百工以巧尽械器，士大夫以上至于公侯莫不以仁厚知能尽官职，夫是之谓至平。故或禄天下，而不自以为多；或监门、御旅、抱关、击柝，而不自以为寡。故曰：斩而齐，枉而顺，不同而一。夫是之谓人伦。"这里的"分"，涉及宽泛意义上的社会分工。农民致力于耕地，商人保障不同产品的流通，百工以制造手工业品为自身的要务，同样，下至士、上到公侯，也各有自身的职责。分工意味着差异或不同，然而，通过分工而形成的"不同"，却指向着"和一"，所谓"不同而一"。荀子十分注重社会的有序化，礼义的核心就是秩序，这种秩序并非建立在抽象的同一之上，而是以确立合理的区分为前提。这里提及的人伦本来指人与人之间的关系，对此孔孟往往主要从伦理关系的角度加以理解，荀子在此则将社会分工视为人伦的前提，并以"是之谓人伦"概括前述分工关系。对人伦的这种看法，显然超越了伦理的视域而赋予人与人之间的关系以更普遍的意义。

以社会分层和社会分工为内容的"分"，同时规定着人格的不同形态："夫天生蒸民，有所以取之。志意致修，德行致厚，智虑致明，是天子之所以取天下也。政令法，举措时，听断公，上则能顺天子之命，下则能保百姓，是诸侯之所以取国家也。志行修，临官治，上则能顺上，下则能保其职，是士大夫之所以取田邑也。循法则、度量、刑辟、图籍，不知其义，谨守其数，慎不敢损益也，父子相传，以持王公，是故三代虽亡，治法犹存，是官人百吏之所以取禄秩也。孝弟原悫，軥录疾力，以敦比其事业，而不敢怠傲，是庶人之所以取暖衣饱食、长生久视以免于刑戮也。饰邪说，文奸言，为倚事，陶诞突盗，惕悍憍暴，以偷生反侧于乱世之间，是奸人之所以取危辱死刑也。其虑之不深，其择之不谨，其定取舍楛僈，是其所以危也。"这里既涉及政治上的社会分层，也关乎伦理层面的区分，与之相应的是不同的行事方式，而在这种不同的方式之后，又蕴含着人格的多样特点。从天子到百姓，从治国理政，到道德活动，从权力运作，到日常生活，不同社会地位，规定了不同的行事方式及人格形态。作为社会的最高层，天子以"志意致修，德行致厚，智虑致明"为人格的具体内容，其中，前两个方面（志意致修，德行致厚）主要关乎德性，后一方面（智虑致明）则与能力相联系。德性涉及价值方向，包括选择什么样的行为，能力则关乎如何做的问题。相对于天子，诸侯应当具备的品格是"政令法，举措时，听断公"，"政令法"即政令合乎法则，"举措时"即行动需要考虑时空条件，"听断公"不限于断狱，而是同时涉及对不同意见、建议做出恰当的判断。从总体上看，诸侯治理国家对上要服从天子之令，对下要维护百姓的利益，亦即兼顾天子和百姓两个方面。士大夫在社会分层上处于诸侯之下，"志行修，临官治"是其在人格方面的基本要求。"志行修"意味着在德行修养方面的完善，"临官治"则指在担任具体职务时，要善于处理相关事务，与之相联系的是上能奉行政令，下能维护百姓。百官处于社会等级系统中的不同层面，其人格要求首先表现为"循法则"。法则、规范既具有普遍性，也包含稳定性。朝代固然有更替，但法则却可以持久延续，所谓"三代虽亡，治法犹存"，对各司其职的百官而言，重要的是严格遵循法则，"谨守其数，慎不敢损益"，这里特别侧重于依法行事这一点，在荀子那里，程序性、规范性被提到了一个很高的层面，这与他重视礼义约束相一致：较之孔子注重仁道、孟子突出仁政而言，荀子对礼给予了更多关注，以上看法可以视为后者在政治领域的体现。百官之后是百姓，对一般百姓来说，达到温饱、安居是其基本的目标，行孝悌以保持家庭的稳定，是达到这一目标的内在条件，同样，勤劳努力也是必要的前提，所谓"孝弟原悫，軥录疾力，以敦比其事业，而不敢怠傲"，便分别体现了以上方面。

　　以上是积极层面的人格形态。从消极的方面看，问题涉及伦理意义上的社会分层：所谓"小人"，即处于较低伦理层次之人。他们思想不正，观点有害，却又刻意矫饰（"饰邪说，文奸言"），好为怪异之事，为人不真诚，蛮横无理（"为倚事，陶诞突盗，惕悍憍暴"），同时，又思虑浅薄，选择随意，动机不端（"虑之不深，其择之不谨，其定取舍楛僈"）。荀子对"小人"的这种批评，大致体现了儒学的传统。如所周知，孟子"拒杨墨""放淫辞"，对当时各种"邪说"一再加以抨击。同样，疏离怪异之事，也是儒家的价值取向之一，孔子"不语怪力乱神"，《中庸》对"素隐行怪"也持明显的否定态度，荀子对"小人"的以上立场，与之前后相承。

　　要而言之，从社会分层的角度看，天子、诸侯、士大夫、百官、庶人，处于不同的社会等级，"小人"则在伦理意义上自成一类。处于社会不同层面（包括伦理层面）的人，各有自身的人格形态，后者既以当然为指向，也呈现为实然（所谓"小人"，便表现为社会领域实际存在的人格形象），"当然"关乎不同等级的人应该具有的人格形态，"实然"则涉及对现实人格形态的描述。人格形态与社会分层的如上对应，进一步突出了自然之性与社会之人的分野。

　　在具体的"在"世过程中，个体总是需要与他人共处，并与他人发生多种形式的交往关系。荀子首先从人与人之间的争斗这一消极的层面，对这种关系做了考察："斗者，忘其身者也，忘其亲者也，忘其君者也。行其少顷之怒，而丧终身之躯，然且为之，是忘其身也；室家立残，亲戚不免乎刑戮，然且为之，是忘其亲也；君上之所恶也，刑法之所大禁也，然且为之，是忘其君也。忧忘其身，内忘其亲，上忘其君，是刑法之所不舍也，圣王之所不畜也。"争斗主要表现为个体之间具有负面意义的关系，荀子对这一形式的交往关系持否定的态度，其评判涉及三重维度，即"身"（自我）、"亲"（父母）、"君"（政治权威），在他看来，争斗之所以应当否定，首先在于其"忘其身"，亦即忘却了自我内在的存在价值，其次在于它"忘其亲"，亦即忘却了自我应当承担的伦理责任，其三在于其"忘君"，这里的"君"可以视为"国"的象征，与之相应，"忘君"意味着忘却自我对于国家的政治责任。从另一方面看，争斗导致个体之间的纷争，其结果是"乱"，由此往往进一步引向社会的失序："乱"意味着无序。可以看到，对争斗的批评背后，包含着对社会秩序的关注和肯定。

进一步看，争斗无论从理性的层面看，抑或就价值的角度而言，都是不当之举："凡斗者，必自以为是，而以人为非也。己诚是也，人诚非也，则是己君子，而人小人也；以君子与小人相贼害也，忧以忘其身，内以忘其亲，上以忘其君，岂不过甚矣哉！是人也，所谓以狐父之戈钃牛矢也。将以为智邪？则愚莫大焉；将以为利邪？则害莫大焉；将以为荣邪？则辱莫大焉；将以为安邪？则危莫大焉。"从理性的权衡这一方面说，争斗如同以名贵的兵戈去挑牛粪，非明智之举，从价值后果看，争斗又有害无利。理性层面的认知和价值层面的评价，从不同维度构成了考察争斗这种交往方式的出发点。

与他人共处与交往既涉及行为方式，也关乎言语表达，社会领域中的这种言行举止，同时使个体的内在人格也得到了多样的展现："憍泄者，人之殃也；恭俭者，偋五兵也。虽有戈矛之刺，不如恭俭之利也。故与人善言，暖于布帛；伤人之言，深于矛戟。故薄薄之地，不得履之，非地不安也，危足无所履者，凡在言也。巨涂则让，小涂则殆，虽欲不谨，若云不使。"这里首先提到骄横，这种行为发生在与人交往、待人接物的过程之中：对于自我本身并没有骄横与否的问题；"恭俭"在涉及与他人关系这一点上，与之相近。不过，前者（骄横）作为人生态度和行为方式，常常导致祸害，后者（恭俭）则可以使人在社会中避免祸害。进而言之，交往过程总是涉及语言，语言是人与人相互沟通的中介，语言的交流关乎人与人之间如何相处。如果与人为善，不以尖刻的话语伤人，这将有益于建立良好的人际关系，相反，如果恶语相向，则势必导致人与人之间的冲突。这里的"言"，既涉及言说的内容，也关乎言说的方式，而与之相涉的则是自我与他人的关系。就个体与外在环境的关系而言，对于自我之外的环境，个体往往无法支配，但个体如何为人行事，则可以由个体自身决定。正如走路，所走之路的宽窄，非行走者所能左右，但在道路宽敞时彼此相让，在狭小的路上格外谨慎，则与自我相关。这里路之宽窄，同时隐喻着个体所处环境的有利与不利，而如何应对，则取决于个体自身。人与人、人与环境的如上关系，一方面肯定了人的群体性存在特点，另一方面也从更内在的方面突显了人的自然之性向社会品格转换的必要性。

可以注意到，在荀子看来，人的本然存在固然以自然之性为其规定，但人又以群为其存在方式，后者同时要求人具有社会化品格。人的社会品格的形成,既需要外在师法、礼义的规范,也离不开内在理性思虑、价值选择等方面能力的提升,社会的制约与个体的习行、外在的塑造和个体的选择相互作用,规定了多样的人格形态。

(原载《杭州师范大学学报》2018 年第 1 期)

# 何为理学

## ——宋明理学内在的哲学取向①

　　"何为哲学"是哲学领域常常反思的问题，在相近的意义上，"何为理学"，也是理学研究中一个需要不断追问的问题。理学作为中国哲学衍化过程中的重要流派，有其内在的哲学取向，这种取向通过理学自身的概念系统以及其中蕴含的哲学问题而得到多方面的展现。以理气、心性、心物、知行等概念为核心，理学既在天道观的层面对何物存在、如何存在等形而上问题加以探索，也在人道观的层面展开了何为人、如何成就理想之人的追问。理与气、理与心性之辩背后所蕴含的当然、实然、必然、自然关系的辨析，则进一步突显了理学的价值关切和哲学进路。

## 一

　　关于理学，大致存在三种表述方式，即"新儒学"

　　① 本文系作者于 2018 年 8 月在复旦大学举行的"宋明理学国际论坛"大会上的演讲记录。

（Neo – Confucianism）、"道学""理学"。"新儒学"这一概念主要通行于英语世界，不过，用"新儒学"指称理学，同时也折射了理学和儒学之间的内在联系。历史地看，理学一方面上承传统儒学，另一方面又使儒学取得了新的形态。晚近以来，关于儒学的发展有所谓"三期"或"四期"等不同的区分，尽管在对儒学的历史划分方面看法不完全一致，但无论是三期说，抑或四期说，宋明理学都被视为儒学的一种发展形态。从先秦到汉魏、隋唐，直到宋明，儒学在不同的历史阶段都获得了新的历史内涵，同时也取得了不同的形态，从儒学内在的演进过程看，以往儒学的这种演化过程构成了宋明时期新的儒学形态出现的前提。理学与传统儒学之间的以上历史传承关系，同时也展示了理学的总体学派归属。

以"道学"指称理学，在《宋史·道学传》中得到了比较具体的体现。《宋史·道学传》把周敦颐、张载、二程、邵雍、朱熹等理学的主要人物都列入其中。尽管《道学传》认为，"道学之名，古无是也"，也就是说，在宋以前没有"道学"之名。但从实质的层面看，用"道学"来概括理学，无疑有其内在缘由。"道学"以"性与天道"为对象，其内容可以理解为"性与天道之学"。正是通过对性与天道问题的讨论，理学在哲学的内在脉络上承继了先秦以来的儒学。无独有偶，后来冯友兰先生也把理学称为"道学"，并对"道学"做了理论上的概括，认为"道学"讨论的问题主要有两个，第一是"什么是人"，第二是"怎样做人"。在这一意义上，他认为："'道学'是讲人的学问，可以简称为'人学'。"①

　　当然，如后文将进一步论述的，从性与天道之学这一广义的视域看，理学显然并不仅仅涉及人道意义上何为人、如何做人这两方面，它同时关乎天道层面的讨论。冯友兰先生对"道学"的以上概括，主要侧重于性与天道中的"性"。在"性与天道"之中，"性"属本质层面的范畴，并首先与人的存在相关联。就总体而言，可以说理学是先秦以来儒学关于性与天道问题讨论的延伸、继续与深化。如果说，"新儒学"这一表述从外在的学派归属上，体现了理学的历史定位，那么，"道学"或"性道之学"则在内涵上体现了理学与传统儒学之间的理论联系。

　　关于理学的第三种表述，即现在比较通行的"理学"一词本身。"理"与"道"有相通之处，在这一意义上，"道学"与"理学"的表述有其理论上的相关性。然而，二者亦有不同侧重。比较而言，"道"言其同，主要表现为普遍的原理：在中国哲学中，宇宙万物、宇宙人生中最普遍的原理，常常被称为"道"。历史地看，老子将道视为宇宙的本源，庄子肯定道通为一，强调的都是道的普遍涵盖性。韩非更明确地肯定了"道"的以上涵义："道者，万物之所然也，万理之所稽也。""万物各异理而道尽稽万物之理。"（《韩非子·解老》）相对于道，"理"除了普遍性的层面之外，还较多地涉及分殊。韩非已比较具体地指出了这一点："凡理者，方圆、短长、粗靡、坚脆之分也。故理定而后可

────────────

　　① 参见冯友兰《中国哲学史新编》第五册，人民出版社 1988 年版，第 11 页。

得道也。"(《韩非子·解老》)"理"在此主要和事物的特殊规定相关。宽泛而言，道既关乎存在方式，也涉及存在原理，从形上原理的层面看，道无殊道，但理有殊理。

与"理"的以上内涵相联系，理学表现出从普遍之理和特殊之理的统一中来把握世界和人自身的趋向。这样，一方面，理学与性道之学具有历史关联，并由此展示了其形而上的进路，但另一方面，它又试图从普遍之理和殊理的交融中去讨论性与天道的问题，其中包含理论上的独特之点。"理学"后来成为指称这一学派的通行概念，无疑折射了理学在讨论性与天道问题上的以上进路，理学中的很多论说，也体现了这一特点。朱熹在谈到理与万物的关系时，曾指出："自其末以缘本，则五行之异，本二气之实，二气之实，又本一理之极。是合万物而言之，为一太极而已也。自其本而之末，则一理之实，而万物分之以为体。故万物之中，各有一太极，而小大之物，莫不各有一定之分也。"①这里便从形而上的层面，肯定了普遍之理与特殊之物（理的特定体现）之间的关联。理学的"理一分殊"说则从更广的视域体现了以上进路，其中既包含普遍之理与殊理的交融，也涉及一般原则和特殊情境之间的关联。理学中的心学流派关注理与心、一般原则与特定存在之间的互动，则从另一个方面具体地体现了对普遍之理与特定对象之间关联的注重。

在现代哲学中，冯友兰上承理学，建立了"新理学"

---

① 朱熹：《通书注·理性命第二十二》，《朱子全书》第十三册，上海古籍出版社、安徽教育出版社 2002 年版，第 117 页。

体系，其中，普遍与特殊、一般和个别的关系也构成了讨论的核心问题之一，这既体现了"新理学"与"理学"之间的理论传承，也不难注意到"理一"与"分殊"的关系在理学中的独特地位。

二

理学作为儒学的一种新形态，包含自身的独特概念和范畴，而在这些概念和范畴的背后，又隐含着普遍的哲学问题。

首先是"理"和"气"及其相互关系。一般而言，"理"首先与普遍的法则、本质以及内在的形式等相联系，"气"在广义上则关乎构成万物的质料、要素、材料，等等。与之相联系，在天道的层面，讨论理气关系涉及一般的法则、本质、形式与构成事物的质料之间的关联，包括哪一个更根本，何者具有优先性或处于本源性的地位，等等。与儒学的其他流派相近，"理学"也是派中有派，其中包括以"理"为第一原理的狭义理学、以"气"为第一原理的气学、以"心"为第一原理的心学。在以上问题方面，理学中的不同学派存在不同的理解：狭义的理学（理本论）与气学（气本论），对"理"和"气"的关系便形成了相异的看法。

理气关系的讨论，同时又与道器关系的论辩相联系。如上所述，理气关系中的"气"主要被理解为构成世界的质料，道器关系中的"器"则首先呈现为经验领域的特定事物，与之相应，道器之辩关乎形上之域与形下之域、普遍原理与经验对象之间的关系。从更宽泛的层面看，理气关系与道器关系的辨析，同时涉及一般与个别、普遍与特殊等关系。

如果更进一步地考察理气关系背后隐含的哲学问题，则可以注意到，理气之辩同时又涉及"何物存在""如何存在"这样一些天道观或形而上层面的一般哲学追问。就"何物存在"而言，无论是以气为本的气学，抑或以理为本的狭义理学，在肯定现实存在的事物最终都由理和气构成这一点上，具有相通之处，这一看法意味着：离理无物，离气也同样无物。进而言之，从"如何存在"的维度看，问题涉及理与气二者如何定位。理和气对物的构成固然都不可或缺，但两者之中，何者具有更为本源的意义？在这一方面，不同的学派往往立场各异：狭义的理学赋予理以更终极的性质，气论则以气为本。从中国哲学来说，以上讨论属"性与天道之学"中天道之维，可以视为性道之学的历史延续。在更一般的哲学层面上，这种讨论又涉及形而上的追问。

除了理气关系之外，广义的理学还涉及理和心性的关系问题。理气之辩主要指向理和对象世界的关系，理和心性问题的讨论则关乎理和人自身存在的关系。具体而言，这里包含理和心、理和性两个不同的方面。首先是心和理的关系问题。"心"与个体的精神活动、心理现象、意识观念等相关。意识活动及其结果，总是离不开一个一个具体的人，并且最后落实于个体之上：精神、意识以特定的个体为承担者，而这样的个体又是一种有血有肉的具体存在。与之相对，"理"主要指一般的本质、原理、规范，等等。这种原理、规范具有普遍性而并不限定在某一特定个体之上。由此便发生了如下问题：超越于个体之上的普遍原理（"理"），与内在于个体的意识精神（"心"），究竟有着什么样的关联？一般的原则以什么样的方式来制约个体？这是"心"和"理"的关系所涉及的具体问题。与这一问题相关，存在着两个不同学派，即狭义上的理学和理学之中的心学。心学以心立说，对个体的存在也更为注重。在某种意义上，心学有见于普遍原则、规范只有落实并内化于每一个人，才能实际地起作用。狭义上的理学则更关注原则的普遍性，强调每一个体都需要遵循这种普遍原则。

与"心"和"理"之辩相关的，是"理"和"性"的关系。前面提到，理气涉及理和对象世界的关系，理和心性则关乎理与人自身存在之间的关系。从后一方面看，问题既与"心"相关，也与"性"相涉。理学视域中的"性"属本质序列的范畴并以"理"为其实质性内容，在此意义上，也可以把它看作是理的一种内化形式或理在人之中的具体体现。对理学来说，人之为人的根本规定或本质表现为"性"，"性"本身则基于"理"。一般而言，在心性和理的关系中，持心学立场的理学家比较注重个体之"心"，由此引出的结论是心与理合一，或"心即理"；以理为第一原理的哲学家，则更为注重"性"，其基本倾向是强调性与理为一，或"性即理"。"心即理"和"性即理"体现了不同的哲学趋向，前者蕴含着对个体存在的承诺，后者则侧重于肯定普遍本质的优先性。

进而言之，在心性层面上，同时涉及气质之性和天地之性、道心和人心的区分。气质之性主要体现的是人在生物学意义上的感性规定，天地之性则更多地呈现为人在道德意义上或人作为道德主体所具有的本质。"性"的层面上气质之性和天地之性的如上区分又与"心"的层面上道心和人心的区分具有相关性。在道心和人心之辩中，人心主要与人的感性欲望、感性需求相关联，道心则更多地体现为精神性或理性层面的追求。可以看到，道心和人心之别与天地之性和气质之性的区分，有其实质上的一致性。人心和道心、人的自然欲望和崇高道德追求之间的关系，应该如何理解？这是人心道心之辩所涉及的问题之一。与之相应的还有所谓理和欲等之关系。"欲"更多地与人心相关联并相应地体现了人的感性要求，"理"则首先内化于道心并相应地呈现为理性的规定和理性的追求。从总体上看，在理欲关系上，狭义上的理学对道心和理给予了更多的关注，理学中的心学流派则为承诺人心和人欲提供了某种理论上的空间。

以上两个方面，即广义上理与气的关系和理与心性的关系，本身具有理论上的相关性。逻辑地看，天道层面的理气关系在理学的论域中呈现更原初和本源的意义，人道层面的理和心性的关系，在某种意义上以理与气的关系为形上的依据。具体而言，在天地之性和气质之性的区分中，天地之性以"理"为内容，气质之性则秉"气"而生并更多地与"气"相关。在这一意义上，"性"的两重形态和理气关系彼此相关联。同样，在道心和人心的区分中，道心表现为"理"的内化，人心则和人的气质等相关联。在此意义上，"心"的两重区分，也与理气关系相联系。不难注意到，无论是"性"的两重形态，抑或"心"的不同分野，追本溯源，都与理气之辩相涉。由此也可以看到，理学作为一种哲学形态，其中讨论的不同问题之间并非彼此隔绝，而是有着逻辑的关联。

如前所述，理气之辩所蕴含的更根本的哲学问题，是"何物存在""如何存在"，后者同时也是形而上学包括中国哲学的天道观所无法回避的问题：从形上的层面追问世界，总是面临以上基本的哲学关切，理气关系的讨论以一种独特的方式，对此作了自身的回应。与之相关，理和心性之间的关系同样也涉及一个根本性的哲学问题，后者具体表现为："何为人"，"何为当然之人"，前者（"何为人"）关乎现实的人，后者（"何为当然之人"）则以人的理想形态（当然或应该达到的形态）为指向。理和心性关系的讨论，归根到底是对何为人、何为当然或者理想之人的追问。对理学而言，气质之性、人心都是现实的人所不可或缺的。就人心而言，即使圣人也不能免，同样，气质之性也内含于现实之人：按照朱熹的说法，天地之性本身要以气质之性作为承担者。在此意义上，气质之性、人心和人的现实存在无疑相互关联。然而，这主要是就实然的层面说，在理学看来，人不应当停留在实然之维，而是应走向当然，成为人之为人的应然形态，道心和天地之性便体现了人之为人的根本规定，并构成了人区别于其他存在的内在本质。

除了前面提到的理和气、理和心性之间的关系外，理学还涉及心与物的关系。理气相融而为"物"，由此，"物"便逻辑地引入理学之中。另一方面，"性"固然构成了人的普遍本质，但它本身又以"心"为具体的承担者。这样，理气、心性关系又自然地引向"心物"关系。"心物"关系既涉及本体论或形而上的层面，也包含认识论之维的意义。在理学中，"心物"关系的本体论意义更多地与心学的流派相联系。作为理学的分支，心学的代表性人物，如王阳明等，对理气关系的辨析并不特别关注，其理论上的关切之点更多地体现于本体论层面的心物关系之上。心学对心物关系的考察，主要不是指向外部对象或物理形态的世界，其关心的问题，也非物理世界如何构成，而是更多地着眼于意义世界的生成。王阳明提出"意之所在便是物"①，这并不是说外部物理世界包括山川草木，都是由人之心所构造，而是指外部世界的意义因人而生成、因心而呈现。这样，心学对世界的关注，便由本然存在的关切，引向了意义世界的关注。从"何物存在""如何存在"这一角度看，意义世界不同于本然存在，本然存在外在于人的知行过程，对这种存在的论说，往往很难避免思辨的构造，理气关系的讨论，特别是在以理为存在的本源和根据的狭义理学中，多少呈现思辨的趋向。比较而言，意义世界基于人的知行过程，可以视为进入人的知行领域的存在，对意义世界的关注，也相应地不同于对存在的思辨构造，而是更多地着眼于世界与人自身存在的关联。可以说，通过心物关系的讨论，心学将对存在的思辨观照引向了意义世界的关切，从而实现了某种本体论上的转向。

此外，心物关系也有广义上的认识论意义。张载曾提到："大其心则能体天下之物，物有未体，则心为有外。"②这一看法既有境界意义，也包含认识论的内涵。在境界的层

---

① 王守仁：《传习录上》，《王阳明全集》，上海古籍出版社1992年版，第6页。

② 《张载集》，中华书局1978年版，第24页。

面，"大其心"之说肯定人应该扩展自己的精神世界、面向天下万物；在认识论意义上，"大其心"则意味着人应当不断探索，以把握世界的多重存在形态。在这里，对世界的把握与心体本身的丰富，存在着内在的关联。

在辨析理和气、理和心性以及心物关系的同时，理学又以知与行的关系为论题。如前所述，理与心性的关系所关注的中心问题是"何为人""何为当然（理想）之人"。知行关系的讨论，则进一步涉及"如何达到应然（理想）之人"。仅仅辨析何为人或何为理想之人，还主要停留于理论的层面，如果不由此走向知和行的过程，则如何实现人之为人的本质、怎样达到理想的人格形态等问题，便无法落实。在这一意义上，知行关系的讨论对理学而言是必不可少的。一方面，理学要求明道、明理、明心、明性，包括在天道观意义上追问何物存在、如何存在，在人道观意义上辨析何为人、何为理想之人，等等，其中涉及广义上"知"的问题。另一方面，理学又一再地把关注点指向如何成己成物，如何成就自我、达到完美的人格形态，后者与广义之"行"无法分离。广而言之，知行的关系问题包括如何穷理和致知、道德认识（知）是否需要基于道德践履（行）、如何从知善走向行善，等等。同样，理学论域中的格物致知，也不同于单纯地以思辨的方式把握世界，而是同时要求通过人的身体力行，以实现成己成物。从对象世界来说，传统儒学已提出"赞天地之化育"，理学进一步肯定为天地立心、与天地为一体，其中包含着对人与世界之间互动的确认；就人自身而言，则变化气质、成就完美的人格构成了理学的内在要求。以上两个方面以成就世界与成就人自身为指向，知与行的相互作用则是其题中之义。后来理学中的工夫与本体之辩，可以看作是知行之辩的延续，它所关注的根本问题，也是如何成己成物、达到理想的存在形态，包括如何实现个体意义上的内圣和社会意义上的外王。

## 三

以上所论，主要涉及理学的基本概念、范畴以及这些概念、范畴之间的逻辑关联和蕴含的哲学问题。如果由此从哲学层面作更深层的考察，则可以注意到，理学的以上讨论进一步涉及当然、实然、必然和自然之间的关系。理学的核心范畴是理，而理的内涵则与当然和必然相联系。朱熹曾概要地对"理"的内涵作了如下界说："至于天下之物，则必各有所以然之故，与其所当然之则，所谓理也。"[1] 这里的"所以然"与必然有相通之处，"所当然"则既与天道之域的存在规定相联系，又关乎人道之域的当然。"必然"与普遍的法则及原理相联系，人道意义上的"当然"则与应当如何相关，后者具有规范性的意义。具体而言，作为"理"的构成或"理之当然"，"当然"表现为两个方面。从目标上看，"当然"关乎"应该成就什么"：就人而言，它指向的是理想（应然）的人格形态；就外在之物而言，则意味着对象的存在形态应合乎人的多样需要或价值目的。理学所肯定的成己与成物，包括在个体层面上走向醇儒，在更广的

---

[1] 朱熹：《大学或问上》，《朱子全书》第六册，上海古籍出版社、安徽教育出版社 2002 年版，第 512 页。

存在之域达到民胞物与、天下一体，等等，都涉及目标意义上的"当然"（"应当成就什么"）。"当然"又与人的行为方式相联系，亦即关乎"如何做"，这一意义上的"当然"涉及"应该如何成就"的问题。"应该成就什么"与"应该如何成就"彼此关联，二者可以视为"当然"的不同面向：前者确定价值方向，并引导人们去选择行为的价值目标；后者则规定行为的途径和方式，即告诉人们应当如何去做。知与行的互动问题、本体与工夫的关系问题，都与"成就什么""如何成就"这两重意义上的"当然"相关联。

以上问题并非外在于理学，而是其思想系统本身的题中应有之义。前面提到，按照朱熹的界定，"理"包含着"当然"和"必然"（所以然）两个方面，与理相对的"气"则主要表现为实然和自然（对象意义上的实然和对象意义上的自然）。在这一意义上，理气关系内在地涉及"当然"与实然、自然之间的关系问题。同样，心性问题也与此相关。首先，从心性中的"心"来看，"心"有"道心"与"人心"的分野，按照理学的理解，"道心"体现了人的理性本质，属人之当然：人应当以道心为一身之主；"人心"更多地与人的个体存在、有血有肉的身体等相关联，属人之自然。与之类似，心性中的"性"，具体区分为天地之性和气质之性，其中"天地之性"体现的是人之必然或当然。从必然来说，"天地之性"乃是天之所命；就当然而言，人若要使自身走向理想（当然）的形态，就应当变化气质，回归天地之性。与之相对，气质之性秉气而生，更多体现了人的存在中实然和自然的一面。在理学看来，人总是面临如何从实然提升为当然的问题，所谓变化气质，说到底也就是从性之实然（气质之性）

提升到性之当然（天地之性），这里同样涉及实然与自然之间的关联。

在哲学层面上，"理之当然"所指向的"应当成就什么""应当如何成就"等问题，具体涉及人的责任、人的义务，等等，这种责任、义务，又是通过多样的原则、规范来体现。就人的存在而言，理学不满足于仅仅停留在实然的气质之性或人心，而是追求超越实然、走向理想之境。从总体上看，理学继承儒家成己成物的价值目标，强调成就完美的人格，要求为天地立心，为生民立命。作为人的使命和责任，这些方面都构成了"理之当然"的具体内容。在此意义上，"理之当然"不是空洞的东西，而是有实质的价值内涵，正是这种实质性的具体价值内涵，构成了理学在价值取向上不同于佛老（道）的根本之点：对理学而言，佛老（道）的主要偏向在于疏离甚至放弃人的伦理义务（事亲事兄）和政治责任（君臣之义），从而在根本上架空了价值领域中的"当然"；理学之突出"理之当然"，在相当程度上表现为对佛老如上价值取向的回应，它同时也体现了理学对儒家价值立场的认同。如所周知，从人道的层面看，儒学以仁与礼为其核心，二者从不同的方面规定了人应当如何：仁既肯定了人之为人的内在规定，也蕴含应当尊重人的内在价值的要求；礼则作为广义的规范系统，对人在社会领域应当如何作了更具体的规定，从以上方面看，作为儒学核心的仁和礼都蕴含"当然"之义。理学突出"理之当然"，无疑在人道层面体现了与传统儒学的历史承继关系。

关于广义上的"理之当然"和必然、实然以及自然之间的关系，理学中的不同人物和学派也有彼此相异的理解。

首先，当然作为一种理想的、应然的形态，是否有其现实的根据？这一问题涉及当然和实然之间的关系。对理学而言，人道与天道无法相分，人道意义上的当然之则、人伦秩序与天道意义上的存在之序，也非完全彼此悬隔。在这方面，以气为第一原理的气学（气本论）给予了比较多的关注。注重气的张载便认为，气的聚散并非杂而无序，其间包含内在的条理。天道之域的这种有序性，同样体现于人道之域，天道意义上的自然之序与人道意义上的人伦之序之间，也存在着内在关联。尽管对"当然"与"实然"的以上沟通侧重于形而上之维，但就其肯定"当然"具有现实的根据而言，这一思维趋向仍有积极的理论意义。天道层面的自然之序属实然之域，人道层面的人伦之序则可归入应然之域，人伦之序与自然之序固然难以等同，但从存在的秩序这一方面看，应然之域与实然之域并非截然相分。

"当然"既与"实然"相关，又涉及"必然"。在理学之中，如果说，天道观层面的"实然"依托于"气"，那么，"必然"便更多地体现于"理"本身。如前所述，"理"既被理解为当然，也被视为必然：从天道的层面来看，理是内在于世界的普遍法则，这种普遍的法则具有必然的性质。理所具有的当然与必然二重性，使化当然为必然成为可能，后者同时意味着当然意义上的"理"还原为必然意义上的"理"。事实上，理学中注重"理"的哲学家，如二程与朱熹，确实往往趋向于把作为"当然"的责任、义务，以及人应当遵循的行为准则、规范同时理解为必然。

当然意义上的"理"向必然意义上的"理"之还原，与天道观上以理为第一原理、心性关系上强调性体的主导性具有理论上的一致性：突出理的至上性，内在地包含着强化"必然"的理论趋向。从人道观看，以"当然"为"必然"的逻辑结果，则是赋予"当然"以绝对或无条件的性质，而"当然"本身则容易因此而被视为某种外在律令。

与当然意义上的"理"向必然意义上的"理"还原这一趋向相异，理学中注重心体的哲学家更多地将"当然"与"自然"联系起来。在以心立论的心学那里，"心"或心体具有二重性：它既包含作为当然的"理"，又内在于个体，后者不仅仅表现为特定的存在，而且与现实之"身"以及情与意等相联系。身作为生命存在（血肉之躯），包含自然的规定；情与意既有人化的内容，又同时涉及天性（自然的趋向）。心体的以上二重品格，使当然与自然的沟通成为可能。

如何避免将呈现为责任、义务、规范的"当然"强化为外在律令，是心学所关注的问题之一。以外在律令为形式，作为当然的规范与个体意愿之间便容易呈现紧张关系。与之相联系，化"当然"为"自然"的内在旨趣，便是把"当然"所体现的自觉与"自然"所蕴含的自愿沟通起来，使普遍的规范由外在的他律转换为个体的自律，由此达到不思不勉、自然中道。

理学突出"理之当然"，体现了其拒斥佛老、返归儒家道统的价值立场。"理之当然"与实然、必然、自然的联系，则既展现了当然的不同维度，也蕴含了天道与人道的交融以及本体论、价值论、伦理学之间的理论关联，理学本身则由此展现了自身的哲学取向。

（原载《武汉大学学报》2019 年第 2 期）

# 意义追寻与心学的价值内蕴<sup>①</sup>

## 一

随着历史的发展，人类的命运已经越来越紧密地联系在一起。从经济的发展、普遍的安全到生态的维护，等等，人类在各方面都成为休戚与共的共同体。这种共同体既不同于个体性的存在，也不限于特定的地域、民族、国家；既非源于血缘的自然共同体，也非仅仅以利益关切为中心的利益共同体：它表现为基于经济、政治、生态等纽带而形成的一种相互依存的存在形态。

以上存在形态既涉及现实的社会关联，包括人类存在的共同条件，以及人类文明发展的共同前提，也关乎观念的领域，包括形成一定意义上的价值共识，在观念层面上达到某种共同的取向，等等。这一意义上的人类命运共同体本身也可以从不同的方面加以考察，王阳明心学则为理解这种人类命运共同体提供了某种理论视域，其中所蕴含的理论取向，

① 本文系作者于 2019 年 3 月在第三届中国阳明心学高端论坛启动仪式的演讲记录。

同时展现了其内在的价值关切。

## 二

在哲学的层面，阳明心学的特点首先表现为以心立说或以心为体。然而，需要注意的是，这里的以心为体并不是指以人的意识（心）去构造外部世界或物理世界，它的实质内涵在于：现实世界的存在意义，乃是因人（包括人之心）而呈现。换言之，世界的存在并不依赖于人，但是，它的意义呈现却离不开人。

王阳明曾以山中之花为例，对上述思想做过讨论。深山中的花自开自落，这里的花之开、花之落，固然与人之心并没有依存关系，但是，花所隐含的审美意义，它所具有的鲜亮、美丽的特点，却是相对于人而呈现的：在人之外，这种审美意义便不复存在。

不仅深山中的花如此，而且社会领域中的对象也是这样。社会以人为基本的构成，人首先是一种有生命的生物体，在自然（缺乏伦理或者政治意识）的视域中，人相应地也仅仅表现为一种自然意义上的生物体。按王阳明的理解，如果一个人没有形成孝亲、敬兄的意识，那么"兄"和"父母"（"亲"）对他而言就仅仅只是生物学意义上的生命存在，而非具有伦理意义的对象。只有真正具备了伦理意识，形成孝敬父母、尊敬兄长的道德之"心"，相关的对象才会呈现出伦理的意义。

王阳明曾提出"心外无物"之说，这一观念同样并非否定万物的存在，而是强调世界的意义因人而呈现。引申而言，在人以及人的意识之外，世界的意义隐而不显，对人具有意义的对象，也就是与人发生关联、并为意识之光所照耀的世界。可以看到，在注重心体的背后，包含着对世界的意义关切和价值关切。王阳明从以心为体这一角度规定心和物的关系，固然包含某种思辨的趋向，但其内在的旨趣既非消解实在的对象，也不是以人之心去构造一个外部世界，而是强调外部世界的意义相对于人而呈现。

在其现实性上，人类命运共同体也表现为有意义的存在形态，这种存在形态与人同样息息相关：它既不是人之外的未知世界中的存在，也不是人出现以前的洪荒之世中的对象，而是展现为人通过自身的活动建构并生活于其间的现实世界，这样的现实世界同时也呈现为一种有意义的世界。作为有意义的现实世界，人类命运共同体的形成与意义的关切无法相分：事实上，正是意义的关切，将人类引向了上述命运共同体。从这方面看，心学以心为体所包含的意义关切，同时也为我们承认、接受、认同人类命运共同体提供了逻辑前提。

三

人类命运共同体一方面不限于特定的个体以及特定的地域，另一方面又与共同体中不同个体对这种共同体的认同、接受相联系，如果离开了共同体中不同个体对这一命运共同体的认同和接受，那么，共同体本身就会成为一种抽象、空洞的存在形态，在这里，个体的认同就显得十分重要。

个体认同首先以个体意识的形式呈现。在王阳明那里，个体意识同样构成了其考察的重要方面。对王阳明来说，人最内在和本然的自我意识表现为"良知"，这种"良知"首先与自我存在相关，包含个体性的品格。具体而言，它表现为个体的道德自觉，是个体进行道德选择的根据，也是个体从事道德评价的内在准则："尔那一点良知，是尔自家底准则。尔意念著处，他是便知是，非便知非，更瞒他一些不得。尔只不要欺他，实实落落依着他做去，善便存，恶便去。"① 以上道德意识及其活动，都与个体或自我相关。

不过，在注重良知的个体性内涵的同时，王阳明又一再强调，良知并不仅仅限于个体，它同时又与普遍之理和道相关："良知之在人心，无间于圣愚，天下古今之所同也。"②"道即是良知。"③ 这样，良知虽然内在于每一主体，因而带有个体的形式，但同时又与道（理）为一，从而包含普遍的内容。作为具有双重品格的个体意识，良知既表现为自我的道德自觉，又非仅仅限定于自我。这一意义上的良知，可以看作是普遍之理和道（包括伦理原则）的内化形式，从良知出发，同时意味着遵循具有普遍内涵的道德原则并使行为合乎相关原则，所谓事亲事兄，便属于这一类行动。

作为"道"的内化，良知不仅为人的选择和行动提供了内在的道德引导，而且也在更宽泛意义上包含普遍的责任

---

① 王守仁：《传习录下》，《王阳明全集》，上海古籍出版社1992年版，第92页。

② 王守仁：《传习录中》，《王阳明全集》，上海古籍出版社1992年版，第79页。

③ 王守仁：《传习录下》，《王阳明全集》，上海古籍出版社1992年版，第105页。

意识和义务意识，后者进一步体现于对他人、群体的普遍关切之中。王阳明一再指出："若鄙人所谓致知格物者，致吾心之良知于事事物物也。吾心之良知，即所谓天理也。致吾心良知之天理于事事物物，则事事物物皆得其理矣。"[①] 致良知于事事物物从而使事事物物兼得其理，其中的内在要求便是以良知为个体行动的依据，对他人和群体承担起个体应当承担的责任，由此建立普遍的道德关联，使整个社会呈现和谐有序的形态（事事物物兼得其理）。在这里，个体对社会、群体和他人的普遍的责任和义务，同时得到了具体的展现。

如上所述，人类命运共同体同样不仅仅限定于特定个体、地域、民族、国家的存在和发展，而是要求从普遍的责任意识出发考察和理解世界，并以此为原则处理个人与整个社会、一定民族或国家与整个人类共同体的关系。良知所内含的普遍责任观念，无疑为个体形成对共同体的认同意识提供了内在根据。

四

以心为体所隐含的意义关切与良知所内含的责任意识相结合，进一步引向天下的情怀，在王阳明那里，这种天下情怀具体表现为万物一体的观念。从历史上看，"万物一体"并非由王阳明首次提出，在王阳明之前，张载便阐述了

---

① 王守仁：《传习录中》，《王阳明全集》，上海古籍出版社 1992 年版，第 45 页。

"民胞物与"的思想，后者的内在旨趣在于把天下之人都当作自己的同胞，将万物看成是自己的同类，并且以这样一种意识去对待自我之外的他人，对待人之外的对象。后来二程提出了"圣人以天下万物为一体"，更明确地表达了"万物一体"的思想。

基于前人的思想，王阳明对"万物一体"说做了进一步的阐发，他特别强调，"万物一体"包含着"无人己""无物我"："盖其心学纯明，而有以全其万物一体之仁，故其精神流贯，志气通达，而无有乎人己之分、物我之间。"①"无人己"涉及人与人之间的互动，"无物我"则关乎人与对象世界的关系。

从人与人之间的关系来说，王阳明区分了对待他人和群体的两种立场和态度，其一是从利益出发，以利益关切为原则来对待自我之外的他人。在王阳明看来，出于利益考虑而展开人与人之间的交往，常常导致人与人之间的紧张和冲突，最后甚至会引向骨肉相残："及其动于欲，蔽于私，而利害相攻，忿怒相激，则将戕物圮类，无所不为，其甚至有骨肉相残者，而一体之仁亡矣。"②与出于利益计较相对，王阳明更注重个体间的情感沟通。在他看来，人作为天地之心（万物之灵），应当具有普遍的仁爱与同情之心，这种同情心，可以使人超越尔我之分，走向人己统一："夫人者，天地之心。天地万物，本吾一体也，生民之困苦荼毒，孰非

---

① 王守仁：《传习录中》，《王阳明全集》，上海古籍出版社1992年版，第55页。

② 王守仁：《大学问》，《王阳明全集》，上海古籍出版社1992年版，第968页。

疾痛之切于吾身者乎？不知吾身之疾痛，无是非之心者也。"① 在此意义上，仁爱和恻隐之心构成了打通个体间关系的心理情感基础。按王阳明的理解，如果每一个体都能推己及人，由近而远，将恻隐亲仁之情普遍地运用于天下之人，包括孤寡、残疾的弱势个体，那么，万物一体的理想便可以逐渐实现，整个社会也会走向比较和谐的存在形态："夫圣人之心，以天地万物为一体，其视天下之人，无内外远近，凡有血气，皆其昆弟赤子之亲，莫不欲安全而教养之，以遂其万物一体之念。"②

"万物一体说"中另一个重要观念是"无物我"。"无物我"涉及人与对象世界或万物的关系。按照王阳明的理解，"无物我"意味着人对山川草木等外部对象都要加以爱护和珍惜："是故亲吾之父，以及人之父，以及天下人之父，……以至于山川鬼神鸟兽草木也，莫不实有以亲之，以达吾一体之仁，然后吾之明德始无不明，而真能以天地万物为一体矣。"③ 这里的关怀对象既涉及生命意义上的存在，也包括无生命的存在：山川是无生命的对象，鸟兽草木则是有生命的存在。对王阳明而言，不管是无生命的对象，还是有生命的自然，都应以关切之心加以对待，由此可以形成天和人、自然和人之间的和谐关系。从今天看，天与人之间的

① 王守仁：《答聂文蔚》，《王阳明全集》，上海古籍出版社 1992 年版，第 79 页。

② 王守仁：《传习录中》，《王阳明全集》，上海古籍出版社 1992 年版，第 54 页。

③ 王守仁：《大学问》，《王阳明全集》，上海古籍出版社 1992 年版，第 968—969 页。

这种和谐所涉及的，便是生态的平衡。

就儒学的衍化而言，在王阳明以前，孟子已提出"仁民而爱物"的观点，"仁民而爱物"中的"仁民"，意味着以仁道的原则对待一般的民众或社会成员；"爱物"则进一步要求把仁道的原则运用于人之外的其他对象，由此建立起普遍和谐的社会关联，并进一步达到人与天、人与自然的统一。"无人己""无物我"内含的看法，与之无疑前后相承，而其中所涉及的人与人、天与人的关系，也构成了人类命运共同体的相关方面。

进一步看，万物一体所隐含的天下情怀，同时又包含着对具有不同文化背景或具有文化差异的个体之尊重和宽容。王阳明一再提醒他的学生：与人讲学的时候，不能拿出一个圣人的架势，如果拿着圣人的架势去讲学，别人就会怕走。所谓拿着圣人的架势讲学，也就是从文化的优越感出发，以一种居高临下的态度对待他人，其中缺乏对不同文化背景的人的尊重和宽厚的意识。王阳明批评以上倾向，其前提是肯定对不同文化背景的人应当具有尊重和宽厚的意识。

如果将以上观念与《中庸》之中"道并行而不相悖"的思想联系起来，则可以进一步看到它与肯定文明多样性的关联。如所周知，《中庸》包含两个值得注意的观念，其一是"万物并育而不相害"，另一是"道并行而不相悖"。"万物并育而不相害"，主要涉及前面提到的"无人己""无物我"，其深层涵义在于让这个世界中的不同的对象都有各自的生存空间，并获得进一步发展的条件。"道并行而不相悖"则关乎中国哲学中的"道"，后者既有本体论、形而上学的意义，表示普遍的存在原理，又在广义上指普遍的价值原则、道德理想、社会理想，等等，"道并行而不相悖"中的"道"更多地是就后一意义而言：这一视域中的"道并行而不相悖"，其内在意蕴在于肯定不同的价值原则、社会理想、价值理想可以相互并存而不彼此排斥，在引申的意义上，这一观念无疑可以进一步引向对文明的差异以及文明多样性的肯定和宽容，后者同时构成了人类文明共同体的内在要求。就此而言，王阳明心学中的"万物一体"说以及与此相关的观念，无疑从另一方面对今天理解人类命运共同体提供了一个不可忽视的观念背景。

五

"以心为体"所隐含的意义关切、"良知"所内含的责任意识、"万物一体"所涉及的天下情怀，同时面临具体落实的问题。在王阳明心学中，这一问题与"知"与"行"的关系相涉。如所周知，"知行合一"是王阳明对知行关系的总体概括。"知行合一"的具体内涵可以从不同的角度理解，在动态之维，它意味着先天的"良知"通过"行"的过程，逐渐达到比较自觉的意识。"知行合一"同时涉及"知"和"行"之间的互动，在这一意义上，一方面，"行"要由"知"加以引导以取得自觉形态：没有知的引导，行往往无法摆脱盲目性；另一方面，知必须落实于行：知而不行就等于未知，真正的知需要通过落实于行而得到体现。

从知和行相互统一的角度去理解人类命运共同体，便可以注意到，这一观念对把握、理解人类命运共同体也有其理论上的意义。就"知"而言，讨论人类命运共同体，涉及对人类命运共同体具体内涵的理解，包括将人类命运共同体与血缘意义上的自然共同体以及利益共同体区分开来、把握人类命运共同体所以可能的条件和前提，等等。

另一方面，人类命运共同体并不是现成的存在形态，它需要通过实践过程加以构建，所谓"构建人类命运共同体"，也表明了这一点。在构建人类命运共同体的过程中，总是会涉及经济、生态、安全等不同方面。从经济上说，促进不同经济体之间的合理互动，形成有序的经济运行的模式，包括顺应经济全球化的趋向，反对贸易保护主义，等等，这一切表现为经济层面人类命运共同体构建所以可能的前提。从生态上说，以温室效应的控制、环境的保护等为指向的生态关切已经成为全球性的问题，在日益严峻的生态危机之前，每一个国家都不可能独善其身，良好的生态环境，需要全球不同地区的共同努力才能加以建构。在人类安全问题上，一方面，需要反对单边主义，避免仅仅从特定国家和地区的需要出发，罔顾全球性的安全关切；另一方面，又应当反对各种形式的恐怖主义、极端主义。真正的全球性安全格局的形成，离不开以上的双重努力。同时，在历史的衍化过程中，基于多样的历史背景，人类形成了不同的文明形态，从文明形态之间的关系看，其中任何一种文明形态，都不应被赋予主导性或绝对的优越性，相反，需要以承认差异、尊重多样性的角度来对待文明的不同形态。对文明差异和多样性的这种尊重和包容，也是构建和谐的人类命运共同体的题中应有之义。

从人类以及人类文明的发展来看，这里又涉及多样的前提，包括合理面对文明发展与科学的关系。科学是一把双刃之剑，一方面，人类文明的发展离不开科学的进步，另一方面，科学本身如果缺乏引导和控制，也可能导致负面的结果。科学应当造福人类，而不是对人类发展构成威胁。今天，生物技术（包括基因技术）、人工智能等都得到了长足的发展，但科学的发展往往具有不确定性，其后果也难以完全预知，如何通过调节、引导、控制，避免科学技术可能产生的负面的结果，使之能够真正地造福于人类，并进一步引向和谐的人类共同体，无疑是今天在实践层面上需要关注的问题。这里既涉及"知"，也关乎"行"，心学中的"知行合一"观念，则从一个方面为理解和处理以上问题提供了思考的背景。

（原载《光明日报》2019 年 5 月 11 日）

352

# "五四"思想与传统儒学①

    "五四"运动既有政治意义，也有文化层面思想启蒙的意义。历史地看，西方近代的启蒙以文艺复兴为其前提，相对于此，"五四"的启蒙与传统文化的自我批判有着更多的关联。在形式之维，"五四"的思想启蒙又涉及理性及其多样的体现，其中既关乎理性的公开运用，也蕴含着理性的知性化，后者表现为以划界、区分、对峙为思维取向。在实质的层面，五四的思想家尽管趋向于传统与现代之间的划界和对峙，但其深层的观念依然与传统相涉：从"五四"的核心观念科学和民主与儒学的核心观念仁和礼之间的相分而又相融中，便不难注意到这一点。以上思想现象包含多方面的意蕴。

## 一

    就历史的变迁而言，文化运动在中国历史上古已有之。

---

    ① 本文系作者于 2019 年 5 月在《文史哲》杂志主办的"儒学价值及其现代命运：五四百年纪念"论坛上的发言记录。

如所周知，唐宋时期有所谓古文运动，它以提倡古文、反对骈文为主要特点，但其内容不仅仅涉及文体改革，而且也关乎文学的思想观念，因而同时具有广义的思想文化运动的性质。明代则有复古运动，其取向在于反对台阁体，尽管与"文必秦汉，诗必盛唐"的主张相联系，它的内容主要关乎文学领域，但其中也有文化意义。"五四"作为文化运动与以上这一类文化运动的区别，不仅在于涉及更广的社会生活，而且更在于它具有明显的时代特征，这种特征具体表现为思想启蒙。

从思想启蒙这一角度看，启蒙运动当然并非仅仅发生于20世纪的中国，事实上，早在18世纪，西方便已出现了启蒙运动。然而，与西方的启蒙运动相比，"五四"运动具有自身的特点。西方18世纪启蒙运动以此前的文艺复兴运动为历史前提，尽管文艺复兴没有触及政治制度层面的问题，也未提出新的政治主张，它与西方传统文化的关系，更多地表现为以往文化的再度复兴。然而，通过冲击教会禁欲主义、促进文化和科学等领域的多方面发展，文艺复兴也为尔后广义上的启蒙运动作了某种历史准备。

可以看到，西方18世纪的启蒙运动以文化的复兴（文艺复兴）为历史前提，比较而言，中国"五四"运动更多地表现出对以往文化的批判性，这种批判在一定意义上表现为文化的自我批判。文化的自我批判当然也不是"五四"时期特有的思想现象，事实上，明清之际便已从不同方面呈现文化的自我批判意识，但是，"五四"运动自我批判和明清之际的文化自我批判之间存在重要差异，这种差异主要表现在：明清之际的文化批判首先是面向过去，其目标是从所谓理学回到经学，或者说，从宋明时期的新儒学（理学）回归原初的儒学。比较而言，"五四"时期的文化批判，主要指向未来以及与之相关的新的观念世界。由此，以往历史传统和近代的观念、过去和现在、古与今、新和旧交织在一起，传统和现代之间形成了种种复杂关系，其中存在多重意义上的思想张力。

二

从思想趋向上看，"五四"运动涉及理性的观念。作为启蒙运动，"五四"具有广义的启蒙运动所具有的一般特点。如所周知，按康德的理解，启蒙意味着人类摆脱不成熟状态："启蒙运动就是人类脱离自己加之于自己的不成熟状态。不成熟状态就是不经过别人的引导，就对运用自己的理智无能为力。"人类的不成熟，与理性能力的限制相关联，因此，在康德看来，启蒙的更内在特点，在于理性的公开运用："必须永远有公开运用自己理性的自由，唯有它才能带来人类的启蒙。"① 这一意义上理性的公开运用和启蒙运动具有内在的一致性。理性的公开运用，也就是理性公共、普遍的运用。从外在方面看，它意味着拒绝权威主义的强加，否定权威主义对理性的限制；从自我本身而言，公开运用自己理性的自由，则趋向于理性能力的提升，拒绝无批判的盲从。

---

① 康德：《答复这个问题：什么是启蒙》，《历史理性批判文集》，何兆武译，商务印书馆1990年版，第22、24页。

　　理性的这种公开、自由运用，同样构成了"五四"时期启蒙思想的内在要求。事实上，崇尚理性，便构成了"五四"的特点。当时的文化反省、反对礼教、冲决网罗，都既基于理性的观念，也表现为公开运用理性的自由，在这方面，"五四"运动无疑体现了启蒙运动的一般特点。

　　除了与超越人类不成熟状态相涉之外，理性还有另外一重意义。历史地看，至少从康德开始，德国古典哲学便趋向于区分感性、知性、理性，这里的"知性"相对于感性和理性而言，与之相关的思维除了趋向于把过程截断为一个一个的横截面，并由此导向静态的、非过程的考察方式之外，其特点还在于把整体分解为一个一个的侧面，并由此引向划界和区分。以康德而言，尽管他也涉及理性以及理性层面的理念，但总体上却趋向于知性层面的思维，在他那里，现象与物自体、纯粹理性或理论理性与实践理性以及判断力，都处于彼此划界的形态。作为思维过程的一个环节，知性的思维方式无疑有其存在的理由，然而，如果自限于此，则可能形成负面的意义。康德的知性的立场曾受到黑格尔的批评。相对于康德，黑格尔更趋向于与知性相对的理性立场，这一意义上的理性较多地表现为跨越界限、以相互关联和统一的视野去理解这个世界和人类本身。

　　反观"五四"时期对理性的理解，可以看到一个值得注意的现象，即理性的知性化。"五四"时期，很多知识分子对理性的理解具有比较明显的知性印记，后者具体表现为思维趋向上的划界：新和旧、古和今、中和西都被视为彼此相对、界限分明的两端。凡新皆好，凡旧皆坏；凡今皆好，凡古皆坏；凡西皆好、凡中皆坏，"五四"时期的一些知识分子，往往未能跳出以上这一类思维框架。这种划界和分别固然是在理性的名义下展开的，但这一意义上的理性又有别于理性本来所具有的具体分析和批判性的内在规定。事实上，理性的知性化同时表现为对理性的某种意义上的偏离。尽管在当时的背景之下，这种思维趋向与彰显和引入近代观念的时代需要相联系，从而有其历史的缘由，但其中也多少蕴含了思维的限度。

三

　　"五四"的思想家尽管趋向于传统与现代之间的划界和对峙，但在其观念的深层，依然与传统无法分离。从积极的方面看，"五四"所倡导的启蒙观念包含民族忧患与人类关切二重向度。具有启蒙意义的新观念既被看作是民族层面富国强兵的前提，也被视为普遍的人类价值；不仅民族文化的价值意义需要以此为普遍的尺度来评价，而且民族的关切与普遍的人类价值关切也联系在一起。后者同时展现了世界的眼光。

　　以上体现的是特殊与普遍之间的交融。与之相关的，是历史层面现代观念和传统思想之间的关联。这里可以具体考察"五四"的核心观念与儒学的核心观念之间的关系。在实质的层面，"五四"以科学（赛先生）与民主（德先生）为其核心观念，传统儒学的核心观念则表现为仁与礼，二者呈现相分而又相融的关系。

　　从价值的层面来看，民主是政治的理念。在政治的视域中，建立政治秩序，实现社会有效合理的运行，这是"五四"时期的民主观念和儒学的"礼"的观念都追求的目标。但是在建立什么样的政治秩序、以什么方式进行政治治理这一问题上，"五四"时期所接受的民主观念和儒学所肯定的礼制却呈现了重要的差异。按照后来荀子的阐释，社会政治秩序的建立乃是基于"度量分界"："人生而有欲，欲而不得，则不能无求，求而无度量分界，则不能不争。争则乱，乱则穷。先王恶其乱也，故制礼义以分之，以养人之欲，给人之求。"（《荀子·礼论》）所谓"度量分界"，也就是以礼为核心，将社会区分为一定的等级结构，并为等级结构中的不同成员规定与其地位相应的权利和义务。按儒学的理解，在缺乏如上社会区分的条件下，社会常常会陷入相争和纷乱的境地，而当社会成员都彼此各安其位、互不越界之时，有序的社会形态便能够建立起来。基于"礼"的"君君臣臣、父父子子"便是通过个体在政治（君君臣臣）、伦理（父父子子）等方面各自承担好相关角色，进一步建构不同层面的社会秩序。作为"礼"之延伸的纲常，则一方面内含对社会秩序的肯定，另一方面又将社会关系单向化，由此形成的秩序，更多地呈现等级之分。与之相对，"五四"所倡导的民主，以超越等级差别为前提，它所追求的是肯定权利平等前提下的政治秩序。在这里，平等之序与差等之序，形成了重要的分野。

然而，儒家的核心观念除了"礼"之外，还包括"仁"。"仁"既表现为普遍的道德原则，也具有政治层面的意义。从政治之维看，"仁"的内涵不仅体现在提倡仁政、主张德治或王道等方面，而且也表现在理解和处理深层面的政治关系之上。"仁"的基本前提之一是肯定人性平等，这一点，在早期儒学那里便不难注意到。孟子即指出："故凡同类者，举相似也，何独于人而疑之？圣人与我同类者。"（《孟子·告子上》）"尧舜与人同耳。"（《孟子·离娄下》）其中便蕴含着在人性层面的平等观念，尽管这种平等意识在传统儒学中并没有落实于政治领域，而主要限于伦理之域，但它多少在历史层面为"五四"时期接受平等的观念提供了思想前提。

"仁"另一重意义体现于从仁道的原则出发理解和处理君与民的关系："民为贵，社稷次之，君为轻。是故得乎丘民而为天子。"（《孟子·尽心下》）"丘民"在宽泛意义上表示天下的普通民众，"得乎丘民而为天子"，意味着惟有得到天下之民的拥护，才能成为真正意义上的君主（天子），在这里，为民所认可（"得乎丘民"），构成了君临天下的前提。这一意义上的"得乎丘民"同时表现为顺乎民意，就此而言，民意或多或少构成了政治权力获得正当性合法性的前提。与之相关的是反对杀一无辜以得天下："行一不义、杀一无辜而得天下，皆不为也。"（《孟子·公孙丑上》）"杀一无辜"蕴含着对个体生命的否定，"得天下"以获取政治权力为指向，在"杀一无辜"与"得天下"的如上比照中，个体生命被赋予较政治权力更高的意义。这一仁道观念无疑内含着对个体生存权利的肯定。

在讨论儒学关于"民"的思想之时，人们通常区分所谓"民主"和"民本"，与这种区分相联系的是强调儒学只有民本观念，后者（民本）又被视为与民主相对的政治取向。事实上，从以上所述可以看到，儒家思想并不能简单地用"民本"这一概念来涵盖，在实质的层面，它同时包含

359

可以引向民主观念的思想萌芽。前面提到的以民意为政治权力正当合法的前提、杀一无辜得天下而不为所包含的对个体生存权利的肯定，等等，都在内在的思想取向上与民主政治具有相通性。相应于此，这一意义上的注重"民"，也并非与近代的民主观念截然相分。

就"五四"时期而言，其中又存在不同的思想进路：在自由主义、社会主义或马克思主义、保守主义等分野中，便不难注意到这一点。具有不同思想取向的思想家和知识分子对于民主的理解，也有不同的侧重。倾向于自由主义的知识分子往往更多地接受近代西方意义上的民主观念，具有社会主义取向和马克思主义取向的革命者则在引入马克思主义民主观念的时候，也吸纳了以往（包括传统儒学）的民本思想。直到现在，与民主法制一样，以民为本依然是一种重要的政治观念。历史地看，这里包含着多样的思想脉络，其中展现了传统儒学与"五四"时期政治观念之间错综复杂的关系。

在儒学之中，"仁"又与自我的精神世界相联系，后者进一步展开为个体的自我认同与个体的责任意识。与自我认同、自我精神境界相关的，是"为己之学"，"为己之学"以成就自我为指向，其中包含着对自我和个体的肯定。然而，儒学同时又注重个体的社会责任，从家国到天下，儒学从不同方面突出了个体的伦理义务和政治责任，与之相联系，对于自我和个体，儒学往往侧重于其义务之维，自我本身则常常被理解为义务的主体，董仲舒所谓"义之为言我也"，便表明了这一点："义"主要与"当然"相联系，后者具体表现为人应当遵循的普遍规范，以"义"规定

"我",意味着主要将自我视为普遍规范的化身,这一意义上的"我"更多地以大我为内涵。"五四"时期,历史进一步呈现出多样的格局,一方面,"救亡"的历史要求使群体的价值显得更为突出,责任和义务的观念也由此走向历史的前台。另一方面,基于民主的观念,个体的权利也逐渐受到了重视:相对于儒学之注重义务的个体,"五四"时期更侧重于权利的个体。

与"民主"问题上的不同理解相近,"五四"时期知识分子在看待"自我"或个体方面,也存在相异的趋向。一般而言,自由主义者更多地侧重于作为权利个体的自我,他们在倡导民主的同时,也引入了具有近代权利意识的权利个体。相对于此,社会主义者(包括马克思主义者),则更多地关注群体,李大钊提出"个性解放"与"大同团结"相统一的社会理想,"大同团结"便包含群体的关切,从中也可以注意到传统儒学在当时知识分子中的深层影响。

以上涉及"五四"时期的核心观念"民主"与儒学的核心观念"仁"和"礼"之间的关系。"五四"时期的另一个重要观念是科学,科学的观念和儒家的核心观念"仁"之间同样存在多方面的关联。"五四"时期,"科学"常常被具体化为科学精神和科学方法,并与面向事实、追求真实的主张联系在一起。就儒学的核心"仁"而言,其内涵在儒学中后来逐渐向多重方面引申,由"仁"到"诚",便是其中重要的衍化。在《中庸》之中,作为"仁"之展开的"诚"逐渐成为核心的概念。"诚"的涵义大致包括真诚和真实,前者关乎价值意义,后者则与"多闻阙疑"、名实一致等观念相联系,同时呈现认识论和方法论层面的意义。后来王夫之以"诚"作为真实的存在，乾嘉学派把实事求是作为治学的第一原理，儒家经学在清代逐渐趋向于实证化，等等，从不同方面体现了"诚"的后一重意义，它所体现的是儒学在价值取向上的另一传统。

"诚"的价值内涵与面对外部自然意义上的科学精神无疑展现了不同的观念维度：价值意义上的真诚更多地体现在人与人的交往关系中，作为真实的"诚"则具体展现于人与物的互动过程中，并涉及认识论和方法论上注重事实等方面的意义，后者与"五四"时期提倡的科学精神显然具有一致性。事实上，"五四"的知识分子，如胡适，便一再把乾嘉学派的治学方法与近代科学精神加以沟通，他们在整理国故等学术研究活动中所运用的所谓科学方法，则可以视为清代学者治经方式的某种延续，其中不难看到作为"仁"的具体化的"诚"所内含的注重真实、合乎事实的要求。"仁""诚""真实"这一儒学内在的思想脉络与"五四"时期提倡的科学精神之间的关联表明，作为"五四"时期核心观念之一的"科学"和传统意义上的儒学思想既非互不相关，也非仅仅彼此对立。

当然，从另一个方面来说，"五四"时期所推崇的科学精神与儒学的"仁"之间，也存在某种紧张。"五四"时期，科学不仅体现在科学精神、科学方法等方面，而且也表现在对人的理解之上。在科学的观念之下理解人，突出的主要是人的理性品格，而与"仁"相关的情意等规定，每每未能得到充分关注。对"五四"时期具有科学主义倾向的思想家而言，诸如"爱""美"这一类的情感，都可以作理性的分析，由此得出的逻辑结论便是，情感问题应当以科学方法加以解决："关于情感的事项，要就我们的知识所及，尽量用科学方法来解决。"①对人的这种看法，又与物竞天择等观念相互联系，并由此在某种意义上模糊了人与其他存在的界限。胡适曾提出了一个所谓新人生观，其中重要的一项即为："根据于生物学、生理学、心理学的知识，叫人知道人不过是动物的一种，他和别种动物只有程度的差异，并无种类的区别。"②类似的看法亦见于吴稚晖等，在回答"何为人"时，吴稚晖曾作了如下界说："人便是外面只剩两只脚，却得了两只手，内面有三斤二两脑髓，五千零四十八根脑筋，比较占有多额神经质的动物。"③基于"科学"的这种观念或多或少表现出将人物化的趋向。比较而言，儒家所提倡的"仁"，一开始便与人禽之辩相联系，其中所强调的重要观念之一，是人有别于并高于其他存在，所谓"人者，天地之心"，人"最为天下贵"，等等，便表明了这一点。对儒学而言，人与物之别，具体体现于人具有道德意识，后者同时与"恻隐之心"等情感相联系："恻隐之心，仁之端也。"传统儒学奠基于"仁"的以上观念，与"五四"时期具有科学主义倾向的知识分子对人的理解，似乎存在某种张力。

要而言之，"五四"的核心观念与传统儒学思想之间既相异，又相融，考察二者的关系，既要看到其间不同的价值取向，也要同时注意到其中内在的承继性。

---

① 唐钺：《一个痴人的说梦》，《努力周报》第 57 期，1923 年 6 月 17 日。
② 胡适：《科学与人生观·序》，《胡适文存》二集卷二，上海书店出版社1989 年版，第 26 页。
③ 吴稚晖：《一个新信仰的宇宙观及人生观（续 4 卷 1 号）》，《太平洋》第 4 卷第 3 号，1923 年 10 月。

# 附录

## 从"道"到"事"：哲学与当代世界
### ——第 24 届世界哲学大会前的访谈①

贡华南（以下简称"贡"）：第 24 届世界哲学大会即将在北京召开，这是世界哲学大会首次在中国举行。在此之际，我们有若干问题求教于您。第一个问题是，如何理解哲学与当代世界的关系？

杨国荣（以下简称"杨"）：哲学与当代世界的关系背后，蕴含哲学与世界的关系这一更普遍层面的问题，后者则与人和世界的关系无法相分。从最一般意义上说，哲学与世界的关系或人与世界的关系，不外乎以下方面：

第一方面是对世界的说明。人总是追求对世界作各种形式的理解，与此相关的是"是什么"的问题。这一问题既可以从经验知识的层面去追问，也可以从哲学层面去加以思考。前者主要指向世界的某一方面、某一领域或某一特定对

---

① 本文系第 24 届世界哲学大会前夕，贡华南、郭美华应《文汇报》的委托对作者的采访，收入本书时略有调整。

象，其内容也更多地体现于知识经验的层面；后者则跨越特定的界限而追问作为整体的世界，并从形而上的层面回应世界"是什么"等问题。

第二方面涉及人对世界的感受（affective experience）。说明世界主要关乎广义上的"是什么"，感受（affectively experiencing）世界则涉及世界对人"意味着什么"。这种意味可以是多方面的，包括艺术的、宗教的、伦理的、科学的，等等。在人与世界的关联中，感受性构成了重要的方面。人不仅关切存在何种世界，而且感受到这个世界对人的意义，这种感受的内容常常以"好或坏""美或丑""有利或有害"等形态呈现。对于具体的人来说，这个世界对他来说到底意味着什么？这是无法回避的问题。同样的对象或同一世界对不同的个体往往具有不同的意味，这一事实表明，感受有着多方面的个性差异。

第三方面关乎对世界的规范。规范涉及当然，对世界的规范与世界应当如何的问题相关。人不仅追问世界是什么、不仅以不同的方式感受这个世界，而且关切世界应当成为何种形态，这里的"当然"既以现实为依据，又基于人的理想和需要。人不会满足于既成的世界，他总是以不同的方式来变革已然的存在，努力使之化为合乎理想的存在形态，这样的过程，即表现为广义上的规范世界。对世界的说明侧重于对世界的理解（是什么），对世界的感受侧重于世界对人的意义（意味着什么），对世界的规范则致力于使世界成为当然的存在形态（应当成为什么）。

可以看到，说明世界、感受世界、规范世界，分别关联世界是什么、意味着什么、应当成为什么，并构成人与世界关系的不同方面。具体而言，说明世界以世界的真实形态为指向，这种形态非人可以随意创造或改变：从说明世界的角度看，世界是什么样的，就应如其所是地加以把握，在这一方面，人更多地适应于这个世界（human beings to world）。事实上，人与世界的理论关系，往往更多地表现为人对世界的适应。相对于说明世界，对世界的感受具有某种中介的意味：一方面，感受世界以对世界的理解、说明为前提，如果不了解世界的现实形态，便难以形成对世界的真切感受，就此而言，"意味着什么"基于"是什么"的追问；另一方面，对世界的感受也会引发人们进一步去改变这个世界的意向：如果世界不合乎人的理想，则如何改变这一世界就成为无法回避的问题。进一步说，即使世界给人以"好的"感受，也依然会面临如何达到"更好"的问题。最后，对世界的规范，进一步将说明世界所涉及的"是什么"与感受世界所蕴含的"意味着什么"引向"应当成为什么"的问题，从人与世界的关系看，较之说明世界侧重于人对世界的适应，规范世界更多地表现为世界对人的适应（world to human beings）。

在人与世界的以上三重关系中，对世界的感受需要给予充分的关注。感受具有综合性，其内容呈现体验、体悟、体会的交错，感知、情感、思维的互融，以及经验与先验互动，等等。作为综合性的意识现象，感受包括意向性与返身性两个方面，意向性体现了感受与对象世界的关联，返身性则表现为主体自身的所感所悟。胡塞尔也注意到感受，但从总体上看，他主要延续布伦塔诺的思路，侧重于肯定感受与意向的关联，对他而言，"在我们普遍称之为感受的许多体验那里都可以清晰无疑地看到，它们确实具有一个与对象之物的意向关系"。事实上，感受的特点更多地体现于意向性与返身性的统一。

感受有不同的呈现形态，在初始的形态中，一方面，感受具有非反思的特点，另一方面，它又比语言更丰富：语言无法表达感受的全部内容。以审美感受而言，不管个体获得何种审美体验和感受，往往都无法完全以语言的形式表达和传递。"山中何所有，岭上多白云。只可自怡悦，不堪持赠君。"这里的"怡悦"，可以视为自我的感受，它源于对象（白云）而又指向对象（白云），但不仅感受的对象（白云），而且感受的内容本身，却难以完全通过语言来传递。所谓"只可自怡悦，不堪持赠君"，便表明了这一点。当然，感受也可以取得比较自觉的、理性化的形态，感受的理性形态具体表现为评价，前面提到的意味着什么，在实质的层面构成了评价的具体内容，而其形式则往往表现为判断。

康德曾考察判断力，这种考察主要侧重于审美，但同时也从审美的层面涉及人的感受问题，事实上，审美不仅仅关乎世界本身是什么，而且涉及世界对人意味着什么，从后一方面看，康德的判断力批判也触及感受的问题。当然，感受并非单纯地限定于艺术或审美的领域，宗教、道德、科学，乃至日常经验层面的喜怒哀乐，等等，都关联感受的问题。康德的判断力批判具有沟通纯粹理性批判和实践理性批判的意义，从而在其批判哲学中呈现中介或桥梁的作用。在人与世界的以上三重关系中，感受在更广的意义上具有中介意义。

从以上方面来说，康德注重判断力无疑有其意义。后来阿伦特特别地把判断放到重要的位置上，似乎也有见于此。在《精神生活》（*Life of Mind*）一书中，阿伦特把心智（mind）区分为三个方面：一是思维（thinking），二是意志（will），三是判断（judgement）。不过，她强调判断意味着与对象、行动保持距离，而与实践无关，这种理解无疑存在问题。我在《成己与成物》中，也曾对判断力作了若干分疏，当然，在该书中，我主要是从认识的综合性和创造性思维这个角度来考察判断，从更广的视域看，判断也可以从其他角度，如感受性的方面去理解。

要而言之，哲学从其诞生之时起，便涉及人和世界的关系，后者包含多重方面。从逻辑上看，由"是什么"的追问，经过中介性的感受，引出"意味着什么"的问题，最后指向"应当成为什么"的规范性维度，这大致体现了人与世界关系的不同方面。

贡：以前我们关于对象这个环节不大提感受性。

杨：我以前也提到过感受性问题，但主要是侧重于具体的层面，如道德感、生存感等，现在则从人和世界的关系这一更广的方面去理解，并以世界对人意味着什么为感受的具体内涵。人与世界的关系不仅仅以人与对象世界的关系为内容，而且包括人与人之间的交往关系。在人与外部世界的互动中，物理对象、山川草木，都会给人以不同的意味；在人与人的交往中，多样的人与事，同样也会引发各种各样的感受。感受使人对世界的把握更丰富多样。以"是什么"为指向的"说明"侧重于从事实层面了解世界，"感受"则把人自身也融合到其中，世界本身的多样性与人的精神世界的丰富性，也由此交融在一起。从活生生的人的存在来看，这是不可或缺的方面。人不是机器，而是非常丰富的存在形态，尤其是人的精神世界，总是充满多样意义，包含各种意味。

感受的多样性、丰富性、个体性，可以视为人与世界互动过程之具体性的体现。在谈人与世界的关系之时，通常比较注意说明世界和规范世界的问题，也就是说，人一方面要求理解这个世界，另一方面又希望改变这个世界，但与二者相关的感受世界这一方面，往往没有给予自觉或充分的注意，这当然不是说没有触及，而是没有将其作为重要方面加以突出。

从一般意义上说，哲学总是要面对人与世界关系的基本问题，对此需要给出各种回应。在不同时代，这样一些问题可以说都无法回避，当然，其表现形式可以不同。

当代面临的以上问题既需要在经验、知识层面加以考虑和应对，也需要哲学视野的参与，后者关乎价值方向上的合理走向。人总是离不开意义的追寻，前面提到的感受性也与之相关。康德曾指出，如果没有人，那么这个世界就如同荒漠，这实际上是说，离开了人，世界就没意义。另一方面，人如果失落了对意义的追求，便会走向虚无主义：虚无主义的内在特点即在于消解意义。意义的追寻，包括追问什么是好的生活或值得过的生活，什么是完美的人格，什么是理想的社会，什么是合理的交往关系，等等，这些问题不是仅仅凭借经验知识就能够解决的，这里同样需要哲学的思考。哲学家不一定解决具体问题，但他可以引导人们去关注、思考意义问题，并进而使这个社会和人本身的存在更合乎人性。

这又回到以前儒家讲的仁道原则：仁道原则讲到底就是

肯定人之为人的内在价值，而所谓理想的存在形态也就是合乎人性的存在形态。在当代社会中，权力、资本、技术的支配及其可能形成的后果，往往容易导致人的异化，也就是说，人为外在之物或外在力量所左右、支配和控制。这里的问题说到底，也就是如何使社会的演化、人自身的发展真正朝向合乎人性这一总的方向。在这方面，哲学的思考显然不可或缺。哲学的作用不在于去解决一些技术性、操作性的问题，而是思考、回应关乎人类发展的根本性的问题，后者超越了任何经验科学的领域，哲学与当代世界的关系也应当从这一层面加以考察。

贡：这涉及哲学与当代世界的关系。您刚才也特别谈到感受的问题，古希腊也确实有这样的传统。希腊传统强调的是受苦意义上的受，而中国有非常丰富的另一传统，它不仅强调受，同时也强调积极的感应。

杨：我说的感受是"感"与"受"的结合，一方面，它包含以"感"的形式表现出来的相互作用，前面提到"感受"总是基于对世界的接触、了解或者理解，另一方面，感受又包含人的回应，也就是说，它总是与外在世界存在某种互动，而不是单向地被动接受的问题。

郭美华（以下简称"郭"）：杨老师，您之前曾提出过"人性能力"这个说法，现在感受性在人性能力里面就占有比较特殊的位置了。

杨：感受性也可以看作是人性能力之一。以感受的形式呈现的能力与我们通常说的理性的、情感性的、想象的、感知的等能力，可能不太一样，它具有综合性的特点。这一意义上的感受，与康德的判断力具有某种关联，阿伦特强调判断的旁观性，但事实上判断关乎人与世界的互动，其中既有世界适应人的一面，也有人适应世界的一面。在最简单的"蓝天真美"这一类判断中，便既有对外部世界事实（蓝天）的认定，也有内在情感的表达、体味（美感）。在综合性方面，感受与判断力相近，但判断可以或者侧重于事实层面的理解，或者侧重于价值层面的断定，而感受的特点则是内外之间的互动、人与对象之间的互动。此外，从精神之维的情感、意欲、意愿、想象、感知、理性等方面看，它们之间也具有相互关联的一面，这种关联既表现为不同规定之间的互动，也体现了感受的综合性。

贡：第二个问题是，对世界哲学大会主题"学以成人"，您是如何看的？我记得，杨老师之前写过这方面的文章，请您简单地谈一下。

杨："学以成人"，就这个题目本身而言，无疑体现了中国哲学的传统，但它同时也具有世界性，简而言之，这个题目既是中国的，又是世界的。世界哲学大会第一次在中国举行，以此为题，显然具有其意义：世界哲学大会在中国举行，当然需要体现中国哲学的背景，但它又是世界性大会，需要展现普遍的哲学内涵，把"学"与"成人"联系在一起，既体现了中国哲学一以贯之的传统，也显示出世界性的意义。

以"成人"为"学"的指向，表明人不是既成的，而是生成的：人的存在过程就是不断的生成的过程。从哲学史上看，儒家对人的这种生成性给予较多关注，其成己、成人之说，便表明了这一点。在晚近哲学中，海德格尔也注意到这一点，其《存在与时间》，便以此在为关注对象，作为人的个体存在，此在首先被置于时间的视域，其中也包含对人的生成性的肯定。在海德格尔那里，这一看法与存在先于本质的命题联系在一起，意味着人并非受制于既定的本质。

在"学以成人"的命题中，"学"显然是就广义而言，而非仅仅限于知识的获得过程。对"学"的这种理解，非常契合中国哲学尤其是儒家传统：儒家意义上的"学"并不是单纯的知识获得和积累的过程，它同时也与人自身的成长过程亦即"成人"相关联。这一意义上的"学"同时具有伦理学、价值论的涵义，而不仅仅是认识论的范畴。当然，需要指出的是，强调"学以成人"，可能容易引向以"成人"为"学"的整个目的，这一理解也会使"学"的意义受到限制。这里，应当自觉地意识到，"学"不仅仅与人自身的成就相联系，而是表现为"成己与成物"的统一，即不仅要成己，而且同时要成物。在西方近代以来的哲学传统中，"学"侧重于知识的把握，并相应地首先与成物联系在一起，而"学"与成人和成己的关联往往被忽略或者遗忘了。这种偏向无疑应当克服，但不能由此走向另一极端，以"成人"消解"成物"。

以上问题又回到一开始提到的人与世界的关系。如上所言，人总是面临对世界的规范的问题，后者在广义上包括"成己"（成人）与"成物"两个方面，即人的成就与世界的成就。"学以成人"需要从比较宽广的视野中去加以理解。总之，成人与成物不能截然分离，离开了成己成人，单纯地关注于成物，这是一种偏向，仅仅强调成人则可能导向另一重偏向。有关"学以成人"的具体内容我以前有专题文章加以讨论，这里就不再重复。

贡：这个可以结合第一个问题来说，因为在当代世界，您刚才提到资本、技术、权力对当代人的掌控，那么，在这种情况下，当代世界呈现出这种资本、技术，这种对人的控制，它指向的是杨老师常说的世界的分化、人的分化，恰恰可能和成人、成己、成物之理想相背离。就此而言，学以成人对当代这样状况也具有针对性。

杨：对。从这个意义上说，它有其特定的意义。在当代社会中，人往往受到人之外的力量的左右、支配和控制，以此为背景，人自身的成就最后所指向的便是自由人格的培养。成人说到底就是自由人格的培养，如何培养自由的人格？这是我们必须自觉加以关注的重要问题。当然，从哲学意义上理解"学"，除了回应现代世界对人的各种限定之外，还可以赋予它更广的意义。这里的前提当然是对人的整个存在境况作总体上的理解：人的存在过程既面临成就自由人格的问题，同时也有成就世界的问题。如果单纯地把视野集中于人自身的成就，悬置对世界的变革，那么，人本身往往会变得苍白化、片面化。宋明时期，理学家仅仅关注于人的心性之域，要求化人心为道心，把对世界的作用视为玩物丧志，这就可能导致以上偏向。在现实生活中，成物与成人不可偏离。成物归根到底是为了给人创造更合乎人性发展的背景，就此而言成物本身不是目的，但成人的过程也离不开成物，否则，便难免趋向抽象化。

贡：第三个问题，您对中国哲学或中国文明有什么理解和期待？

杨：总体上，在历史已经进入世界历史、中西文化已经彼此相遇的背景之下，对于中国哲学的基本期望，便是融入世界哲学之中，并在与不同哲学传统的互动中取得新的形态。中国哲学融入世界哲学，参与世界范围内的百家争鸣，这一点冯契先生早就说过了。同时，参与、融入世界哲学不是丢掉中国哲学自身的特点，恰好相反，它需要展现中国哲学自身的独特的视野。

具体来说，可以从两个角度去理解。首先，从世界哲学的范围来看，中国哲学应当在比较实质的层面上进入世界哲学的视域，而不是仅仅成为汉学家们的研究对象。要真正进入主流的世界哲学之中，成为世界哲学，包括西方哲学，建构自身系统、进行哲学思考的重要思想资源。正如19世纪以来，西方哲学逐渐成为近代中国哲学发展的重要背景、成为中国哲学所运用的重要资源一样，中国哲学也应当成为主流的西方哲学家进行哲学思考的重要背景，而不是仅仅充当汉学家进行历史性、宗教性研究的对象。从世界哲学的视域看，如果未来主流的西方哲学，包括其中真正重要的哲学家们，都以中国哲学为必要的理论资源，并以不了解中国哲学为其哲学思维的缺憾，那么，中国哲学才可以说真正实质性地进入了世界哲学的范围。我们期望着这样的时刻早日到来。在主流的西方哲学家把中国哲学作为他们思考哲学问题、建构哲学体系的重要资源之前，不管中国哲学如何走出去，如何介绍，都可能仅仅停留在表面的热闹之上。

其次，从中国哲学本身来说，它既是既成的，也是生成的。所谓既成，是指从先秦以来中国哲学已形成自身的历史形态。现在所说的先秦哲学、两汉哲学、魏晋玄学、隋唐佛学、宋明理学，等等，都是中国哲学的既成形态。但同时，中国哲学又一直处于不断生成的过程中，这一生成过程今天并没有终结：可以说，当代中国哲学依然处于生成过程中。从生成的角度看，中国哲学本身也需要获得新的内涵，取得新的形态。如上所言，历史上曾经出现过先秦、两汉、魏晋、隋唐、宋明一直到近代的不同哲学形态，当代中国不能仅仅停留在对历史上这些既成哲学形态的回顾之上，它既应承继和发展以往哲学，也应为后起的哲学提供新的思想资源。

简而言之，就中国哲学本身而言，需要以开放的视野，充分理解世界范围内的不同哲学传统，并进一步消化、吸收不同的思想资源。同时，又应立足于当今的时代，回应这个时代所提出的各种问题，由此形成新的思想系统，给中国哲学的历史长河留下一些新的东西。我想这是中国哲学应该有的定位。

当然，如我以前所言，哲学是对智慧的多样化、个性化的探索，而非千人一面。每一个哲学家都是从其自身所处时代、个人的背景、兴趣、积累、理解、对世界的感悟等出发，形成自己新的思考。今天，在走向世界哲学的过程中，哲学依然将处于多样的、个性化的发展过程。

贡：第四个问题其实与上面的问题很有关系，就是对中国哲学的发展现状和态势的基本看法。

杨：直截了当地说，目前中国哲学的发展现状和态势不是很令人满意。其中的原因有多重方面。哲学史和哲学理论无法分离，以此去衡量，则时下史与思脱节的现象似乎比较普遍。同时，王国维在上个世纪初已指出，学无中西，从哲学的层面看，所谓学无中西实际上也就是形成世界哲学的视野，以比较开放的视野去对待人类文明发展过程中积累起来的多样智慧资源，然而，令人遗憾的是，中西相分仍是今天经常可以看到的现象。史思之间的脱节、中西之间的分离，至少在研究进路上限制了中国哲学的当代发展。此外，立足时代的理论性、建构性思考，也比较少。现在常常可以听到所谓切入时代、切入现实的呼吁，但呼吁者本身却很少真正切入现实。中西马之间的沟通也有类似情况，要求打破中西马之间的界限壁垒，至少已有十余年，但至今似乎仍主要停留于呼吁，较少看到切切实实的沟通工作。尽管哲学研究在具体的领域中得到了推进，但总体上，似乎尚不如人意。

贡：下面也许可以进入第二个个性化话题：能否谈谈您的哲学缘分和哲学之路？

杨：我的哲学缘分或许可以追溯到上个世纪 70 年代，当时尚处于"文革"时期，接受正规教育几乎没有可能，只能天马行空，逢书就读。文学作品、理论读物，包括历史的、经济的、哲学的书，差不多都读。最早读过的哲学书，包括艾思奇的《辩证唯物主义》（当时是大学教科书）以及王若水的《马克思主义的认识论是实践论》（书名也许记得不很准确）。这两本书的论述比较清晰，让我初初领略了哲学的思维方式。

那个时候同时倡导读点马列著作。由此机缘，马列著作我也读了很多，包括《反杜林论》《费尔巴哈与德国古典哲学的终结》《国家与革命》《共产党宣言》，等等，几乎把《马克思恩格斯选集》都粗粗地看了一遍，其中的内容有的理解，有的不甚了然，但至少有了一定的印象。黑格尔的《小逻辑》也曾翻阅，但没有正式读进去。对于中学生来说，这一著作似乎太难了一点。中学时代后期，读得比较多的是历史方面的书，如《资治通鉴》。这一阶段的阅读也谈不上学科定位，杂乱无章，有什么读什么，哲学则是其中一个方面。我的头脑可能更偏重于理论化思维，由此也形成了对哲学的一定兴趣。

当然，真正把关注之点主要转到哲学，是大学以后的事。当时所在的是政教系，课程涉及社会科学与人文学科的不同方面，哲学也是其中之一。两年后分专业，我选择哲学专业。冯契先生的影响也在这一阶段突显起来。当时冯先生的《中国古代哲学的逻辑发展》以油印本的形式流传，我看了以后有点被震撼的感觉，以前尽管看了不少中国哲学方面的通史性著作，如任继愈的《中国哲学史》、北京大学所编的《中国哲学史》，等等，但比较起来，冯先生的书更给人以耳目一新的感觉。他阐释中国哲学的理论深度，确非常人所及。后来又读了他的油印本《逻辑思维的辩证法》，从另外的角度了解了他的理论系统，冯先生著作的思辨力量、理论洞见，确实给我留下深刻的印象，从中我不仅了解了多方面的哲学观念，而且逐渐地对如何作哲学有了比较深切的体会。

贡：第二方面，在研究领域取得的成果或代表作，如"具体的形上学"三书。

杨：这里只能简单说一下。如果要说代表作，大致可能涉及两个方面：中国哲学史与哲学理论。史与思不能相分，但在具体的著作中可以有所侧重。就中国哲学史而言，儒学方面或可举出《心学之思》与《善的历程》，道家方面则可提到《庄子的思想世界》。就哲学理论而言，到目前为止，应该说主要是四种著作。除了收入"具体的形上学"的

《道论》《伦理与存在》《成己与成物》之外，还包括《人类行动与实践智慧》。具体的形上学实际上已是四书了。

贡：第三个问题是对这一领域内国际或国内同行的评价？

杨：对此或可简单转述德国学者梅勒（Hans – Georg Moeller）的若干看法："杨国荣追随二十世纪重要的中国思想家的研究走向，努力复兴宋明理学的哲学传统，会通儒道释，同时吸纳康德、黑格尔、海德格尔等人所代表的现代西方体系哲学中的形上学的、历史的和存在论的进路。""杨国荣直接上承熊十力（1885—1968）、冯友兰（1895—1990）、牟宗三（1909—1995），特别是其导师冯契（1915—1995）等二十世纪的中国哲学家。所有这些先贤不仅精通中国哲学史，而且熟悉古代与现代的西方思想（杨国荣亦是如此）。对于当代西方主流学术机构所教授的'哲学'，他们采纳了它的形式与部分内容，同时成功地将中国古代思想纳入到这一（在他们看来）新的样式之中。（学院的）中国哲学就此诞生。"① 以上看法是否确当，则可由学界评说。

贡：最后一个问题，今后十年内您的学术计划？

杨：这是个大题目，这里只能简单一提。最近这段时间考虑的问题，主要是"事"的哲学意义。这个题目也可以说是接着《人类行动与实践智慧》而论，"事"从一个方面来说与行动有关联，但它还是有更广的意义，按照中国传统

---

① 梅勒：《情境与概念——杨国荣的"具体形上学"》，《社会科学战线》2014 年第 9 期。

哲学的说法，"事"即人之所"作"，引申为广义上人的各种活动。就人之所"作"而言，科学研究、艺术创作也是"事"，通常所说的"从事"科学研究、"从事"艺术创作，也从一个方面体现了这些活动与"事"的关联。这一意义上的"事"既包括中国哲学所说的行，也包括马克思主义传统中的实践。从哲学的不同领域看，中国哲学中的"行"更多地与日用常行、道德实践联系在一起，并相应地呈现伦理学的意义，马克思主义所说社会实践在后来则往往被比较多地赋予认识论的意义，前面提到《马克思主义的认识论是实践论》，便比较典型地指出了马克思主义视域中实践的认识论意义。就广义而言，"事"同时包括以上两个方面，并表征着人的存在：人并非如笛卡尔所说，因"思"而在（所谓我思故我在），而是因"事"而在（我做故我在）。"事"既包括做事，也涉及处事。做事首先是与物打交道，处事则更多地涉及人与人之间的交往。总体上说，"事"在人的存在过程中，具有本源性的意义，这是我最近所关注的问题。

接下来的一段时间中，我可能会比较多地去集中讨论以上问题，包括世界因事而成的。现实的世界不同于洪荒之世，洪荒之世在人做事之前已存在，人生活于其间的学术的现实世界则与人做事的过程息息相关。另外，人自身也是因"事"而在，我刚才提到的，不是我思故我在，而是我做故我在，体现的也是人与"事"的关联。广而言之，哲学层面关于心物、知行关系的讨论，其本源也基于"事"。这一意义上的"事"，是中国哲学中的独特概念，在哲学上，似乎没有与之十分对应的西方概念。宽泛而言，"事"包含了

affair、engagement、humanized thing 等多方面的涵义，但其哲学意义又非 affair、engagement、humanized thing 所能限定。前面提到中国哲学可以成为世界哲学的资源，"事"这一概念显然提供了一个具体例证。确实，可以从中国哲学已有的传统中，梳理出"事"这一类具有普遍意义的哲学资源。金岳霖在《知识论》中也谈到"事"，并与"东西""事体"等联系起来讨论，这无疑值得关注。当然，他主要偏重于狭义上的认识论、知识论，这又多少限定了"事"这一概念的哲学意义。

贡：这个问题要您谈十年的学术计划。

杨：宽泛地说，中国哲学走向世界、中国哲学在当代呈现新的意义，需要做多方面的切实工作，中国哲学的重要问题、重要概念、范畴的需要进一步的梳理，经典也需要更深入的诠释，这些都是不容回避的工作。我当然也会就此作一些努力。

贡：有一个性化的问题：实际上《具体形上学的思与辩——杨国荣哲学讨论集》那本书也提到，之前您把《存在之维》改成《道论》，把道当作核心。一谈到道，就会谈到修道的问题。

杨：修道之谓教。

贡：是修道、教或者工夫论的问题。现在的学界很多人关注工夫论问题，我不知您有没有考虑过这个问题。因为既然把道提出来，修道的工夫论实际上是道的有机部分。

杨：这涉及广义上的成人问题，我以前做的工作，包括晚近出版的《人类行动与实践智慧》，也从不同的层面、不同的角度多少涉及这一方面。工夫论是中国哲学的概念，它需要从多重方面、多种形式、多重角度具体展开，我的工作或可视为其中之一。大略而言，我主要以广义上的成己与成物为关注之点，在我看来，工夫本身以成己与成物为指向，离开了成己成物的过程，工夫就失去了内在意义。从这方面看，我正在关注的"事"的哲学意义，也同样涉及人的成就，因为人本身因"事"而在。工夫论的问题不能再走宋明理学的老路，仅仅限于心性涵养之域。现在一些讲工夫的人，仍趋向于主要把工夫和意识活动联系在一起。事实上，工夫并不仅仅囿于意识活动，工夫的展开过程就是具体做事（与物打交道）、处事（与人打交道）的过程，它固然需要个体的自我省思，但不能单纯地限定于个体在内在精神世界中的活动。事实上，即使宋明理学中的一些人物，如王阳明，也注意到了这一点，他提出"事上磨练"，亦即把"事"和工夫联系起来。"事"并不是外在的，它同时也与我前面讲的人的感受问题相关，其具体内容既涉及人向世界的适应（human beings to world），也关乎世界向人的适应（world to human beings）。

贡、郭：我们今天的访谈就到这里，谢谢杨老师！

杨：谢谢。

（原载《船山学报》2018 年第 6 期，收入《在这里，中国哲学与世界相遇——24 位世界哲学家访谈录》，人民出版社 2018 年版）

# 后　记

　　本书收入了我近年所作的若干文稿，这些文稿大都曾发表于不同的学术刊物上。相对于专题性的著作，本书涉及更广的哲学领域，并相应地从不同方面汇集了我对相关问题的思与辨。

　　中国社会科学出版社的赵剑英社长、魏长宝总编辑对本书的出版予以了多方面的关切，在此谨致谢忱。

杨国荣

2019 年 7 月